La Gran Recesión en un océano de liquidez

La Gran Recesión en un océano de liquidez

Armando S. Klauer

www.librosenred.com

Dirección General: Marcelo Perazolo
Diseño de cubierta: Daniela Ferrán
Diagramación de interiores: Guillermo W. Alegre

Primera edición en español - Impresión bajo demanda

ISBN: 978-1-59754-838-0

Para encargar más copias de este libro o conocer otros libros de esta colección visite www.librosenred.com

A mi esposa Ana María
A mis hijas Alejandra, Jimena y Marisol
A mi hermano Alfonso

Prólogo

Llegué a Estados Unidos a inicios del nuevo milenio, es decir, en el 2000, cuando empezaba a producirse el desplome de la llamada Burbuja Bursátil que, en el campo económico, puede catalogarse como el punto de inflexión entre el fin de un período de extraordinaria performance económica (1990 – 1999) y el inicio del período más crítico de su historia, desde que fuera ganada la independencia.

Si bien la Gran Depresión podría ser catalogada como la mayor crisis económica de la historia de Estados Unidos, la actual situación conjuga una serie de eventos, no sólo de transcendencia económica, sino además política y geopolítica, que consideramos, en su conjunto, configuran una mayor amenaza para el futuro de Estados Unidos. El mayor peligro de la actual Gran Recesión, que a fines del 2011 amenazaba con producir una *"double dip"*, es que debido a la correlación de desarrollos económicos paralelos en el mundo, por la globalización, se están generando las condiciones necesarias para acelerar un cambio en el centro de poder mundial a favor de China. No es sólo que la economía norteamericana ha entrado en una serie de procesos de cambio estructural, en perjuicio de su futuro, sino que los políticos evaden darle importancia al tema, contribuyendo con sus acciones a adelantar el desenlace indicado.

Dada mi formación profesional, en el campo de las finanzas, desde el primer momento en que llegué en el 2000, me interesó estudiar el tema de la crisis bursátil, incluso en el seguimiento día a día de los acontecimientos, lo que, sin quererlo inicialmente, me condujo luego a escribir un primer libro sobre ese fenómeno: ***Wall Street: quien esté libre de culpa...***, que finalmente fue publicado en el 2004. En dicha obra intenté describir y analizar los principales acontecimientos, así como las causas y consecuencias del fenómeno conocido como Burbuja Bursátil.

En los años posteriores, ya acostumbrado al seguimiento y análisis de la coyuntura económica, fui testigo de la formación de la llamada Burbuja Inmobiliaria, la cual creció ante los ojos impávidos de todas las autoridades económicas, monetarias y políticas, sin que ninguna atinara a tomar alguna acción que pudiera aminorar el daño futuro que estaba incubándose. Como producto de mis observaciones al respecto, en 2009 publiqué una segunda obra con el título de ***Globalización y crisis económica mundial***, en la que analicé las causas de formación de la Burbuja Inmobiliaria y las consecuencias de su posterior desinfle, la principal de las cuales fue el desenlace bajo la forma de una crisis financiera que hizo tambalear a las más grandes instituciones bancarias norteamericanas, y que dio pie a que el gobierno republicano de George W. Bush las salvara de la quiebra, gracias al "*bailout*" implementado. En esa obra, además, inicié la exploración de los acontecimientos más importantes en la economía internacional, entre el 2007 y el 2009, que posteriormente desencadenaron la crisis en Europa; y, aquellos vinculados al comercio binacional entre Estados Unidos y China, en la medida en que esos desarrollos estaban íntimamente vinculados al comportamiento futuro de la moneda norteamericana, dentro de una economía profundamente endeudada.

A inicios del 2011 publiqué mi tercera obra, ***La Gran Recesión y el Armagedón que se viene***, en la que analizo la formación, desarrollo y desenlace de lo que hoy conocemos como la Gran Recesión, que se desencadenó como producto de la crisis financiera generada por el desinfle de la Burbuja Inmobiliaria. En dicha obra, además de analizar la crisis económica norteamericana entre 2009 y 2010, avancé en el estudio de la formación de la crisis económica mundial que empezaba a configurarse como resultado del flujo de capitales alrededor del mundo que, buscando rentabilidad, va creando burbujas financieras en casi todos los países, sea bajo la forma de burbujas bursátiles, burbujas inmobiliarias o burbujas financieras en general, como las de derivados, *commodities*, etc. El mensaje de dicho libro fue que la globalización que inicialmente había permitido incrementar el comercio y la economía mundial, beneficiando a todos los países, estaba ahora en un proceso de deterioro de las condiciones económicas mundiales debido a que el exceso de capitales estaba trastocando las relaciones económicas en beneficio de unos muy pocos inversionistas especuladores y en perjuicio de las gran mayoría de los habitantes del mundo.

En éste, mi cuarto libro, que he titulado ***La Gran Recesión Mundial en un océano de liquidez***, analizo los principales acontecimientos mundiales vividos en 2011, especialmente en Estados Unidos y Europa, cuyo enlace y concatenación nos permiten vislumbrar la inevitabilidad de una Gran Recesión que debe afectar a todo el mundo. Lamentablemente, como veremos, la magnitud de los problemas norteamericanos y europeos y la imposibilidad de que China pueda seguir manteniendo su papel de locomotora que jala al mundo, nos anuncian un dramático desenlace que ninguna receta económica podrá evitar. No es sólo que la economía mundial entrará en una etapa de confrontaciones nacionales, debido a la crisis objetiva, sino que el comportamiento de los políticos mundiales no aportará inicialmente la sintonía ni la concertación necesaria para atacar el mal con soluciones efectivas y globales. Los políticos norteamericanos, los mayores responsables de la generación de la crisis, serán igualmente los mayores responsables por no actuar concertadamente, dado que su sistema político y el poder de los *lobbies* impedirá que se llegue a soluciones globales en beneficio de todos los países. Paradójicamente, el país más perjudicado por la crisis global será Estados Unidos y ello generará las condiciones para que China tome el liderazgo mundial mucho antes de lo que debería acontecer, en un futuro aún un poco lejano.

Sin proponérmelo inicialmente, he logrado plasmar en estas cuatro obras la historia de la economía mundial en los últimos 11 años, que son igualmente los 11 primeros años del Siglo XXI. Aun cuando se trataba de describir y analizar la marcha de la economía global, no ha sido posible evitar un juicio crítico sobre los principales políticos norteamericanos y mundiales, en la medida en que ellos han sido los directos responsables del trágico desenlace. Es triste reconocer que a los políticos de todas las tendencias y de todos los países, con muy pocos excepciones, poco les importa el futuro de sus connacionales y, más bien, se ocupan de acrecentar su poder y fortuna, aun a costa de los más pobres, gracias a las ventajas y beneficios que otorgan a las elites financieras internacionales, quienes son las que finalmente gobiernan, en la sombra, a todo el mundo.

Sólo la concertación internacional, para limitar los beneficios de la élite financiera que dirige el mundo, y que es la directa responsable de la crisis mundial, hará posible retomar la senda del crecimiento económico global, vía la inversión en actividades productivas, en lugar de las inversiones especulativas que hoy día nos han arrojado a este terrible desenlace.

I. Manifestaciones del exceso de liquidez

1.1. A modo de introducción

A pesar de la crisis económica que azotaba a Estados Unidos y a casi todos los países europeos, el fin del año 2010 sorprendió a muchos de los analistas económicos discutiendo las causas del inusitado incremento de los precios de los *commodities* a nivel mundial, que amenazaba con contener el crecimiento económico que aún se sentía en el resto del mundo.

El continuado crecimiento de los países emergentes, a pesar de la crisis en el centro de la economía mundial, hizo resurgir la teoría del *decouple*, que sostiene que el crecimiento del resto de países del mundo ya no depende de la locomotora norteamericana, apostándose por un crecimiento independiente de los países periféricos, arrastrados, esta vez, por las denominadas economías emergentes como China, Brasil e India, principalmente.

Basándose en esta premisa, algunos connotados economistas encontraban en ella la explicación al incremento de precio de los *commodities*, sin percatarse de la "coincidencia" en el desarrollo de esas cotizaciones con las de otros activos financieros alrededor del mundo, que no tienen nada que ver con el crecimiento económico de los países emergentes, o de aquellos en desarrollo.

Nos referimos por ejemplo al excepcional crecimiento de las bolsas de valores alrededor del mundo, incluyendo a las de

Estados Unidos, Brasil, Chile y China, o al incremento de los precios de las inversiones inmobiliarias en países tan disimiles como Canadá, China, Brasil o Perú. Esos incrementos de precios, creemos, no tienen nada que ver con el crecimiento económico y son más bien el resultado del movimiento de los capitales internacionales que saltan de una a otra actividad especulativa, y de uno a otro país, como resultado de la extraordinaria cantidad de excedentes financieros que han inundado el mundo entero.

Es precisamente esa realidad la que trataremos de retratar en este documento y cuyo análisis nos debe permitir comprender la necesidad de controlar esos excedentes que ningún bien le hacen a la humanidad y que más bien nos conducen a un desenlace traumático en todo el mundo.

Hasta no hace muchos años la liquidez internacional tenía como función fundamental la de facilitar el comercio internacional y las inversiones en un mundo globalizado, en donde el sistema financiero oficial, es decir, los bancos, proporcionaban los recursos necesarios para ello. Hoy día, con los recursos financieros en manos de los fondos de inversiones o fondos de cobertura, la importancia de los fondos provenientes de los bancos para cumplir su función primigenia se ha debilitado, y el grueso de los recursos líquidos, para uso de las finanzas y el comercio globalizado, se concentra en manos de instituciones financieras, oficiales o en la sombra, cuyos gerentes orientan los recursos de los inversionistas mundiales mayormente a inversiones especulativas.

La razón principal para que ello ocurra así es la falta de rentabilidad de las opciones de captación de recursos de los bancos, que inhiben a los ahorristas a estacionar sus ahorros en instituciones que les proporcionan tasas nominales de interés mínimas, e incluso tasas reales negativas. Ante esa alternativa, la mayor parte de los ahorristas opta por entregar el manejo de su dinero a los fondos de inversión, fondos de cobertura o cualquier otra institución financiera, mínimamente regulada por las autoridades económicas, monetarias o fiscales.

La conjunción de enormes excedentes financieros mundiales con tasas de interés reales negativas para los ahorristas, genera las condiciones necesarias para que las inversiones especulativas se constituyan en el centro de atracción de las finanzas mundiales.

1.2. Burbujas bursátiles en los países emergentes

En el 2009 los inversionistas de la Bolsa de Valores de Lima – Perú (BVL) obtuvieron una rentabilidad de más del 100 % a pesar de que la economía creció en sólo 0,9 %. En el 2010 su rendimiento fue del 65 % mientras que la economía peruana se estima habría crecido en 9 %. La BVL es una de las 21 bolsas que se incluyen en el MSCI Emerging Markets Index y en el 2010 se constituyó en la más rentable del grupo. De acuerdo a la revista Fortune, la Bolsa de Valores de Lima creció 2 055 % entre el 1 de enero del 2002 y el 30 de noviembre del 2011, mientras que su equivalente de Nueva York lo hizo en 9 %, es decir 228 veces más, constituyéndose en la bolsa de valores de mayor rentabilidad del mundo en ese periodo[1].

[1] Fortune; New Global Hot Spot for Investors; Dec 26, 2011

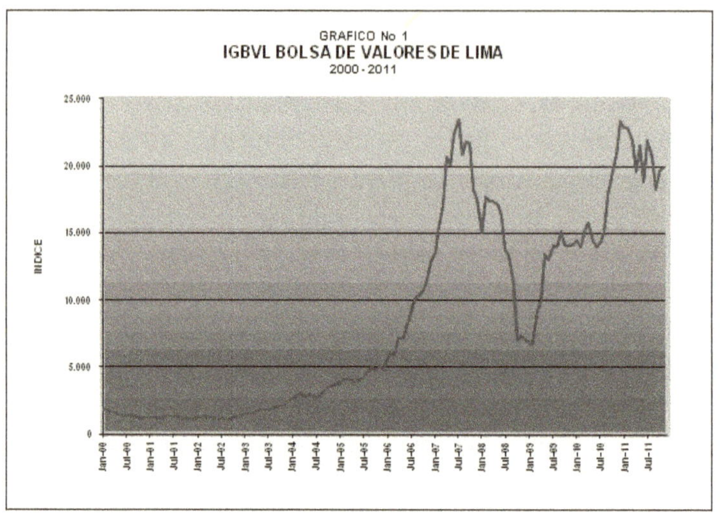

Obviamente, tales rendimientos no son concordantes con el crecimiento de la economía como un todo, pero sí con el desempeño de algunos sectores económicos vinculados a la exportación, como el minero, que en el 2010 permitió que las inversiones en acciones mineras crecieran 88 %, en tanto que en el año anterior lo hicieron en 151 %. Dichos rendimientos fueron consecuencia del comportamiento de las cotizaciones del cobre y del oro, principales productos de exportación del Perú.

Es obvio, por lo tanto, que el notable desempeño de la economía peruana en los últimos años ha sido generado por la demanda de *commodities* en el mercado mundial, arrastrado por la necesidad de dichos productos en el mercado chino. Más aún, es sabido que la notable performance de la cotización de acciones del sector minero peruano fue grandemente influenciada por el incremento de las cotizaciones de las denominadas mineras *juniors*, que no son otra cosa que proyectos mineros en marcha, que se constituyen más en una promesa que en una realidad, y cuyos inversionistas especulan con miras a recuperar su inversión inicial, notablemente incrementada, cuando el proyecto empiece a generar ingresos y sea adquirido por una empresa minera grande. Se trata por lo tanto de una inversión especulativa cuyos resultados dependen de cómo se comportará la economía mundial en los próximos años y cómo seguirán respondiendo los inversionistas extranjeros, que apuestan sobre inversiones de corto a mediano pero no a largo plazo.

Es indudable que las inversiones bursátiles se basan en las expectativas de los inversionistas más que en los fundamentos reales de la economía, y ello explica parcialmente las diferencias entre el comportamiento de la tasa de crecimiento del PBI y la tasa de crecimiento de la BVL, pero es muy difícil que tan notables diferencias sean consecuencia sólo de ello. Para aquellos que han visto desarrollarse la formación de tantas burbujas financieras alrededor del mundo, es obvio que el comportamiento de las cotizaciones de la BVL nos está mostrando la formación de una de ellas, a partir de febrero del 2009 y como repetición de aquella que terminó de desinflarse en el mes inmediatamente anterior.

Pero ese comportamiento bursátil no es solamente consecuencia de las inversiones especulativas de los capitales peruanos, sino que ello sólo puede ser explicado por la extraordinaria avalancha de capitales internacionales que han acudido al Perú en los últimos 10 años, atraídos por la a su vez extraordinaria performance de los productos mineros en los mercados de *commodities* mundiales. Debido a ello, el comportamiento de dicha bolsa de valores está más vinculado a lo que ocurre en el mundo, y especialmente en Estados Unidos, que lo que se deriva de su propia actividad bursátil. Es por ello que debería llamar a preocupación a las autoridades e inversionistas peruanos sobre el probable desempeño de ese índice, a partir del 2012, cuando se consolide la tendencia recesiva a nivel mundial.

Noten, ahora, el comportamiento similar del denominado Emerging Markets Index que, como ya hemos visto, incluye las acciones 21 bolsas de valores de igual número de países de economía emergente incluidos Brasil, Chile, China, India, Indonesia, Perú y Turquía, por citar algunos.

Pero no sólo las bolsas de los países de economía emergente muestran signos de formación de burbujas financieras, sino que las mismas bolsas de valores de los países desarrollados ya se habían recuperado a fines del 2011 de las caídas traumáticas sufridas después de la debacle de Lehman Brothers en setiembre del 2008. El denominado MSCI Worl Index, que incluye acciones de empresas de 24 países desarrollados, a diciembre del 2010, había crecido en 86 % desde marzo del 2009, que marcó la cotización más baja en 12 años.

Gráfico No 2
MSCI ACCIONES DE MERCADOS EMERGENTES
2005 - 2011

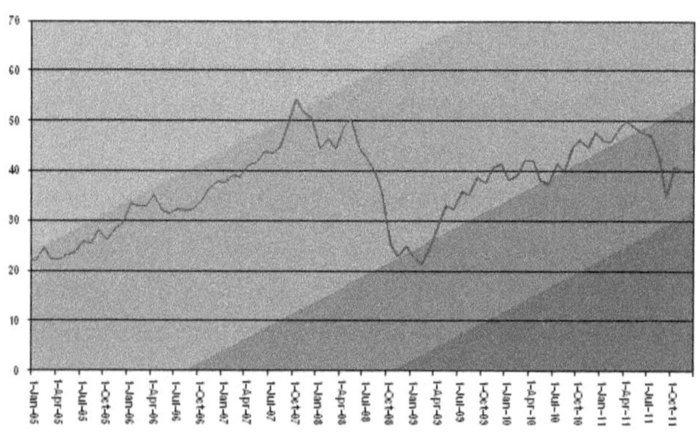

FUENTE: YAHOO FINANCE

El comportamiento de todas las bolsas del mundo reflejaba, a fines del 2010, la recuperación de los índices bursátiles como consecuencia de que los excedentes de liquidez estaban invertidos en ellas, a pesar de las obvias señales de que la recuperación económica mundial no dejaba de ser un deseo, más que una realidad en esos momentos, especialmente en los países desarrollados. Aun cuando, a fines del 2011, trillones de dólares se encuentran invertidos en valores que no reflejan los fundamentos de la realidad económica mundial, ya desde mediados de ese año se viene produciendo una caída sistemática de los índices bursátiles como consecuencia del desenvolvimiento de la crisis financiera en Europa, que probablemente empujará a muchos inversionistas a retirar sus capitales de los países emergentes y europeos en problemas para buscarles mayor seguridad en la economía norteamericana.

1.3. Burbuja de deudas en Europa

Como la mayoría de los políticos, los bancos fueron, dentro de las principales instituciones, los principales creyentes de la viabilidad del euro y de la Unión Europea. No de otra manera puede comprenderse la importancia de sus colocaciones en países tradicionalmente riesgosos como Grecia, o en países como Irlanda, en donde el volumen de las colocaciones de los bancos extranjeros llegó a ser varias veces el monto de los depósitos de sus propios habitantes.

Al igual que en Estados Unidos, en Europa el análisis de riesgos fue ampliamente obviado por los banqueros que, ante la avalancha de liquidez existente, no les quedaba otro camino que colocar los recursos en cualquier lugar, aun en aquellos países que se sabía representaban algún tipo de riesgo. Cierto es que ante la existencia de una moneda común, el euro, el riesgo de devaluación implícito en la transferencia de recursos de un país a otro no existía.

El proceso de colocación desde los países superavitarios en liquidez, hacia aquellos donde los recursos financieros eran limitados, supuso la transferencia de los ahorros nacionales desde países como Alemania hacia países estructuralmente carentes de ahorro nacional como España o Grecia. Mientras los bancos de los países superavitarios y los políticos de los países deficitarios, disfrutaban de la fiesta inacabable de las utilidades financieras y del éxito político, respectivamente, de manera subterránea se profundizaban los problemas financieros internacionales, sin que nadie vislumbrara el peligro que se avecinaba.

La Unión Europea, como el elemento político, y el euro, como elemento económico, hicieron olvidar el riesgo país y el riesgo moneda, respectivamente. Como resultado de ello, de acuerdo a cifras del Bank for International Settlements (BIS), la exposición en Grecia, España, Irlanda y Portugal, a fines de marzo del 2010, era de $ 2,6 trillones2, de los cuales el 78 % provenían de colocaciones de los mismos países de la zona del euro o de Gran Bretaña. Se estimaba que el 20 % de ese monto sería la pérdida combinada en esos cuatro países, es decir $ 410 billones.

Tanto por efecto de sus propios intereses bancarios, o como consecuencia del denominado Acuerdo de Viena de 2009, que fue un compromiso de los bancos y gobiernos para no retirarse de los países del este de Europa en el 2008 ante una crisis similar, era de esperarse que no se produjera un retiro abrupto de las colocaciones, pero sí una reprogramación de los cronogramas de repago.

El exceso de colocaciones riesgosas, que caracteriza al sistema financiero europeo, no es otra cosa que la otra cara de la moneda del exceso de liquidez mundial que durante los últimos diez años no sabe dónde dirigirse y que ha saltado inicialmente desde Estados Unidos con el derrumbe de las Burbujas Bursátil, primero, y luego de la Burbuja Inmobiliaria, para encontrar cobijo posteriormente en los bonos soberanos de cada una de los países hoy excesivamente endeudados.

---

[2] A lo largo del libro haremos uso del sistema Norteamericano de referirse a los billones y trillones como mil millones y millón de millones respectivamente.

Como si no fuera suficiente la montaña de deudas de los países europeos, de lo cual los casos de Grecia, Irlanda, Portugal y España son sólo algunos ejemplos, la acumulación de deuda nacional de dos de las economías mundiales más importantes, Estados Unidos y Japón, debería llamar a reflexión sobre la necesidad de reevaluar la actual situación del endeudamiento mundial.

El mismo primer ministro del Japón ha alertado a sus connacionales que el endeudamiento del estado del Sol Naciente ya alcanza al 210 % de su PBI. Lo que vuelve más dramático el caso japonés es que esa economía se encuentra atrapada entre un proceso deflacionario que ya dura más de 30 años y un proceso de envejecimiento de su población que obstaculiza las posibilidades de generar los ingresos necesarios para cancelar esa deuda. Que el mismo pueblo japonés sea el principal acreedor de su gobierno, ya que detenta el 90 % de esa deuda, no mejora las perspectivas ni garantiza que un posible *default* no sea tan catastrófico. Más de un reputado economista de fama mundial ha catalogado la situación como una bomba de tiempo, y más aún si el endeudamiento global y la crisis económica hacen subir la tasa de interés.

Stándard&Poor's, una de las principales agencias calificadoras de riesgo, ha degradado la deuda oficial de Japón a AA- a inicios del 2011, poniéndola a la par de la calificación de la deuda china. No entendemos bajo qué criterio pueden ser similares las deudas de esos dos países, si la deuda del Japón llega a los $ 11 trillones y representa el 210 % de su PBI, cuando en el caso de China su deuda sólo llega al 20 % de su PBI, es decir, 10 veces menos en términos relativos. Debemos entender por ello, o que el proceso de elevar la calificación de la deuda china es muy lento, o que el proceso de bajar la calificación de la deuda japonesa es muy conservador.

1.4. Burbujas financieras en China

Ninguna economía en el mundo puede crecer a tasas anuales cercanas a los dos dígitos, empujada por una avalancha de liquidez, propia y ajena, sin enfrentar tarde o temprano al espectro amenazante de la inflación.

China, que durante más de un lustro se mantiene como la locomotora que jala a la economía mundial, se enfrenta a partir del 2011 a la amenaza de la inflación, a pesar de las medidas que sus autoridades económicas están implementando, no sólo por sus excedentes propios de liquidez, sino además por la invasión de capitales foráneos que viene sufriendo, los cuales acuden cual abejas a un panal para saciar sus apetitos de rentabilidad en un mercado mundial saturado de oferta de dinero y corto de demanda del mismo para fines productivos.

A diferencia de Estados Unidos, que durante los últimos veinte años sufrió del mismo problema, que se tradujo en la formación de las ya famosas Burbujas Bursátil y Burbuja Inmobiliaria, en China este exceso de liquidez también afecta el incremento de los precios de la canasta de bienes básicos, que son los que empujan la inflación.

Algunos analistas económicos internacionales culpan a las medidas de estímulo, implementadas por las autoridades económicas, por el incremento de los precios de la canasta de bienes básicos, pero ellas no serian necesariamente las causantes directas del incremento del precio de la casas y terrenos, que en algunos lugares se ha incrementado 20 o hasta 100 veces, recreándose de manera más agudizada la realidad vivida en el Japón de los 90 o en California en la primera década del nuevo Siglo XXI. No es aventurado, sin embargo, suponer que parte de la liquidez generada por esas medidas de estimulo, dirigida a los bancos, haya sido derivada sin el debido control de las autoridades a inversiones inmobiliarias netamente especulativas.

En gran medida, el incremento de las tasas de interés decretada por las autoridades monetarias, varias veces seguidas en el mes de diciembre del 2010, constituye la respuesta del gobierno chino a los peligros generados por la inminente formación de una burbuja inmobiliaria. Las agencias de *credit rating* igualmente han alertado a los inversionistas sobre los peligros de las inversiones inmobiliarias y de las posibilidades de que los créditos otorgados puedan caer en *default*.

A los peligros generados por el exceso de liquidez interna, debe añadirse los que generan la avalancha de dinero foráneo que inunda las bolsas de valores de Shanghái y Hong Kong, y la misma inversión foránea que está incrementando irracionalmente el valor de las acciones de las empresas chinas que se están ya cotizando en las bolsas de valores norteamericanas.

Pero las malas influencias de Wall Street no se limitan al mundo occidental, ya que a inicios del 2011 JP Morgan y Morgan Stanley incursionaron oficialmente en las bolsas de valores de China, después que las autoridades de ese país aprobaron su asociación con empresas chinas para formar sendos *joint venture* orientados a realizar operaciones de *underwriting* de acciones y bonos, para después posiblemente intervenir en el comercio directo de valores. Estas dos instituciones se unen a Goldman Sachs, Deutsche Bank, Credit Suisse y UBS, que vienen operando en la plaza china desde el 2006. Es de suponerse, sin embargo, que sus consejos y asesorías deberán ser mejor filtrados en China, en donde su participación en los *joint venture*, de normalmente 1/3 del capital, los hace socios minoritarios, a exigencia de las autoridades chinas.

La presencia masiva de estas firmas en el mercado financiero chino es consecuencia de la importancia de las bolsas de valores de Shangai y Shenzhen, que en 2010 realizaron IPO's que permitieron levantar $ 72 billones, es decir, un monto superior a los IPO's realizados en las bolsas de Nueva York y de Hong Kong.

Interesante será observar el comportamiento de los ejecutivos de Wall Street cuando tengan que lidiar con el conservadurismo financiero de los chinos, o cuando tengan que seguir las instrucciones de los ejecutivos chinos a los cuales deban obediencia, cuando se sabe que algunos de ellos tienen estrechas vinculaciones con las autoridades políticas, cual es el caso de Levin Zhu, que encabeza al *joint venture* en el cual Morgan Stanley participa con el 35 %, dado que dicho ejecutivo es hijo del anterior primer ministro de China, Zhu Rongji.

1.5. Nueva burbuja bursátil en Estados Unidos

Si bien algunos economistas tienen la esperanza de que en 2010 Estados Unidos haya desterrado el riesgo de volver a caer en la Gran Recesión, a los desempleados, que alcanzan al 9,8 % de la población económicamente activa, no les cabe la menor duda de la existencia de recesión. Y la FED tampoco tenía dudas al respecto, de allí que a mediados de diciembre aprobó la inyección de nuevos $ 600 billones dentro del programa de compra de deuda pública, lo que implícitamente representa la impresión de moneda nueva por ese monto. Para Ben Bernanke, la medida ayudará a proporcionar liquidez al sistema económico que carece de ella, proporcionando la liquidez necesaria para ayudar a la recuperación económica, ante la ausencia de medidas directas de estímulo por parte de la Administración Obama, debido a la oposición intransigente de los Republicanos.

La medida de la FED fue aprobada por 10 votos a 1, debido a la solitaria oposición de Thomas M. Hoening, presidente de la Reserva Federal de Kansas City, quien una vez más disintió de la opinión general vigente en el directorio de la FED, la que en una declaración manifestó que "Mr. Hoening estaba preocupado de que el continuado alto nivel de emisión monetaria podría incrementar los futuros riesgos de la economía y los desbalances financieros, lo que con el tiempo podría causar un incremento de las expectativas inflacionarias que podría desestabilizar la economía."

Sin embargo, ni Bernanke no Hoening parecen ser conscientes de que esa liquidez adicional, al igual que la prórroga de los beneficios tributarios a los ricos, negociada por Obama para lograr la aprobación de un nuevo paquete de estimulo a la economía, va finalmente a los bolsillos de los inversionistas, los que en lugar de invertirla en nuevos proyectos generadores de empleos, la dirigen a inversiones especulativas creadoras de nuevas burbujas financieras.

No de otra manera puede entenderse la euforia con que Wall Street recibió la aprobación de esas dos medidas que están contribuyendo a mantener en auge las expectativas de crecimiento de los índices bursátiles, en medio de la recesión generalizada que afecta al país. Una vez más, los indicadores bursátiles se desarrollan de espaldas a la realidad económica reflejada en los índices fundamentales, dentro de los cuales el comportamiento del ratio de desempleo es el más importante.

La liquidación de Lehman Brothers, en septiembre del 2008, agudizó la caída de las cotizaciones en Wall Street, que se había iniciado a principios de ese año, ante los temores de la situación del sistema financiero y el continuo deterioro de los índices de liquidez y solvencia de todos los bancos que hicieron perder la confianza entre cada uno de ellos, originándose una crisis de liquidez que empezó a afectar a la economía en general. Dicha caída no paró hasta febrero del 2009, cuando empezaron a tener efecto las medidas de apoyo al sector bancario implementadas por el Tesoro y la FED.

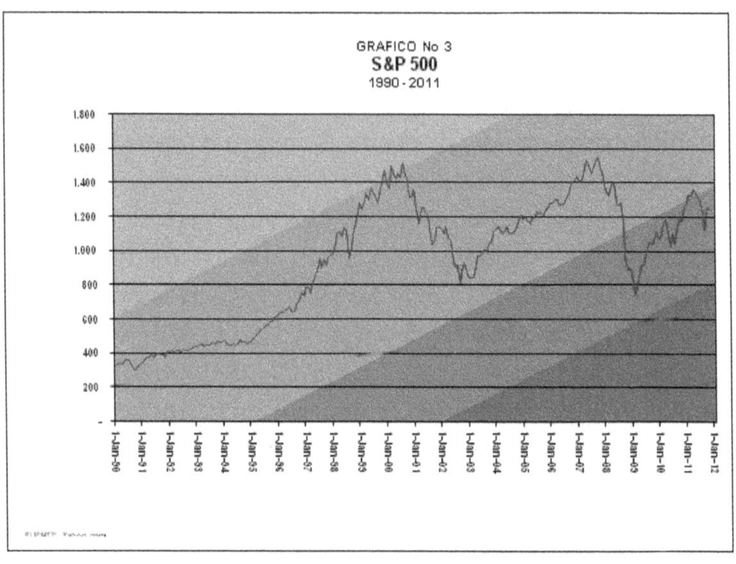

A partir de allí, a pesar de la obvia profundización de los problemas estructurales de la economía norteamericana, las cotizaciones de la mayor parte de las empresas que se transan en la bolsa de valores de New York no han dejado de subir, sin ninguna razón económica válida y sólo por efecto del exceso de liquidez existente.

Pero ello no es sólo producto de la inversión en valores de empresas norteamericanas sino que, además, la cotización de nuevas empresas extranjeras que ingresan a la bolsa de valores de Nueva York también influye y es influida por la euforia reinante. En el mismo mes de diciembre del 2010 las acciones de Youku, conocida como la YouTube de China, se incrementaron en 161 % el mismo día de su lanzamiento; al igual que las de E-commerce China, que subió 87 %; y ChinaCache Internacional Holdings, que lo hizo en 95 %, recreándose el mismo comportamiento que a finales del siglo XX generó la formación de la ya famosa Burbuja Bursátil de la Bolsa NASDAQ.

A inicios 2011, y al mismo estilo de las operaciones financieras que hicieran famoso el matrimonio entre Sillicon Valley y Wall Street (durante la etapa de formación de la burbuja bursátil a fines de los 90's), Goldman Sachs anunció la infusión de $ 500 millones en el capital de Facebook mediante la venta de acciones a un grupo muy selecto de inversionistas, que de esa manera acceden al control del 10 % de la empresa, valorizada entonces en $ 50,000 millones. Debe resaltarse que Facebook, a pesar de todo el éxito que experimenta en su lucha con Google por el liderazgo en el internet, sólo facturó $ 2 000 millones en el 2010. Ante estos números cabe preguntarse: ¿Cuál es la metodología de evaluación de la empresa? O si ¿no habrá una segunda intensión por parte de Facebook y Goldman Sachs para preparar al público inversionista por una posible IPO un poco más adelante?

A pesar de las aseveraciones de Marc Zuckerberg de que no le interesa efectuar una IPO, ya que eso le impediría mantener el control de la empresa, la tentación de incrementar su riqueza a costa de los crédulos inversionistas será tan grande que estamos seguros que más adelante encontrarán una forma de hacer pública a la empresa, vendiendo sus derechos a un precio exorbitante.

Bajo el acuerdo con Goldman Sachs, éste tiene el derecho a invertir $ 1 500 millones adicionales con el aporte de sus clientes, obviamente supermillonarios, quienes también se beneficiarán con la posible futura IPO, en una jugada financiera que rememora las más usadas estrategias que empujaban al cielo el precio de las acciones antes de las IPO (durante la burbuja tecnológica y de telecomunicaciones de fines de los 90's), para el exclusivo beneficio de aquellos inversionistas que ya estaban subidos en el carro. La futura generalización de esta estrategia para hacer públicas empresas similares como Groupon, Twitter y cualquier otra empresa del dat.com no hace sino corroborar nuestra apreciación de que a inicios del 2011 ya empezó a formarse una nueva burbuja tecnológica en Wall Street.

Otro indicio de que se están ya incubando las condiciones para la formación de una nueva burbuja bursátil son las maquinaciones financieras y legales que se están generando para impedir que Facebook caiga dentro de las reglas de la SEC, que establecen que las empresas privadas pueden convertirse en públicas, dando acceso público a su información económica y financiera, si sus accionistas superan el mágico número de 499. A fin de soslayar ese límite, Goldman Sachs, con apoyo de algunos connotados abogados, están diseñando un vehículo empresarial (*special – purpose vehicles*) que permita englobar a todos los inversionistas interesados en una sola empresa, es decir, en un solo accionista, que para efectos de la interpretación legal de Joseph Grundfest, profesor de leyes de la Universidad de Stanford y anterior Comisionado de la misma SEC, constituye una interpretación correcta. Dice él que "si alguien dice que Goldman está violando la ley, entonces obviamente no conoce la ley". Se trata, muy posiblemente, de una opinión que se basa en la fiel observancia de la letra de la ley, pero obviamente en contraposición al espíritu de la misma. Ya se encargarán las autoridades regulatorias de enmendarle la plana a Grundfest o, en su defecto, de aclarar la norma a través de una vía interpretadora de la misma.

En un memorándum confidencial, dirigido a determinados inversionistas, especialmente invitados a participar en esta inversión, Goldman Sachs ha manifestado que Facebook hará públicos sus estados financieros en abril del 2012, pero, adelantando algunas cifras a los interesados, manifiestan que en los primeros 9 meses del 2010 ha obtenido utilidades netas del orden de $ 355 millones sobre ventas del orden de $ 1 200 millones. Estas cifras han permitido que algunos analistas hagan las más dispares y, en algunos casos, disparatadas interpretaciones de lo que puede ser la valorización de la empresa, como es el caso de Lou Kerner, un analista de

Wedbush Securities, que manifestó que esas cifras establecían la posibilidad de que la empresa sea valorizada en $ 200 billones en el 2015.

Se tiene entendido que Facebook se lanza a la aventura de levantar fondos de nuevos accionistas a fin de disponer del capital de trabajo necesario para, en la lucha por el mercado de internet, enfrentar a Google (que se dice disponía de más de $ 33 billones para esos fines a inicios del 2011). Es obvio por otro lado que de lo que también se trata es de levantar el valor de las expectativas de los interesados desde inicios del 2011 hasta el momento en que se lleve a efecto la IPO que se estima será en abril del 2012.

Otra empresa del internet que también planea efectuar una IPO es Groupon, una empresa de comercio electrónico con alcance en los más importantes países occidentales, fundada por Andrew Mason, que habiendo rechazado antes una oferta de Google para ser comprada en $ 6 billones, acaba de levantar $ 950 millones de inversionistas particulares representados por Morgan Stanley, Fidelity Investment y T. Row Price, y se estima que podría valer alrededor de $ 15 billones cuando efectúe su IPO en primavera.

1.6. Burbujas de *commodities* en el mundo

Commodities como el cobre, el petróleo y el algodón han alcanzado alturas récord a fines de 2010. La gran duda de cuál es la razón detrás de ello es si se debe a una real recuperación de la demanda mundial o a una nueva recreación de las mismas burbujas de *commodities* que afectaron al mundo a mediados de 2008. Los optimistas sostienen que la demanda de los países emergentes, que están incorporando millones de personas a una clase media con mayor capacidad de consumo, es la real explicación detrás de las cifras.

Debemos recordar, sin embargo, que la última vez que los precios de los *commodities* se incrementaron notablemente fue por causa de los inversionistas especuladores, y el desenlace posterior confirmó que el fenómeno había sido otra burbuja financiera. Paul Krugman sostiene, sin embargo, que tal derrumbe fue más consecuencia del inicio de la Gran Recesión que de la retirada de los mismos especuladores. Difícil es determinar la razón real detrás del fenómeno, pero lo que sí es cierto es que por ahora no existe ninguna razón aparente que confirme que los mercados mundiales se encuentren embarcados en una senda de crecimiento continuo y, sobre todo, auto sostenido.

Si en los años anteriores la economía norteamericana arrastró al mundo, desde fines de 2010 es la economía de China la que lo hace. Pero la dependencia de un solo mercado, por muy grande que él sea, convierte a la causa en riesgosa, dependiente en este caso no sólo del comportamiento de la economía, sino también del comportamiento de la política, o, más precisamente, de los políticos que detentan el omnímodo poder en China y que no se rigen precisamente por las reglas del mercado, sino sólo cuando les parece correcto.

En la misma dirección se están comportando los precios de los alimentos, lo que se teme podría desatar hambrunas y convulsiones políticas en los países pobres, como fue el caso en 2007 y 2008, precisamente cuando se produjo el mismo efecto. El denominado "Food Price Index", calculado por la FAO sobre una canasta de *commodities* alimenticios, se incrementó en 32 % de junio a diciembre de 2010, habiendo en ese último mes sobrepasado ya al pico alcanzado en junio de 2008.

Las malas condiciones climáticas, como la sequia en Argentina (que está afectando los precios del maíz y la soya), así como las inundaciones en Australia, darán como resultado pobres cosechas. Ello, unido a las mayores demandas por estos productos en los países emergentes consumidores, está alimentando las especulaciones sobre el futuro comportamiento de los precios, lo que a su vez incentiva la toma de posiciones de los inversionistas en "futuros" que incrementa aún más las expectativas de subida de precios, lo que podría desencadenar un incremento desmesurado y la formación de otra burbuja financiera.

En el caso de los países en desarrollo, o incluso en las denominadas economías emergentes, el peso de los precios de los alimentos en la determinación de los niveles de inflación es mayor que el peso de la energía, a la inversa de lo que sucede en los países desarrollados; en consecuencia, un incremento del precio de los *commodities* de alimentos, incrementa de manera directa los niveles de inflación, como en el caso de India, donde en diciembre del 2010 el precio de la canasta de alimentos se elevó un 14 % respecto al mismo mes del año anterior.

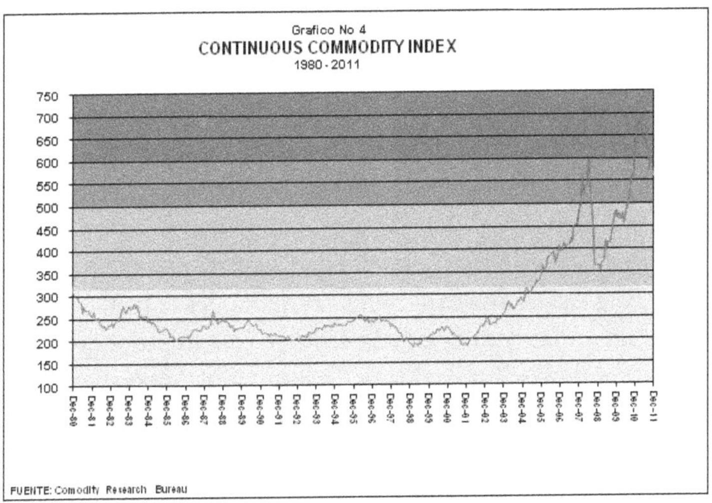

FUENTE: Comodity Research Bureau

A mediados de enero de 2011 la Commodity Futures Trading Commission (CFTC) aprobó nuevas medidas para poner freno a las acciones especulativas en el comercio de 28 *commodities* que se teme están distorsionando los precios de los combustibles y los alimentos. La medida, que se adecúa al marco regulatorio aprobado por el Congreso, establece "posiciones límite para ayudar a proteger a los mercados, tanto cuando los cielos son claros o cuando hay una tormenta en el horizonte", declaró Gary Gensler, su presidente. La medida fue aprobada por 4 votos a 1, con la solitaria negativa de uno de los dos representantes republicanos, quien declaró que primero debería entenderse cuán extendido está el comercio especulativo.

A la posibilidad de que las expectativas estén inflando los precios de los alimentos (debido al exceso de liquidez en el mundo), se opone la explicación alternativa de que la real causa detrás de los incrementos de precios sea la mayor demanda. La primera explicación nos remite a la formación de una burbuja que en algún momento se desinflará, pero la segunda explicación nos remite a una situación estructural en la cual los precios se establecerán en una meseta muy por encima de los niveles presentes, para mantenerse allí por largo tiempo, hasta que las nuevas inversiones en el campo, es decir, en la producción de alimentos, den salida a nuevos niveles de producción que traigan abajo dichos precios. Mientras tanto, como dice Paul Krugman, deberemos adaptar nuestras economías y nuestro estilo de vida a la realidad de *commodities* más costosos. Pero esa es una explicación racional desde la perspectiva de un habitante de una nación rica, en este mundo globalizado, en donde las 2/3 partes de la humanidad restante carece de las posibilidades de adaptarse a esa nueva realidad sin un traumático sufrimiento.

1.7. El ahorro en Estados Unidos

La condición teórica necesaria para que exista exceso de liquidez en Estados Unidos es que el ahorro sea uno de los componentes más importantes de su economía. Sin embargo, nada más alejado de la realidad, ya que, a pesar de que los hogares han empezado a ahorrar más después de la crisis, este ahorro se ha visto descompensado con el exceso de gasto público. La tasa de ahorro nacional, que ya era preocupante antes de la crisis, ha disminuido aun más después de la crisis. Si el propósito del ahorro es generar los recursos internos que permitan financiar el crecimiento, Estados Unidos ya no genera ni siquiera un ahorro nacional neto, es decir, y por primera vez, la tasa de ahorro neto es negativa. Estados Unidos a inicios 2011 está en la misma situación de Grecia y Portugal.

Si la situación macroeconómica es preocupante, la situación individual de los hogares lo es aún más todavía, ya que el 27 % de los americanos carece de ahorros personales o familiares, y el 34 % no tiene acceso a la jubilación. Más de 43 millones de personas viven en la pobreza y es obvio que los pobres no ahorran. En 1980 dos de cada tres trabajadores americanos tenían planes de pensiones con beneficios garantizados de por vida, mientras que hoy día la tasa ha disminuido a uno de cada cinco. Ello es consecuencia de que los ingresos promedio han estado estancados por casi 10 años.

A pesar de ello, los americanos han seguido manteniendo su estilo de vida consumista, el cual se ha visto agudizado en los últimos años con la ayuda de los financiamientos disponibles a muy bajas tasas de interés. Después de pasada la fiesta del consumismo, ha venido la necesidad de hacer frente a las deudas acumuladas por el derroche vivido, y hoy día los americanos deben decidir entre mantener su tren de vida o hacer frente al pago de sus deudas. Por otro lado, la educación y la salud, que son el destino de gran parte de los ingresos en los hogares, son los rubros que más han sufrido el embate de las fuerzas de la inflación.

Además de que el sistema tributario no fomenta el ahorro, las tasas de ahorro bancario son verdaderamente ridículas, cercanas al 1 % anual, lo que no constituye ningún incentivo, ni para las personas ni para las empresas. Si la clase baja no ahorra por sus condiciones de pobreza y la clase media tampoco lo hace por su alto endeudamiento, la única fuente de ahorros privados proviene de las familias de altos ingresos, las que obviamente tampoco lo hacen bajo los parámetros anteriores de inmovilización de sus fondos en las instituciones financieras tradicionales que, ahora, reditúan muy bajas tasas de interés. Las personas de altos ingresos destinan sus excedentes a las inversiones, que, como ya hemos visto, han dejado de ser racionales y se han convertido en especulativas, sea dentro o fuera de Estados Unidos.

Otra parte muy importante de la liquidez existente está constituida por los $ 1,9 trillones de ahorros de las empresas norteamericanas generados en una parte muy importante por las utilidades antes de impuestos de los últimos tres meses del 2010, ya que, de acuerdo a estadísticas brindadas por el Bureau of Economic Analysis, ellas alcanzaron a un equivalente anual de $ 1,68 trillones. Es esta liquidez la que explica parcialmente la performance de algunas burbujas financieras generadas alrededor del mundo. De acuerdo a Bloomberg, las empresas conformantes de la lista de Standard&Poor's 500 aprobaron en el último trimestre del 2010 efectuar la recompra de sus propias acciones por $ 149 billones, lo que constituye un 50 % más de lo efectuado en el primer trimestre del mismo año. Otro significativo número de empresas, dentro de este mismo grupo, está usando su disponibilidad de caja para compartirlo entre sus inversionistas, vía el pago de dividendos. La Reserva Federal estima que las empresas norteamericanas están sentadas sobre $ 1,9 trillones y que no saben qué hacer con esa liquidez.

Además de las fuentes de liquidez internas disponibles en Estados Unidos, existen los recursos provenientes del exterior, especialmente de China, los cuales financiaron gran parte de la Burbuja Inmobiliaria formada en los años anteriores bajo la forma de compra de bonos de Fannie Mae y Freddy Mac y que hoy financian el déficit público bajo la forma de compra de Bonos del Tesoro. Hoy discurren por el sistema financiero americano más de $ 2 trillones provenientes de inversiones realizadas por China, que explican gran parte del exceso de liquidez que inunda el sistema financiero americano.

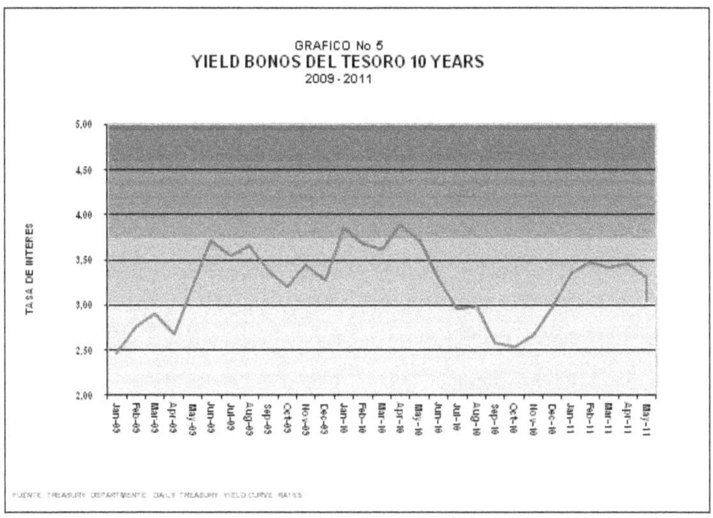

Algunas señales aisladas mostrarían, sin embargo, que las variables macroeconómicas podrían realinearse en el futuro como consecuencia del incremento del *yield* de los Bonos del Tesoro a 10 años, que ya ha empezado a subir notablemente desde octubre del 2010 para llegar a 3,7 % en febrero del 2011.

Algunos analistas estiman que esa tendencia es consecuencia de la mejoría experimentada por la economía, que ya habría tomado la senda de la recuperación, alejando los temores de una nueva recaída; mientras que otros, menos optimistas, manifiestan el temor de que Estados Unidos no pueda cumplir con el compromiso de paso de sus deudas, y de que el dólar, por esos temores, retome su tendencia devaluatoria.

Cualquiera sea la explicación, si persiste la tendencia experimentada de incremento de la tasa de interés de largo plazo, se producirían dos efectos que van en beneficio de la economía en general. En primer lugar, la tasa de ahorros podría experimentar una mejora sustancial que atraiga nuevamente a los ahora inversionistas especulativos y compulsivos para que invierten en valores, sea en las bolsas americanas o en las de los mercados emergentes y, como consecuencia de ello, podría empezar el proceso de desinfle de las burbujas financieras que se siguen generando alrededor del mundo y en las bolsas de valores de Nueva York.

En segundo lugar, una tendencia persistente en el incremento de la tasa de interés de largo plazo, si bien en teoría podría afectar el endeudamiento de las empresas y afectar el proceso de recuperación económica, en la práctica ello podría no suceder por cuanto las grandes empresas disponen de excedentes enormes de efectivo y las pequeñas ahora sufren de la imposición de tasas de interés extraordinariamente altas, por parte de las instituciones financieras, que con la afluencia de ahorros a los bancos podrían, a la inversa, nivelarse con el mercado.

Es decir, un incremento en la tasa de interés de largo plazo podría ir en beneficio de la economía en su conjunto por un incremento de los niveles de ahorro tradicionales. Hay, sin embargo, un elemento adicional que contribuye a hacer más difícil este camino de sinceramiento de la tasa de interés de largo plazo, que es la política de la FED de proporcionar liquidez el sistema económico con las denominadas *"quantitate easing"*. Esta política implementada por la FED bajo el liderazgo de Ben Bernanke, ha inundado con dinero la economía en apoyo a las medidas económicas de la Administración Obama para aliviar los efectos recesivos, especialmente con el objetivo de bajar la alta tasa de desempleo e incrementar el consumo.

Es claro entonces que las medidas económicas y fiscales de la Administración Obama, que están tratando de salvar el corto plazo tratando de sacar a la economía de la recesión, atentan contra el objetivo de largo plazo de fomentar el ahorro y dejar que las fuerzas del mercado por sí mismas reacomoden las variables económicas.

Es obvio que la solución de la disyuntiva, en los dos últimos años de la Administración Obama, y en las siguientes administraciones que hereden el problema, depende de la prioridad que los políticos de turno tengan en cuanto al manejo de la variable económica clave para cada uno de ellos. Los demócratas, en general, probablemente priorizaran el manejo de las herramientas fiscales orientadas a disminuir el desempleo e incrementar el consumo; en tanto que los republicanos favorecerán las políticas de incrementar el ahorro, aun cuando ello sea a costa del sufrimiento de los de abajo.

1.8. La excesiva importancia de las finanzas

A fines de enero 2011 la Comisión de Investigación de la Crisis Financiera (Financial Crisis Inquiri Commission), que presidió el senador Phil Angelides, dio a luz su informe oficial, que como ya habíamos previsto en el libro anterior3, no arroja ninguna luz adicional, no servirá para ningún propósito y, peor aún, no dio con las causas de la crisis.

En la presentación del documento de más de 500 páginas, Angelides muy pomposamente indicó que "esta fue una crisis evitable", para agregar más adelante: "si nosotros hacemos las cosas mejor, la próxima vez, evitaremos la siguiente crisis... pero las ilusiones de las masas, por desgracia, son parte de la condición humana...".

El informe, que realmente son tres informes en uno (ya que los 6 miembros demócratas de la comisión firmaron el do-

[3] Armando S. Klauer; La Gran Recesión y el Armagedón que se viene.

cumento principal de 410 páginas, 3 miembros republicanos añadieron sus discrepancias en un documento de 10 páginas, y Peter J. Wallison, el cuarto republicano, añadió un informe discrepante de 100 páginas), refleja claramente la profunda división ideológica de los conformantes de la comisión, que es también un claro reflejo de la división ideológica de los partidos políticos y de la sociedad americana en general, así como de la dificultad de los economistas para llegar a interpretaciones coincidentes.

Los árboles del bosque, conocidos por todos, son analizados en detalle: el rol de Fannie Mae y Freddie Mac; o la negligencia de las autoridades; el erróneo actuar de reconocidos, y anteriormente admirados políticos como Robert Rubin; o las prácticas de préstamos *subprime*; o el rol de las agencias de *credit rating* y el conflicto de intereses. Probablemente están en esa lista todos los árboles del bosque, pero lamentablemente nadie vio el bosque. La comisión no dio mayores luces sobre las causas primigenias de la crisis, ni ayudó al pueblo norteamericano, o al mundo en general, a entender las razones que dieron origen a ese irracional comportamiento humano.

Sin embargo, hay en el informe una frase que, sin ser destacada por nadie, sí podría sintetizar el problema de fondo, y sobre la cual ni en la comisión ni los economistas en general de Estados Unidos ni del mundo, han destacado ni entendido a cabalidad. Viene nada menos que de John William Snow, antecesor de Henry Paulson en el cargo de Secretario del Tesoro durante la administración de George W. Bush entre el 2003 y el 2006, y por lo tanto imposible de catalogarse como liberal. Dijo él cuando fue entrevistado por los miembros de la Comisión: "Nosotros exageramos la importancia de las finanzas, sobre la economía real".

Con cargo a explicar en seguida la interpretación de dicha afirmación y el hilo conductor que nos lleva a la causa inicial real, vale la pena anotar algunas cifras que corroboran esa afirmación en el mundo común y corriente de la economía americana. De acuerdo a la revista Bloomberg Businessweek4, un banquero especializado en fusiones y adquisiciones, con 10 años de experiencia, gana $ 2 millones al año; un *trader* especializado en bonos corporativos, con la misma experiencia, gana $ 1 millón al año; mientras que un neurocirujano, con entre 8 a 17 años de experiencia, gana $ 571 mil al año; y un biólogo investigador del cáncer gana entre $ 100 mil y 160 mil. He ahí cómo la economía americana valoriza, ahora, el aporte de cada una de esas profesiones, que obvia y notoriamente es discrepante del sentido común.

Para conducir al lector, no especializado en economía ni finanzas, a entender las causas de la crisis trataremos de sintetizar con un ejemplo simple la interrelación entre ambas disciplinas. Cuando un empresario "decide incrementar sus ventas" porque intuye que existe un mercado desatendido, o porque tiene posibilidades de quitarle mercado a otra empresa de la competencia, esa es una "decisión económica", está basada en datos económicos como el precio de venta y los costos involucrados. Pero cuando el dilema es si "decide entre usar su propio dinero o dinero prestado" para invertirlo en el capital fijo (maquinaria) y/o en el capital de trabajo (materia prima, insumos, mano de obra) necesario para esa aventura, está tomando una "decisión financiera", basada en un dato financiero fundamental: la tasa de interés vigente o costo de capital. En teoría, y hasta ciertos límites, cuanto más dinero prestado utilice, más rentable será el proyecto pero, a la vez, más riesgoso.

Ese es exactamente el dilema que evaluaron los inversionistas en general en Estados Unidos, especialmente en los últimos veinte años. Pero lo más importante es que esos inversionistas, en este caso, no decidieron invertir en maquinaria, ni en otras

[4] Bloomberg Businessweek; January 24-January 30, 2011; page 44.

inversiones reales, sino en papeles, es decir, bonos, acciones, futuros, derivados u opciones, por nombrar sólo algunos ejemplos. Al problema inicial de que invirtieron mayormente con dinero prestado, hay que añadir que invirtieron en papeles generados por los "altos financistas", convirtiendo esas operaciones en esotéricas (para el entendimiento común) y altamente especulativas.

Hasta ahí, nada nuevo de lo conocido por todos. Pero ese razonamiento nos lleva a la causa inicial y real del problema: existía una enorme oferta de dinero que generó el endeudamiento generalizado, dadas las bajas tasas de interés real cobradas por utilizarlo. Pero fue ese exceso de dinero en el mercado financiero, y no la tasa de interés vigente durante la era de Greenspan, la explicación de ese accionar global de endeudamiento compulsivo.

Si aceptamos que esa fue la causa de la crisis, la pregunta lógica siguiente es, entonces, ¿de dónde salió ese extraordinario exceso de dinero? Contestar esa pregunta nos llevará a la causa primigenia de la crisis. Atacar ese proceso de generación de liquidez extraordinaria, que sobrepasa el crecimiento real de la economía, es la base de cualquier política de saneamiento económico y financiero en el mundo globalizado en que vivimos, y controlar el proceso de endeudamiento de los agentes económicos es la herramienta fundamental para que los reguladores eviten la repetición de los errores pasados.

Un análisis detallado de los orígenes, causas y consecuencias del exceso de liquidez en el mundo lo presentamos en el Capítulo VII de nuestro anterior libro "La Gran Recesión y el Armagedón que se viene"5.

[5] Armando S. Klauer; La Gran Recesión y el Armagedón que se viene; Capítulo VII: Exceso de liquidez mundial.

II. Las posibilidades

2.1. India busca su independencia económica

En la primera e histórica visita de Wen Jiabao, Primer Ministro de China, a India, a fines de diciembre de 2010, manifestó premonitoriamente que "el Siglo XXI es el siglo del Asia" y que "es también el siglo en el cual China e India pueden alcanzar grandes logros". Agregando, además, "hay suficiente espacio en el mundo para el desarrollo de ambos…".

Sin subestimar la importancia de la declaración, no debe olvidarse, sin embargo, que ambos países comparten una frontera de más de 2 500 millas que ha sido motivo de tensiones, e incluso de agresiones, a lo largo de los dos últimos siglos, precisamente con el surgir de esos dos estados soberanos que hoy día cobijan a una tercera parte de la humanidad.

El proceso de urbanización e industrialización, que ambos por igual están enfrentando, genera efectivamente oportunidades de cooperación que un mercado integrado y abierto podría potenciar, así como contribuir a acelerar el proceso de desarrollo de ambas naciones. De la forma como sus gobernantes y pueblos superen la desconfianza mutua, y aun la abierta hostilidad en muchas regiones, depende que las declaraciones se conviertan en realidad.

En el caso de India, además, mucho depende de cómo los cambios iniciados en 1991 por Manmohan Singh, en el campo de las reformas económicas estructurales, sigan generando signos inequívocos de progreso como el crecimiento económico del orden del 7 % anual logrado en los dos últimas décadas. Es más, el crecimiento poblacional de 41 % experimentado en los últimos 20 años, fue prácticamente eclipsado por el 255 % de crecimiento del PBI, lo que ha determinado que el crecimiento del PBI per cápita haya sido de 151 %, muy probablemente el segundo más alto del mundo en ese periodo, sólo detrás del de China.

El ratio de la deuda sobre el PBI alcanza únicamente al 66 %, a pesar del continuo déficit anual del sector público, que se eleva al 8 % del PBI, y ello es debido al impresionante ritmo de crecimiento económico logrado. El crecimiento de las exportaciones y del ahorro interno hará que el país dependa en el futuro mucho menos del flujo de capital extranjero. La disponibilidad de reservas en oro y moneda extranjera, que suman $ 311 billones, podrían garantizar una tranquilidad financiera en un mundo turbulento como el que se avecina. La gran pregunta que fluye de ese extraordinario comportamiento económico y demográfico es si es posible que él continúe con el mismo éxito. De acuerdo a cifras dadas a conocer por su Comisión de Planeamiento, ello es posible sólo si se implementan fuertes acciones de política económica, especialmente para controlar la inflación, que de continuar al ritmo de los últimos meses del 2011, hacen temer que un crecimiento máximo del 8 % sería bastante exitoso.

La demografía es un tema, sin duda, que India ha manejado con más éxito que China, ya que a pesar del alto volumen poblacional que cada año se incorpora a la actividad productiva, éste garantiza que en el largo plazo la estructura de la población sea más adecuada a las necesidades de un país en continuo crecimiento, ya que el ratio de trabajadores dependientes se estima seguirá incrementándose más allá de 2030. Esta diferencia es fundamental para comparar la futura performance de los dos más grandes países del mundo. De continuar las tendencias vigentes, la combinación de crecimiento económico y crecimiento poblacional en India va claramente a favor del desarrollo, ya que en la pasada década el crecimiento del PBI per cápita fue 1,7 %, altamente exitoso desde cualquier ángulo de medición.

Las reformas económicas iniciadas en 1991 han permitido que las fuerzas sociales y económicas se liberen, y que la capacidad empresarial generadora de riqueza encuentre el camino fértil para desarrollar sus acciones dentro de un mercado menos sujeto a las regulaciones y las restricciones excesivas de los gobiernos, tanto el central como de los estados. El problema actualmente es que las reformas no han alcanzado adecuadamente al ámbito gubernamental, que no se muestra capaz de acompañar al sector privado en sus demandas, especialmente las vinculadas a la energía, transporte y educación; a diferencia de China, en donde el sector gubernamental muestra un comportamiento más eficiente, adelantándose a los requerimientos de su población. Las virtudes de la planificación centralizada China, en este sentido, prevalecen sobre el caótico modelo de crecimiento en India.

La incapacidad del estado para proporcionar los servicios básicos de generación de energía, bajo un escenario de crecimiento de 8 % anual, que implica duplicar las fuentes de energía cada 10 años, es ostensible, y más aún si ellas están atadas al desarrollo de minas de carbón bajo el monopolio del estado. Las pérdidas ocasionadas por la ineficiencia del estado en el manejo de la generación, transporte y distribución de energía se estima llegan al equivalente de 1 % del PBI. Mientras no se resuelva el tema del monopolio estatal en este sector estratégico para el crecimiento económico, las perspectivas no se presentan claras en el largo plazo.

El exceso de controles, por otro lado, incrementa dramáticamente la corrupción a todos los niveles, que a decir de los inversionistas es la causa de la parálisis gubernamental. Ello incrementa la evasión tributaria por parte de los empresarios, que la justifican considerando que el pago de prebendas y sobornos a los funcionarios gubernamentales corruptos sustituye a la tributación.

Como respuesta al exceso de regulaciones, los empresarios combinan sus negocios en India con nuevos emprendimientos en el exterior, que les permiten disminuir sus costos o saltar la legislación que establece el monopolio del estado en la producción de carbón. En esta línea, algunos de ellos están importando carbón del exterior, especialmente de Indonesia y Australia, para implementar sus proyectos energéticos privados. Ello establece otra notoria diferencia con la estrategia de desarrollo de China, que se basa fundamentalmente en la propiedad estatal de las grandes industrias básicas.

El incremento notable de la actividad privada, unido a un mercado interno inmenso, y a la incapacidad del gobierno para hacerlos tributar adecuadamente, ha generado la aparición de miles de millonarios y casi media centena de billonarios, cuya riqueza agregada, estimada en $ 250 billones, es equivalente a 1/6 del PBI, es decir, una participación porcentual más elevada que en cualquier otra economía desarrollada del mundo, como Inglaterra, Alemania o Japón. Esta realidad incuba las condiciones para perpetuar la corrupción en un estado débil.

Los años por delante nos mostrarán cuál modelo de desarrollo, el de China o el de India, será más exitoso dada la combinación de factores como la demografía, el modelo económico, la efectividad del aparato gubernamental y, sobre todo, el modelo político, que es el que finalmente influye sobre el resto de factores anotados.

2.2. Hacia la consolidación política europea

A pesar de que la crisis financiera europea se profundizaba, conforme pasaban los meses, en 2010, y ante la oposición de Alemania de incrementar el apoyo financiero de la Unión Europea a los países más endeudados, el alivio apareció por donde menos se esperaba, China. Con recursos financieros que exceden la imaginación mas desbocada, China se lanzó, a inicios 2011, a la compra de bonos soberanos españoles, con la mente puesta no sólo en diversificar la colocación de sus excedentes, hasta ese momento peligrosamente sobre invertidos en Bonos del Tesoro de Estados Unidos, sino también como estrategia para detener la caída del euro, que provocaba la revaluación del dólar, lo que a su vez provocaba la revaluación del renminbi atado a él.

La apuesta china por defender el euro podría resultar más efectiva que cualquier estrategia de la Unión Europea por salvar de la debacle financiera a los países europeos en problemas. Ello, sin embargo, no haría sino postergar el desenlace evidente, ya que dicha ayuda se hace sin las condiciones que Alemania demanda o que las autoridades monetarias de la Unión Europea establecerían.

La apuesta china a invertir en Europa, pareciera despertó los temores alemanes a una invasión financiera extra continental, pues sólo necesitaron los estrategas económicos alemanes un mes para presentar una nueva propuesta que cambió diametralmente la posición defendida por Ángela Merkel en todos los foros económicos hasta fines del 2010, con el respaldo de todos los alemanes.

En efecto, súbitamente, a inicios de febrero de 2011, un documento preparado en Alemania fue puesto en conocimiento de los miembros de la Unión Europea que se preparaban para la reunión de las 27 cabezas de gobierno que se reunirían el viernes 7 en Bruselas. Dicho documento, que contiene el punto de vista oficial del gobierno alemán, con ideas de un plan para rescatar a las economías europeas en problemas económicos y financieros, identificaba seis prioridades de las cuales debe destacarse: la abolición de los sistemas de indexación de los salarios, disminuir las diferencias entre los sistemas de impuestos corporativos, ajustes a los sistemas de pensiones para homogenizar la edad de retiro, establecimiento de un mecanismo supranacional para manejar la crisis del sistema financiero, y un marco de nuevas medidas legales orientadas a forzar a las economías nacionales a comprometerse para implementar políticas fiscales fuertes con mecanismos de alerta supranacionales cuyo progreso debería ser verificado por la Comisión Europea.

Todas las medidas anotadas constituyen parte del paradigma económico alemán y están por ello muy distantes de los paradigmas correspondientes a los países latinos y periféricos, lo que hará difícil probablemente su aceptación, a pesar de que dichas propuestas van aparejadas con la oferta de proporcionar más fondos, por hasta 440 billones de euros adicionales, para las necesidades de rescate bancario que se vienen.

La dificultad de lograr un consenso vienen no sólo de Irlanda, Estonia y Eslovaquia, en lo relativo a homogenizar los sistemas tributarios corporativos, sino fundamentalmente del resto de países que se resistirán a homogenizar las edades de retiro y, sobre todo, a exponerse a sanciones por incumplimiento de las metas fiscales a que se comprometerían para superar sus déficit fiscales.

Lamentablemente, lo que es bueno para la Unión Europea en su conjunto, no es fácil de lograr para todas y cada una de sus partes constituyentes. La cumbre europea, celebrada el 4 de febrero del 2011, puso al desnudo la dificultad de llegar a consensos sobre temas de carácter estructural. La construcción de un nuevo marco jurídico, que permita coordinar la uniformización de las políticas macroeconómicas, a fin de lograr un incremento de la competitividad en cada uno de los países, corregir los desbalances económicos y sobre todo unificar la aplicación de sanciones para evitar la repetición de un manejo fiscal irresponsable en algunos países, se visualizaba como prácticamente imposible, y por ello la presentación del documento oficial, preparado por los tecnócratas alemanes, pero propuesto conjuntamente por Alemania y Francia, fue desestimado para evitar un obvio desaire.

2.3. Importancia de la economía china

La visita del presidente de China, Hu Jintao, a Washington, a mediados de enero de 2011, sirvió para que los estrategas políticos de la Casa Blanca, posiblemente influenciados por los intereses económicos de las grandes transnacionales norteamericanas, modificaran la dirección de sus presiones al gobierno chino, en el sentido de dar prioridad ya no a la necesidad de que se produjese un sinceramiento del tipo de cambio del yuan o renminbi respecto al dólar, dejando que las fuerzas del mercado lo fijaran, sino a la necesidad de que el gobierno chino deje competir en igualdad de condiciones a las empresas norteamericanas que acceden al mercado chino.

De acuerdo a los empresarios norteamericanos, el gobierno chino impone una serie de restricciones al actuar empresarial, dentro de las que destacan los controles administrativos y la imposición de obligaciones de transferir tecnología. Además, existe favoritismo hacia las empresas nativas y subsidios a las empresas de capital chino, que hacen la competencia muy difícil para las empresas extranjeras en general, especialmente cuando se trata de competir en las licitaciones y concursos para el abastecimiento de bienes a las empresas de propiedad del estado chino.

Los casos más conocidos de restricciones al capital extranjero son la censura al libre accionar de Google, quien debió mover sus instalaciones fuera de China, así como la falta de garantías para la propiedad intelectual de los creadores de software y producciones cinematográficas, cuyas copias piratas o no autorizadas se venden sin ningún temor en los mercados clandestinos. Con el fin de facilitar las conversaciones sobre estos temas, el Secretario del Tesoro, Timothy Geithner, antes del inicio de la visita adelantó que Estados Unidos podría estar interesado en dar mayor acceso a las empresas chinas a los productos de alta tecnología, siempre y cuando China abriera su propio mercado interno a las empresas norteamericanas.

Como resultado práctico de la visita de Hu Jintao a Estados Unidos se firmaron acuerdos comerciales, valorizados en $ 45 billones, que permitirían generar casi 250 mil nuevos puestos de trabajo en Estados Unidos. Dentro de los acuerdos destacan la construcción de 200 aeronaves Boeing, los contratos con General Electric para proyectos de energía y transporte, así como los *joint venture* entre Honeywell y Haier para la producción de electrodomésticos, y entre Cummins Engine y Zhengzho Yotong para la producción de unidades de transporte. Adicionalmente, China habría aceptado endurecer sus controles para evitar la piratería, especialmente en las agencias estatales, mediante auditorias para presionar el uso de software legal.

El poco conocido slogan de los inicios del liderazgo de Deng Xiaoping de "dejemos que el pueblo consiga riqueza primero", que poco ortodoxamente rompiera con los principios de Mao y su Revolución Cultural, estaría siendo profundizado por los acuerdos de cooperación económica firmados por Hu Jintao, que permitirían una mayor aceptación de la inversión extranjera e incluso de cooperación económica para el desarrollo de proyectos conjuntos, obviamente orientados a desarrollar su mercado interno, como alternativa al crecimiento económico basado en las exportaciones.

A pesar de que la maquinaria económica china le ha permitido añadir riqueza por cerca de 1 trillón de dólares en 2011, cuando la tasa de crecimiento de su PBI superó el 10 % anual, el potencial de crecimiento de este mercado interno puede ser visualizado mencionando que en el 2009 el Banco Mundial ubicó al PBI per cápita de China muy cercano a muchos países subdesarrollados como Túnez y Turkmenistán.

El modelo de crecimiento chino basado en las exportaciones, claramente habría ya llegado a un punto conflictivo en sus relaciones con el resto del mundo, debido a los desbalances económicos creados, y por ello la alternativa de desarrollo acelerado del mercado interno se constituye en la estrategia que se seguiría en los próximos años. El desarrollo del capital fijo, implementado aceleradamente por las instituciones y empresas estatales en los años anteriores, necesita ser complementado con el crecimiento del consumo privado que, bajo los parámetros del sistema capitalista, constituye la clave para lograr un crecimiento auto sostenido.

Sin embargo, hay en el camino obstáculos estructurales que necesitan ser superados. Dos de ellos son: la predisposición al ahorro del pueblo chino, imbuido de los valores del confusionismo; y los temores generados por la política de "un hogar un hijo", que presionan en la psicología del pueblo chino hacia un comportamiento más conservador, debido al incierto futuro individual en los años maduros.

Pero, además de ello, el cambio de modelo de desarrollo trae aparejado un cambio significativo en la importancia de consumo interno y de las exportaciones, dentro de la formación del PBI. A pesar del incremento del consumo urbano, como resultado de la migración del campo a la ciudad, el consumo interno sigue representando un porcentaje poco significativo en relación al PBI. Piénsese que para llegar a una economía madura, el consumo del pueblo chino debe superar el 60 % del PBI, y hoy día sólo llega al 36 %, incluso por debajo del 40

% al que alcanzo en los 90's . Si bien los esfuerzos de las autoridades chinas desde hace 5 años se orientan a incrementar el consumo privado, los resultados obtenidos están muy lejos de ser halagadores.

Las comparaciones estadísticas son muy difíciles de establecer, no sólo porque las estadísticas chinas son de poco confiar, sino porque además el famoso 70 % de participación del consumo americano en el PBI incluye $ 2,5 trillones en gastos en salud, la mitad de los cuales son gastos del gobierno. Con todas esas limitaciones, algunos expertos estiman que los gastos de consumo de China son la mitad de los de Estados Unidos y dos terceras partes de los de Europa y Japón. Se estima que China tiene uno de los más bajos porcentajes del mundo en lo que a participación del consumo en la composición del PBI se refiere.

Bajo esos parámetros, el potencial de crecimiento del mercado chino es portentoso, pero la capacidad de las empresas chinas para satisfacerlo no es suficiente. Por ello la participación del capital extranjero es fundamental para lograr que, en los próximos 25 años, un billón de chinos alcancen el poder de compra de los consumidores de los países desarrollados.

Por otro lado, como bien lo ha destacado el presidente Hu Jintao, durante su visita a Washington en enero de 2011, la demanda de productos por parte de la economía china ha creado cerca de 14 millones de puestos de trabajo fuera de China. Y, adicionalmente, los precios bajos de los productos que ellos exportan han generado a los países importadores ahorros que podrían valorizarse en $ 600 billones. Obviamente el mensaje a los americanos fue que es China quien ahora lidera el crecimiento económico mundial, y que la demanda china está ayudando al mundo entero a salir de la recesión.

Ya pasó la época en que el mayor prestamista del mundo era Estados Unidos. Hoy día el mayor prestamista del mundo es

China. Es más, desde el 2009 China ha prestado más dinero a otros países que el mismo Banco Mundial. De acuerdo a investigaciones del Financial Times, entre el China Development Bank y el China Export-Import Bank han firmado acuerdos de préstamo por $ 110 billones. Los acuerdos incluyen préstamos a Rusia, Brasil y Venezuela para proyectos petroleros, a Argentina para el desarrollo de red ferrocarrilera, y a India para la compra de equipos de energía. A pesar de contener términos financieros más favorables que los del BM, estos acuerdos repiten los esquemas de antaño de constituirse en préstamos atados al suministro de bienes y servicios. Pero ahora, de origen chino.

2.4. Alemania con la clave del éxito

En un mundo globalizado en el que casi todos los países desarrollados están atravesando por diferentes tipos de problemas, sean estos económicos o financieros, destaca nítidamente el caso de Alemania, donde, como resultado de políticas económicas prudentes, combinadas con un espíritu empresarial emprendedor y solidario, así como trabajadores que apuestan más al futuro que al presente, se ha estructurado un sistema económico y financiero que constituye no sólo la envidia de sus vecinos, sino además el sostén de la Unidad Europea, muy venida a menos precisamente por la carencia de esas virtudes en el resto de países de la Unión, especialmente los periféricos mediterráneos.

Las virtudes anotadas, además, descansan en una estructura industrial basada en la producción de maquinaria y productos químicos de alta calidad, que por considerarse sin competencia, justifican sus altos precios, y que son requeridos y adquiridos en todo el mundo, pero especialmente por sus socios de la Unión Europea.

Además de su excelente combinación de investigaciones, en cooperación con las universidades alemanas, las empresas mantienen una muy buena relación con sus trabajadores, basada en los beneficios que genera una vinculación de intereses comunes a largo plazo, que les permite mantener en continua actualización sus destrezas y el máximo respeto al mantenimiento del vínculo laboral, aun a costa de que las empresas pierdan dinero en los tiempos difíciles.

Enorme diferencia, en todos los sentidos enunciados, con sus socios de la Unión, los que en épocas de abundancia cosechan los beneficios sólo por el lado de los empresarios y banqueros, para luego pasarle la factura de los problemas, en épocas de crisis, a los trabajadores.

A pesar de tener un ratio de desempleo de 6,6 %, Alemania tiene el más bajo déficit presupuestal y la más baja relación deuda - PBI dentro de los países de la Unión Europea. Sin embargo, algunos analistas económicos cuestionan su modelo de crecimiento económico hacia afuera, basado en sus exportaciones, considerando que un superávit del comercio externo de 5 % del PBI en el 2010, es una prueba de que ello refleja la crónica debilidad de su consumo interno.

Ello no es necesariamente cierto, en la medida en que, si bien el consumo interno ha crecido a tasas de sólo 0,3 % en las últimas décadas, eso ha sido consecuencia de los ajustes experimentados por su economía, como resultado de la reunificación, y enmarcado además en una filosofía de vida que privilegia el futuro sobre el presente. Es precisamente gracias a ello que Alemania, además de tener un muy alto nivel de ahorro, hoy por hoy es la economía que mejor enfrenta la coyuntura de la globalización en todo el mundo.

Mientras que el resto de sus socios en la UE padecen problemas derivados del alto desempleo, en Alemania el problema es cómo conseguir más trabajadores, lo que los lleva a implementar políticas de incentivos para que las mujeres ingresen en mayor cantidad al mundo laboral.

Asimismo, y a diferencia de la mayor parte de sus socios en la UE, Alemania se ha visto beneficiada con la adopción del euro, en la medida en que esta moneda ha sufrido un embate de devaluación en los mercados internacionales, sea a favor del yen o del dólar, como consecuencia de los problemas financieros europeos. Es fácil entender que el euro de hoy está profundamente devaluado en relación con el marco de ayer, con lo que se ha creado, sin que fuera objetivo de nadie, un incremento extraordinario de la competitividad industrial alemana, especialmente la del costo de la mano de obra. Por otro lado, el mismo proceso de reunificación alemana disminuyó probablemente de manera sensible esta variable económica, en la medida en que en los últimos 30 años debió incorporarse a millones de trabajadores del Este, cuyo costo de contratación debió ser sensiblemente menor que el de sus hermanos del Oeste. Todo ello permitió que la competitividad de la industria alemana se incrementara muy por encima de la de todo el mundo.

A pesar de esos ajustes naturales, no hay que quitarle mérito a la política económica y laboral alemana que coadyuvó al éxito económico de esa nación, creando mecanismos específicos para que los mismos trabajadores ahorraran sus ganancias por las horas extraordinarias trabajadas en épocas de mayor demanda, para cubrir sus ingresos en épocas en las que debían trabajar por debajo del tiempo normal, por baja en el ritmo de producción de sus empresas.

Lamentablemente, esta sabia política empresarial alemana, conjuntamente con la constatación de las obvias diferencias generadas por las contrarias políticas económicas de sus socios mediterráneos, está contribuyendo a exacerbar los ánimos anti germanos, lo que podría degenera en una animosidad contraria a los intereses de la Unión Europea.

2.5. Corrección de los desbalances económicos estructurales

En una inusual medida orientada a lograr un consenso internacional sobre la manera de lidiar con los problemas que contribuyen a la generación de los desbalances económicos internacionales, el Grupo de los 20, reunido en Paris a mediados de febrero 2011, decidió establecer una serie de "directrices" para identificar cuándo un problema económico o financiero interno se puede constituir en un peligro para la estabilidad económica del resto del mundo. El acuerdo, forjado a pedido de Alemania y Francia, que se logró después que los representantes de estos países convencieron de su necesidad a los representantes de China, constituye un "primer paso", a decir de Christine Lagarde, entonces Ministro de Finanzas de Francia, y actualmente Directora Gerente del Fondo Monetario Internacional (FMI).

Si bien es obvio para todos que las directrices que se elaboren no serán obligatorias para nadie, permitirían convertir las exigencias de algunos países sobre otros, en pedidos de consenso para que los problemas sean resueltos más en función del interés global que de los intereses individuales de cada país. Recuérdese que los problemas de cada país son distintos y que las prioridades de política económica interna no concuerdan necesariamente con la necesidad de lograr un balance económico global.

No es para nadie un secreto que el tipo de cambio del renminbi, al nivel del mantenido unilateralmente por China, repercute en el desempleo en Estados Unidos, y que el déficit fiscal en Estados Unidos podría a la larga repercutir en la estabilidad financiera del resto del mundo. Por otro lado, no es difícil entender que las prioridades internas pueden en el corto plazo entrar en contradicción con las prioridades globales, y que difícilmente un país sacrificará la economía de su país en el corto plazo, en aras del beneficio global en el largo plazo.

Sobre este punto y más allá de los problemas estructurales de los países líderes, es decir, China y Estados Unidos, destaca la inminencia del problema del nivel de precios de los alimentos y *commodities*, que amenaza con desencadenar problemas de seguridad en los países más pobres si, como se teme, se incrementarán en un 20 o 30 % más en el resto del año como lo ha pronosticado el FMI. Robert Zoellick, Presidente del Banco Mundial, ha urgido a los países desarrollados a "poner a los alimentos primero en el 2011", dentro de los problemas a agendarse por el G20.

La anuencia del Secretario del Tesoro de Estados Unidos, Timothy Geithner, de apoyar medidas para limitar la manipulación de los precios de los *commodities*, a fin de brindar mayor transparencia y supervisión a los mercados de derivados y *commodities*, constituyó un paso adelante, como lo fue la decisión del representante de China de aceptar la generación de las "directrices", aunque ambas decisiones tropezarán indefectiblemente con la abierta y monolítica oposición dentro de sus fronteras. A pesar de todo, la suscripción del documento final constituyó un avance sin precedentes que muestra el sendero adecuado hacia una mejor globalización económica.

III. Los peligros

3.1. *Default* financiero en Estados Unidos

A inicios del 2011 la Administración Obama alertó al Congreso que antes del 16 de mayo se presentaría un proyecto proponiendo un nuevo límite de endeudamiento, el cual debería aprobarse sin dilaciones para evitar que Estados Unidos caiga en *default*. La misiva enviada por Timothy Geithner fue entregada un día después de que los republicanos tomaron el control efectivo de la Cámara de Representantes. John A. Boehner, el nuevo Speaker de la House, declaró que "el pueblo americano no respalda ese incremento a menos que esté acompañado de significativas acciones por parte del Presidente y del Congreso para cortar gastos y evitar el desempleo".

La deuda nacional de Estados Unidos llegó a fines del 2010 a $ 13,93 trillones, la cual está ligeramente por debajo del tope vigente de $ 14,29 trillones que el Congreso estableció en febrero del 2010, y el plazo para sobrepasar el límite existente depende de cómo se comporte la economía y cómo se desarrolle el pago de impuestos por parte de los contribuyentes.

Según Geithner, "fallar en incrementar el límite podría ser profundamente irresponsable" , y que "un fracaso en incrementar el límite podría forzar al Tesoro a incumplir con sus obligaciones legales y pagos a los tenedores de Bonos del Tesoro, aquí y afuera, causando un daño catastrófico a la economía". Y añadió que "dada la gravedad de los retos que enfrentan Estados Unidos y el resto de economías del mundo, la confianza de nuestros acreedores es aún más crítica hoy día".

Días antes, en su testimonio ante el Comité Presupuestal del Senado, Ben Bernanke, Presidente de la Reserva Federal, manifestó que "en general, el ritmo de recuperación económica pareciera será moderadamente fuerte en el 2011 como lo fue en el 2010". Agregando momentos después que si la deuda federal se incrementa al ritmo asumido en un escenario probable como ha sido analizado en la Oficina Presupuestal del Congreso, los "efectos económicos y financieros podrían ser severos", "disminuyendo la confianza por parte de los inversionistas de que el déficit podría ser controlado lo que conduciría a un agudo incremento de las tasas de interés en la deuda del gobierno y, potencialmente, a una confusión financiera"; añadiendo, "más aún, altas tasas de interés para la deuda del gobierno podrían desviar los fondos destinados a formar el capital privado incrementando nuestra deuda con los extranjeros, con un adverso efecto en la producción, ingresos y estándar de vida".

Ante las opiniones vertidas por los dos más altos funcionarios del gobierno de Estados Unidos, todos nos encontramos con la sensación de que en el futuro se nos presentará un escenario fuera de los cánones comúnmente aceptados, tanto por los especialistas como por las personas comunes y corrientes, de que la economía norteamericana es la más sólida del mundo y que los Bonos del Tesoro son el valor más seguro del mundo.

Moody's, una de las más importantes agencias de calificación de riesgo emitió, a inicios del 2011, una segunda alerta sobre los peligros que encierra la actual política de la Administración Obama de utilizar los recursos fiscales para lograr reactivar la economía. La primera alerta, en similares términos, la emitió en diciembre 2010, sólo un mes antes, cuando Steven Hess, el autor del reporte, indicó que los "Estados Unidos están en la dirección opuesta a una consolidación fiscal", agregando esta vez que "en efecto, ellos están yendo por más estímulos a la economía"6, como un eco de la posición republicana sobre las políticas económicas de la Administración Obama. Moody's está calificando los valores norteamericanos, y específicamente los Bonos del Tesoro, desde 1917, y siempre los ha calificado como AAA. Dicen ellos que la evolución que se prevé va de estable a negativa dentro de los dos siguientes años, si ninguna acción, obviamente en sentido contrario, es tomada.

Por la misma fecha, Standard & Poor's, otra agencia calificadora de riesgos, aprovechó de una conferencia de reporteros económicos en Paris para destacar que las condiciones fiscales de la economía norteamericana habían empeorado en los meses recientes. Por su parte David M. Walker, anterior Contralor General de Estados Unidos, manifestó en la misma reunión que "hay un significativo riesgo de que perdamos la confianza de los inversionistas extranjeros dentro de los siguientes dos años".

Si bien muchos otros economistas dejan ese peligro para muchos años más por delante, algunos políticos, fundamentalmente de la derecha republicana, que han manifestado abiertamente su discrepancia con la actuación de la FED y desconfían de su accionar, especialmente a consecuencia de las medidas denominadas "*quantitative easing*", están ya proponiendo medidas que conducirían a la utilización del oro y la plata físicos para realizar las transacciones en algunos estados en reemplazo del dólar. La primera medida concreta provino del representante estatal por Georgia, Bobby Franklin, quien introdujo una propuesta para declarar la "exclusividad en el uso del oro y la plata como medio de pago de las deudas a o por el estado". En Virginia el delegado republicano Bob Mars-

[6] Graham Bowley; Uncle Sam wants his AAA rating; The New York Times; January 13, 2011.

hall también ha propuesto la creación de una alternativa al pago en dólares dada la "ampliamente reconocida predicción de expertos de la inevitable destrucción del sistema de la Reserva Federal debido a la hiperinflación en un previsible futuro".

Aún cuando esas propuestas puedan parecer del siglo XIX, ellas son consecuencia de la pérdida de confianza de los ciudadanos comunes al accionar de la FED. Encuestas de Gallup conducidas en el 2009 mostraban a la FED como la peor entre 9 agencias del gobierno federal, y a fines del 2010 se estima que una mayoría de americanos piensan que la FED debería ser abolida. Esos sentimientos son consecuencia de los temores a la pérdida de valor del dólar como consecuencia de una probable inflación que se podría desatar a raíz de las medidas de la FED, pero además arrastran los sentimientos de los americanos comunes como consecuencia de su nulo accionar en la época de Greenspan para evitar el colapso del sistema financiero y las medidas de rescate implementadas posteriormente para salvar a los bancos con dinero de los contribuyentes.

Pero de mayor importancia política sobre este tema es la posición del representante republicano por Texas, Ron Paul, quien tomará a partir de enero del 2011 la Presidencia del Subcomité de Política Monetaria Doméstica que forma parte del Comité de Servicios Financieros de la Cámara de Representantes. Él ha escrito que si la FED fuera abolida "la riqueza nacional no sería más rehén de los caprichos de un puñado de burócratas designados cuyos intereses se dividen por igual entre servir al cartel de la banca y a los políticos poderosos de Washington". Spencer T. Bachus, representante republicano por Alabama, y presidente del Comité de Servicios Financieros de la Cámara de Representantes, quien ha propuesto a Ron Paul, ha manifestado que "mi punto de vista es que Washington y los reguladores están ahí para servir a los bancos".

Los sentimientos de inseguridad de los ciudadanos americanos no sólo provienen de los temores de que el gobierno federal incumpla con sus compromisos asumidos al vender Bonos del Tesoro, sino que además los gobiernos estatales se encuentran altamente endeudados, siendo públicamente notorios los casos de los problemas fiscales de California y Nueva York. Moody's Investors Service, sin embargo, ha empezado a recalcular la real carga de deudas de los estados, notando que en la cifras oficiales nunca se incorpora las obligaciones derivadas de los fondos de pensiones. Resulta que si se incorporan esas obligaciones, los estados más endeudados ya no son los dos nombrados antes sino otros notoriamente insospechados como Connecticut, Hawai, Illinois, Kentucky y Massachusetts, por nombrar los más importantes. Varios estados como California, Illinois y otros, se vocean como candidatos a declararse en bancarrota, y más de un político en Washington ha declarado el peligro que ello representa para la situación fiscal federal.

En Illinois, el gobernador Pat Quinn puso en vigencia, a partir de enero del 2011, un incremento de 67 % del Impuesto a la Renta Estatal, llevándolo a una tasa de 5 %. Por otra parte, Illinois ha programado la venta de bonos por $ 3,7 billones a efectuarse a fines de febrero del 2011, cuyos fondos estarán destinados a financiar el déficit de su fondo de pensiones, que se estima alcanza a $ 86 billones, generado en gran parte por las perdidas en inversiones especulativas realizadas entre el 2008 y 2009. Las agencias regulatorias federales están investigando si el prospecto de venta de dichos bonos dice todo lo necesario acerca de la salud real de la economía del estado y de su fondo de pensiones, que muchos actuarios cuestionan, ya que, según ellos, los cálculos no son los correctos ya que durante los últimos 16 o 17 años ha habido un uso abusivo de ese fondo, según dijo por ejemplo Brad M. Smith, Presidente de la Sociedad de Actuarios, con sede precisamente en Illinois. En 1994 el estado aprobó una ley que permitió que las contribuciones al fondo de pensiones sean menores que el costo de los beneficios que deberían cubrirse en cada periodo.

En el documento de presentación del proyecto de Presupuesto Estatal, emitido alrededor de los mismos días, se menciona que el sistema de pensiones estatal es tan débil que el estado estaría buscando una "garantía federal para la deuda", algo que en Washington no es visto con buenos ojos.

En ese contexto se estima muy difícil la colocación de la emisión de bonos mencionada. Ello sería la primera alerta sobre la gravedad del problema financiero de los estados. Y un peligro adicional que ello representa es el impacto que podría tener ello en el mercado de Bonos Municipales. Los bonos municipales mejor considerados en el mercado ya a fines del 2010 tenían una tasa de 5,2 %, casi el doble del costo de los Bonos del Tesoro.

Sobre este tema, a fines de setiembre del 2011 Meredith Whitney, una analista financiera que logró cierta notoriedad en el 2008 prediciendo los problemas del Citi, conmocionó al mercado de bonos municipales, que se estima llega a los $ 3 trillones, anunciando el posible colapso de dicho mercado por los problemas económicos y financieros por los que atraviesan invariablemente cientos de ciudades en Estados Unidos. A pesar de que sus predicciones carecían de precisiones y datos específicos que corroboraran un *default* generalizado, lo obvio y grave de los problemas económicos municipales concedían verosimilitud a la alerta.

En muchas ciudades, dada la imposibilidad práctica de cortar los gastos, se ha ya apelado al incremento de los ingresos. De acuerdo a la Oficina del Censo, en el tercer trimestre del 2010 los impuestos estatales y locales se incrementaron en un 5,3 %, mientras que en gran cantidad de ciudades se han implementado programas de recorte presupuestal que están afectando mayormente al sistema educativo, que depende de las ciudades a través de los distritos escolares que son independientes del gobierno estatal o federal, pero que sí dependen de los gobiernos locales.

Aun cuando desde 1970 ninguna ciudad o condado se ha declarado en bancarrota, el Servicio de Inversiones de Moody señala que en 39 años se han producido 54 *default* de bonos municipales, y que en el último año cayeron en *default* casi $ 2,7 billones en bonos.

No está sola Meredith Whitney en sus aseveraciones, ya que además Warren Buffet ha alertado sobre este peligro y George Soros también ha manifestado que los problemas de la red de finanzas locales y estatales se constituirán en el "drama del próximo año, o antes".

De acuerdo al proyecto de presupuesto presentado por la Administración Obama para el 2012, el pago de intereses de la deuda durante la siguiente década se cuadriplicará, y el pago por este concepto alcanzaría a los $ 2 500 per cápita anual. Para el 2018 se estima que sólo los gastos de Defensa y de la Seguridad Social serian mayores. El pago de intereses, que alcanza a $ 207 billones en el 2012, se triplicará para el 2017 como resultado de la conjunción de dos factores: (a) el monto de la deuda crece anualmente más rápido que la economía en su conjunto, y (b) el costo de esa deuda, es decir los intereses, seguirán incrementándose. De acuerdo con Kenneth Rogoff, profesor de economía de Harvard y anteriormente jefe de economistas del FMI, "nosotros estamos creando un gigantesco déficit y no estamos creciendo rápido".

Si ahora el problema es el monto de los intereses, el origen del problema presupuestal tiene su raíz en que Medicare, Medicaid y la Seguridad Social consumen el 60 % de los gastos antes de intereses. Esta composición y el proceso natural de envejecimiento de la población y el que la generación del *Baby Boom* empiece a reclamar sus beneficios sociales, por haber llegado a la etapa de retiro, configuran el drama de fondo. Las proyecciones de Obama muestran que la deuda debe incrementarse en $ 8 trillones en los próximos 10 años, a no ser que la economía como un todo duplique su tasa de crecimiento, lo cual es obviamente improbable.

Lo más dramático del tema es que, a pesar de que en el presupuesto se ha asumido que la tasa de interés crecería al 5,3 % anual para el fin de la década, desde un 3,6 % para fines del 2011, un escenario más realista podría desbocar esta variable en el indeseado caso que los inversionistas empezaran a perder su fe en la economía americana. La combinación de deuda federal, estatal y municipal ya ha alcanzado el récord histórico de fines de la Segunda Guerra Mundial, y el índice de Deuda/PBI está ya por encima de los de Grecia y Portugal. El problema es que si bien ha habido dinero disponible para un *bailout* de esos países, es prácticamente imposible conseguir inversionistas para un *bailout* de Estados Unidos.

3.2. Inestabilidad económica en Europa

Si en Estados Unidos la crisis económica está generando tensiones políticas que enfrentan a los dos partidos tradicionales, agudizando el enfrentamiento entre las facciones extremistas, lo que dificulta las conversaciones y acuerdos entre los sectores más moderados, en Europa, además de que la crisis es más aguda en la mayor parte de los países conformantes de la unión, las estrategias de solución de los problemas están enfrentando a los países. Por un lado los países del norte, especialmente Alemania, la que goza de una envidiable situación a pesar de todo, y por otro los países de la periferia como España, Grecia, Irlanda, Italia, y Portugal, profundamente endeudados.

Si bien la burbuja inmobiliaria de Estados Unidos ha sido la más comentada en las esferas de los estudiosos de la economía, no debe dejar de mencionarse que fenómenos parecidos, pero más agudos, se incubaron en España e Irlanda, en donde el 13 % de la población ocupada desempeñaba labores en el sector construcción, casi el doble que en Estados Unidos. Pero los efectos del desinfle de sus respectivas burbujas inmobiliarias sólo fueron el inicio de sus crisis financieras respectivas, que se tradujeron posteriormente en la pérdida de confianza de los inversionistas al empezarse a conocer los niveles de endeudamiento y de déficit fiscal de cada economía nacional. Mientras que en Grecia el problema fue el redescubrimiento de la irresponsabilidad fiscal de los sucesivos gobiernos, en España e Irlanda el desempleo generado por la falta de inversiones en el sector construcción impactó en los ingresos fiscales, no sólo por la vía de los menores ingresos, sino además por la carga fiscal que representaba mantener un enorme ejercito de desempleados que en España ha llegado al 20 % de la fuerza laboral.

El efecto financiero del desinfle de las burbujas inmobiliarias ha sido igualmente nefasto en España e Irlanda por el excesivo endeudamiento de los bancos. En Irlanda el estado garantizó todas las deudas bancarias, y en el caso de España, si bien los grandes bancos se espera no estén excesivamente endeudados, sí se sabe que los pequeños bancos regionales necesitarán del apoyo del estado para solucionar sus problemas de falta de solvencia y de liquidez.

A diferencia de similares traumas en el sistema financiero inglés y norteamericano, en que los respectivos gobiernos acudieron en forma inmediata a los respectivos rescates o *bailouts*, en los países periféricos de Europa la confianza de los inversionistas en general es mucho menor, no sólo por la menor capacidad de respuesta de cada economía considerada individualmente, sino además porque el apoyo conjunto y consolidado de todos los países conformantes de la Unión Europea, que es necesario dada la magnitud de la cifras en juego, no se ha dado ni con la velocidad que era de esperar, ni en la magnitud que se requiere.

Debido a que todos los países europeos que pertenecen a la zona del euro y que están en crisis, no tienen las posibilidades de usar la herramienta de la devaluación para nivelar sus economías, ya que carecen de moneda propia, la única alternativa real de que disponen es la de deflacionar sus respectivas economías para recuperar competitividad, lo que lamentablemente implica medidas de política económica realmente dolorosas orientadas a disminuir los gastos fiscales y los ingresos reales de los trabajadores. Todo ello conduce a una disminución de los ingresos fiscales en una situación financiera en que las deudas nacionales no se han licuado, por efecto de una devaluación, ahora imposible. La conjunción de una disminución de los ingresos sin que la deuda cambie empeora la recesión y ello crea un círculo vicioso. Por ello la única salida que les queda a esos gobiernos en problemas es la de reestructurar sus deudas con el consiguiente incremento de las tasas de interés, que en el caso de Grecia, a fines del 2010, ya llegan al 12 %, más del triple de su referente de Alemania que es menos del 3 %. Ello implícitamente significa que los inversionistas ya están esperando que en las respectivas reestructuraciones financieras por venirse las deudas sean disminuidas al estilo de la reestructuración Argentina del 2000.

A diferencia de Grecia, España e Irlanda, el caso de Islandia permite destacar la ventaja en estos momentos de no pertenecer a la zona del euro. Al ganar competitividad por la devaluación de su moneda las exportaciones se incrementaron, las importaciones disminuyeron y ello ayudó a evitar el colapso financiero.

La propuesta de Jean-Claude Junker, Primer Ministro de Luxemburgo, de crear E-Bonos que podrían ser emitidos y respaldados por la Unión Europea, recibió, como era de esperarse, una rotunda oposición de Alemania. Ante ello los temores de los inversionistas se mantienen, esperándose el desenlace de la situación financiera en España, y el obvio *default* financiero de Grecia en el corto plazo. Es claro que la estrategia de dejar que cada país reestructure el calendario de vencimiento de sus deudas simplemente es un alivio temporal que no hace sino postergar la erupción del problema cuando se haga evidente que no puede cumplir con los nuevos compromisos asumidos. La magnitud del problema en Grecia es tal que la única opción pasa por una solución al estilo Argentina 2000, es decir, dejar de pagar un porcentaje del total de deudas vigentes. Las tasas de interés del mercado a mediados de enero 2010 se estima incorporan ya esa eventualidad.

Para entender la crisis financiera europea es menester entender el comportamiento de los flujos de capitales en la etapa previa al dramático desenlace. Cuando se crea el euro los mercados de inversiones asumieron que el riesgo de prestarle a Grecia era el mismo que el de prestarle a Alemania o a Francia. Ni los inversionistas, ni los bancos, analizaron los riesgos implícitos provenientes de la desigual conformación económica de las partes, y asumieron que el todo se comportaría como una unidad de riesgo homogéneo. Basta observar los costos de los bonos soberanos en los años iníciales para comprobar que los inversionistas estimaban que todos los países tenían el mismo riesgo. Hasta el 2008 el *yield* de todos los bonos soberanos se alineaban con la deuda alemana y fluctuaban alrededor del 5 %. Es recién a partir de allí que empiezan a establecerse los comportamientos disímiles, como consecuencia del reconocimiento de las diferencias, especialmente en el ritmo de contraer deudas.

Debe entenderse, entonces, que los países mediterráneos se aprovecharon de la fortaleza alemana para contraer deudas a bajo costo. Por su lado, Alemania se vio beneficiada por el comportamiento de los costos internos que no se incrementaron a pesar de contar con una divisa fuerte como el euro, gracias a la debilidad intrínseca de las economías mediterráneas, lo que determinó que su economía expandiera notablemente sus exportaciones, especialmente a esos países del sur de Europa. Como consecuencia de todo ello Alemania se benefició notablemente en su estructura económica y los países del sur de Europa se vieron inundados de liquidez, que lamentablemente no supieron sabiamente utilizar.

Hoy día los bancos alemanes y franceses se ven impotentes para enfrentar la insolvencia de sus deudores y dependen de sus respectivos gobiernos para solucionar sus problemas financieros, y, en última instancia, del apoyo de fondos conjuntos, multilaterales o del FMI. El mercado ya no confía en los países deudores y las tasas de los bonos soberanos se incrementan continuamente en la medida en que no se ve una solución inmediata.

Es posible, sin embargo, que el interés de China por diversificar sus reservas en el exterior esté proporcionado algún tiempo adicional a los mercados en la medida en que ellos, los chinos, están adquiriendo bonos nacionales, especialmente de España, cuyas compras constituyen un paliativo y dan largas a la solución del problema definitivo.

3.3. Hambre en los países pobres

Las naciones deficitarias en alimentos probablemente gastaron más de 1 trillón de dólares en importar alimentos en 2010, casi un 20 % más que en 2009. Un reporte de la FAO establece que en diciembre 2010 el índice que mide el precio de 55 alimentos que se comercian como *commodities* subió en 3,4 % constituyéndose ese como el séptimo mes consecutivo de incremento de dicho índice.

Bajo proyecciones pesimistas, el 2011 se constituye en un año de grandes preocupaciones para los gobiernos importadores de alimentos, especialmente de los países más pobres. Incrementos adicionales de precios en los meses por venir, junto con la tendencia alcista del precio del petróleo, configuran un escenario que podría resultar catastrófico para ciertos países y especialmente para sus habitantes más pobres.

La perspectiva enmarcada ya fue avizorada hace casi dos años cuando en la cumbre de los 8 países más desarrollados del mundo, reunida en Italia, se acordó constituir un fondo de $ 20 billones para asegurar el suministro de alimentos a los países más pobres. El G 20 reunido en Pittsburg en abril de 2010 estableció el denominado Global Agriculture and Food Security Programme (GAFSP) con promesas de donaciones por hasta $ 900 millones, de los cuales hasta fines del 2010 sólo se había concretado desembolsos de menos de $ 100 millones, principalmente provenientes de Estados Unidos.

Las preocupaciones financieras en casi todos los países desarrollados que, a excepción de Alemania, se encuentran bajo presiones políticas para disminuir sus respectivos déficit, obstaculizan que se concreten las donaciones provenientes de esos gobiernos.

Existe el riesgo de que, debido a la oposición de los republicanos, el gobierno de Obama no pueda cumplir tampoco con sus compromisos. Peor aún, la calamitosa sequía por la que atraviesan las zonas agrícolas más importantes de China, la peor en más de 60 años, así como las inundaciones en Australia, y las prohibiciones para exportar alimentos decretadas por los gobiernos de Rusia y de Ucrania, permiten avizorar un futuro realmente preocupante para los mercados de alimentos, especialmente el trigo.

China ha sido autosuficiente en la producción de alimentos desde hace tres décadas, a fin de evitar la repetición de las hambrunas que diezmaban a su población, la última de las cuales se dio en los 60's. Hoy día China tiene almacenadas 55 millones de toneladas de trigo en sus reservas, lo que representa la mitad de su cosecha anual, o, lo que es lo mismo, dispone de reservas por 6 meses para alimentar a su población, sin tener que apelar a las importaciones. Para poner en perspectiva la importancia de China como productor mundial de trigo, debemos recordar que ese país produce el doble de trigo de Estados Unidos y Rusia, y más de cinco veces la producción de Australia. El regreso de China al mercado mundial de trigo, como importador, sería un grave problema para todos, ya que su demanda empujaría aún más hacia arriba al precio de este producto.

La sequia en China no es problema para ese país pues dispone de reservas monetarias suficientes para comprar todo el trigo del mundo. El problema es para el resto de países, especialmente los más pobres, quienes no estarán en condiciones de comprar el trigo necesario una vez que se agudice la escalada de precios de este producto, esencial para la alimentación humana.

Varias son las razones que empujan al alza el precio de los alimentos, y dentro de ellas merecen mencionarse: el incremento del precio del petróleo, que deriva gran parte de la producción de maíz a la producción de biodiesel en lugar de a la alimentación humana; el incremento de consumo interno por parte de la nueva clase media en los países emergentes; las sequias e inundaciones en algunos de los más importantes países productores de alimentos como Australia, Rusia y China; y las consecuentes inversiones de los especuladores financieros que apuestan a un alza en el precio de esos productos en el mercado mundial.

A diferencia de la crisis alimenticia de 2008, las proyecciones actuales incluyen a casi todos los productos alimenticios que se transan internacionalmente. Esta vez también el arroz, que constituye el alimento más consumido por la mitad de la población mundial, enfrenta problemas de abastecimiento. Pero el trigo se constituye en el mayor problema si se observa que las reservas están en su más bajo nivel en 37 años. Con el maíz, ellos forman el trío de alimentos con mayores perspectivas de incremento de precios.

He aquí uno de los mayores desbalances económicos estructurales que enfrentará el mundo en las próximas décadas. El incremento de la demanda mundial, consecuencia positiva de la globalización, por efecto del acceso al mercado de probablemente casi mil millones de habitantes, que anteriormente vivían del autoconsumo, está generando problemas que podrían tornarse gravísimos para una supervivencia civilizada en grandes zonas del mundo en donde no se dan posibilidades de implementar políticas de desarrollo de la agricultura, sea por carecer de recursos naturales para ello o por la carencia de capitales necesarios para implementar proyectos de desarrollo agropecuario. De acuerdo al Departamento de Agricultura de Estados Unidos, la superficie cultivada con granos en el mundo ha estado creciendo a un ritmo equivalente a la mitad del incremento de la demanda mundial. Paradójicamente, la producción de mayor cantidad de alimentos podría tropezar en algunas zonas ecológicas con el peligro de acelerar el problema de la emisión acelerada de gases tóxicos que afecten el control ambiental, uno de los temas de mayor vigencia en la actualidad. El uso de la selva amazónica para fines agropecuarios es uno de los mejores ejemplos del problema.

Pero la mayor demanda y el incremento de precios por venirse no necesariamente tienen su respuesta en una mayor inversión en la expansión de la producción agrícola, en la medida en que los capitales disponibles para estas aventuras con rendimientos razonables en el largo plazo están distraídos en las actividades especulativas con altos rendimiento en el corto plazo.

Por todo ello, y porque el costo de los alimentos incide en menos del 15 % del total de gastos de consumo de las familias en los países desarrollados, mientras que alcanza a más del 30 % en los países en desarrollo, en donde casi dos mil millones de personas sobreviven con menos de $ 2 al día, es de temerse que el desarrollo de los acontecimientos vaya en contra de las nuevas necesidades alimenticias de la población de los países más pobres.

3.4. Gigantes financieros peligrosos

A inicios del 2011, no habiendo pasado aún dos años desde que se desencadenó la crisis financiera a raíz de la caída de Lemah Brothers, que diera lugar a la Gran Recesión, y la cual además aún no termina, los portaestandartes más conspicuos de la gran banca internacional aprovecharon las tribunas de la reunión anual de Davos para explayarse sobre las explicaciones de la crisis mundial y la necesidad de cortar los déficit fiscales en Estados Unidos y los otros países desarrollados, ya que ello, consideran, sería la causa de su prolongación.

Jamie Dimon, de JP Morgan Chase de Estados Unidos, y Robert E. Diamond Jr., del Barclays Bank de Inglaterra, no sólo mostraron muy mala memoria y poco arrepentimiento, sino que además advirtieron a los reguladores de sus respectivos países que si siguen ajustándolos sólo lograrían que la banca más importantes del mundo se vaya a otros países.

Obviamente la amenaza no caerá en saco roto, especialmente en un periodo en que la Administración de Barak Obama ya da muestras de querer congraciarse con Wall Street y el empresariado americano, en una nueva estrategia de relaciones gobierno-empresa, orientada a consolidar el crecimiento económico vía las inversiones de las grandes empresas para generar el empleo que asegure que la economía americana salga realmente de la Gran Recesión.

Debemos recordar, sin embargo, tanto a los banqueros como a las autoridades, que a pesar de la retórica y medidas regulatorias aprobadas, persiste la realidad incontrovertible del peligro de que el sistema financiero vuelva a repetir los mismos errores que nos condujeron a la actual situación. Coincidiendo con Neil Barofsky, el Inspector General del TARP (Troubled Assets Relief Prograam), cuya creación salvó al sistema financiero del colapso, el más significativo legado de aquel programa es "el daño moral y las consecuencias potencialmente desastrosas asociadas con la continuada existencia de instituciones financieras `demasiado grandes para caer`".

Más aún, la información reciente sobre el escándalo de los fraudes cometidos por funcionarios del sistema financiero para asegurarse los derechos a los *foreclosure*, incurriendo especialmente en la falsificación de las firmas de los propietarios originales de las viviendas, parecen indicar que las pérdidas de los bancos involucrados podrían superar los $ 100 billones, cifra que no ha sido provisionada por los bancos y mucho menos declarada ya como pérdida. El caso más alarmante es el del Bank of America, que ha sido enjuiciado por instituciones privadas como Pimco y BlackRock, así como por la Reserva Federal de New York, en relación con la devolución $ 47 billones de *mortgage-backed secutiries* emitidas por Countrywide, que, como se sabe, fue adquirido por el Bank of America.

La mejor forma de evaluar el impacto de esas operaciones fraudulentas en los estados financieros de esas instituciones es sometiéndolos a un nuevo *stress test*, esta vez monitoreado por el Consejo de Supervisión de la Estabilidad Financiera, creado por la Dodd-Frank Financial Regulatory Act, y que hasta inicios del 2011 no ha manifestado ninguna inquietud oficial al respecto. Dicho *stress test* debería incluir por primera vez los límites de endeudamiento sancionados por el consenso internacional en las denominadas Normas de Basilea III, así como las más recientes proyecciones sobre el probable comportamiento de la economía, sobre todo considerando el escenario más probable de manejo del endeudamiento y déficit fiscal de Estados Unidos.

Conviene recordar que el *bailout* al sistema financiero americano, implementado a través del TARP, fue una medida controvertible, que si bien ha generado un "daño moral", fue la alternativa a dejar que el sistema financiero colapsara y arrastrara al sistema económico a un caos similar al que ocasionó la Gran Depresión. Lamentablemente el "daño moral" persiste sobre la sociedad en la medida en que las instituciones financieras importantes siguen siendo "demasiado grandes para caer" y, por tanto, en un futuro no deseado en que se repitan los mismos errores del pasado, el gobierno deba nuevamente actuar en el mismo sentido.

La única opción por consiguiente es dividir los bancos actuales en varias instituciones financieras ninguna de las cuales se constituya en "demasiado grande para caer". A pesar de que la Riegle-Neal Act, aprobada en 1994, propició la extensión de las actividades de los mega bancos comerciales a través de todo Estados Unidos, sembrando la semilla del actual desenlace, estableció un límite teórico a fin de que ningún banco pudiera detentar más del 10 % del total de depósitos en Estados Unidos. Este límite, incluso demasiado grande para una economía como la de Estados Unidos, obviamente fue rebasado por más de uno de los bancos después de 2000, y el límite nunca fue realmente aplicado. Antes de que la Glass-Steagall Act fuera derogada en 1999, los cinco más grandes bancos concentraban el 19,5 % del total de depósitos, mientras que en el 2009 llegaron al 40 %. Más importante aún es que el total de activos de ese grupo representaba el 48 % del total de activos del sistema financiero, muy por encima del 26 % de diez años antes. De acuerdo a Thomas Hoening, en un artículo publicado en Times, los cinco bancos más importantes de Estados Unidos han resultado 20 % más grandes después de la crisis que antes de ella.

Es obvio que el peligro que representan esas instituciones no ha sido controlado, sino que, peor aún, seguirán creciendo, no sólo por el peso relativo de sus operaciones en relación al resto del sistema financiero, sino porque continuarán incrementando la complejidad de sus operaciones.

La magnitud y complejidad de las operaciones además determina que el proceso normal de bancarrota no sea una alternativa en caso de que se repita el problema de falta de liquidez y de solvencia en alguno de ellos, sea por excesos o, peor aún, por alguna actividad fraudulenta muy difícil de detectarse a tiempo, como ha sido el caso de las irregularidades cometidas en las operaciones de *foreclosure* por parte del Bank of America.

El peligro de la magnitud de estas instituciones se incrementa con la correlación que existe entre el poder económico y el poder político que a la larga les genera beneficios que además determina que se transgredan las razonables normas que establecen la sana competencia, en perjuicio de las instituciones financieras menores que carecen de la llegada al poder político. Acuérdense los lectores que gran parte de los cargos más importantes en el Tesoro y en la FED son normalmente cubiertos con ex funcionarios del sistema financiero, los que, una vez cumplida su misión política, la mayoría de las veces retornan a Wall Street.

En la misma línea de razonamiento están el uso de estrategias orientadas a desinformar a la opinión pública sobre los peligros que implican las medidas regulatorias, apelando incluso al uso indebido de nombres de destacados economistas para respaldar sus propuestas. Un estudio conducido por la firma Keybridge Research, publicado a mediados de febrero de 2011, manifestaba que las propuestas para regular el sistema financiero podrían generar la pérdida de 130 mil puestos de trabajo. El estudio, por coincidencia, de dio a conocer en momentos en que Gary Gensler, Presidente de la Commodity Futures Traiding Commision, y otras cabezas de entes reguladores, testificaban ante el Comité de Servicios Financieros de la Cámara de Representantes, en relación a las reglas aplicables a los derivados. Sibilinamente se dejó entender que el estudio tenía la aprobación de distinguidos economistas como Joseph E. Stiglitz, por haber esta persona colaborado, anteriormente con la citada firma, pero en otro tema. Stiglitz no sólo desmintió inmediatamente su participación en el citado estudio, sino que, además, declaró que los argumentos esgrimidos eran "particularmente estúpidos".

Pero hay otro "daño moral" que no ha sido mencionado por nadie y que surge precisamente al leer sobre declaraciones como las que comentamos al inicio de este punto. Dado que ningún banquero ha sido enjuiciado por comportamiento deshonesto o criminal, que ningún ejecutivo ha sido llevado a los tribunales por prácticas que los enriquecieron a costa de embarcar a sus instituciones en prácticas riesgosas, hoy día otros nuevos banqueros o ejecutivos, aprovechando la mala memoria colectiva, persisten en nuevas prácticas riesgosas sin un mínimo de escrúpulos y con la convicción de que no serán sancionados dados los antecedentes.

Peor aún, hay otra consecuencia del *bailout* implementado, y es el beneficio obtenido por los grandes bancos de acceder a fuentes de financiamiento más baratas que los bancos más pequeños, en el entendido de que los inversionistas tienen asegurada la devolución de sus fondos en una de dichas instituciones "demasiado grandes para caer", lo cual no es el caso si colocan sus recursos en una institución bancaria más pequeña. A pesar de ello, algunos economistas coinciden con los banqueros en el sentido de que incrementar las demandas para capitalizar mejor a los bancos los hace incrementar su costo de capital. Parecen olvidar esos economistas que hacer a los bancos menos riesgosos los hace más atractivos a los inversionistas de largo plazo, aun cuando obviamente no a los inversionistas especuladores, que se enfocan en los beneficios de inversiones de muy corto plazo.

Johnson y Kwak, en su obra "13 Banqueros" en la que describen la crisis financiera, al igual que la inmensa mayoría de analistas financieros y economistas que han analizado el tema, consideran que el gobierno y las administraciones de turno, sean republicanas o demócratas, no son sólo prisioneros de Wall Street, sino además marionetas en manos de los banqueros, quienes dictan realmente la política económica y financiera de Estados Unidos. A diferencia de todos ellos, Tyler Cowen7, profesor de economía de la George Mason University, sostiene que, en la sociedad gobiernos-banqueros, quien en verdad lleva el control es el gobierno. La tesis se basa en la necesidad que tiene Washington de Wall Street para mantener la credibilidad y garantía sobre los Bonos del Tesoro y la liquidez que los grandes bancos proporcionan, así como la cartera de clientes inversionistas necesaria. Abandonar a los bancos, sobre todo en un momento en que el liderazgo económico y financiero de Estados Unidos estaba en juego, podría ser interpretado internacionalmente como un signo de debilidad política no acorde con los estándares políticos de consenso en Washington.

Cualquiera que sea la verdad, sobre el tema de quién controla a quién, es evidente que la magnitud de dichas instituciones es la que las convierte en elementos clave de la política y economía americana y por lo tanto sujetos de manipulación.

Además, a pesar de la retórica de Obama sobre los banqueros, en el sentido de que son "gatos gordos", y de las medidas regulatorias tomadas en su administración, de acuerdo al Monthly Review, los seis más grandes bancos (JP Morgan, Bank of America, Citigroup, Wells Fargo, Goldman Sachs y Morgan Stanley), que en 1995 tenían activos equivalentes al 17 % del PBI de Estados Unidos, en 2010 alcanzaban al 64

[7] Tyler Cowen; You think the government doesn't want big banks? Think again; The Huffington Post; April 19, 2011.

%. Más aún, en el primer trimestre del 2011, este grupo de bancos obtuvo utilidades por $ 34 billones, las más altas desde el mismo periodo del 2007, antes de la crisis.

A nuestro modo de ver las cosas, es indudable que el sistema financiero en Estados Unidos, no sólo copa el poder político, sino que las políticas económicas son dictadas por ellos, y en ello coincidamos con William Domhoff en su tesis sostenida en su clásica obra "Quién gobierna América".

3.5. Inflación en China e India

Los precios al consumidor, que miden la inflación en China, se incrementaron en 5,1 % en noviembre 2010, respecto del mismo mes del año anterior. Pero según los economistas independientes, esa medida es sólo la mitad de la inflación real que está experimentando esa economía. Ello es el resultado de la conjunción del manejo de las políticas económicas y monetarias implementadas por las autoridades en los años anteriores, con el desenvolvimiento del precio de los *commodities* en el mundo a inicios del 2011.

El gobierno chino, por muchos años, ha estado inundando con dinero circulante a su economía como estrategia para contener la apreciación del yuan frente al dólar, en un esfuerzo por mantener y fortalecer la competitividad de sus exportaciones, especialmente dirigidas a Estados Unidos. Dicha política se implementaba comprando los dólares y euros que generaban sus exportaciones y que ingresaban a la economía china, en lugar de ser invertidos en el extranjero.

La política de incentivo a las exportaciones, más las obvias ventajas competitivas naturales de China, como el bajo costo de su mano de obra, le han permitido generar excedentes comerciales que se traducen en reservas internacionales del orden de $ 2,85 trillones de dólares a fines del 2010, a la par que generar el rápido proceso de industrialización necesario para abastecer a todo el mundo, lo que a su vez generó un inmenso mercado laboral que pareciera ya ha llegado a su tope.

Pero al exceso de dinero emitido ex profeso para generar el notable crecimiento experimentado en las últimas dos décadas, hay que agregar los problemas generados en los últimos años por la avalancha de capitales foráneos que han invadido esa economía, no sólo para financiar el proceso de industrialización, sino el más importante flujo de capitales extranjeros que ingresan para invertirse no sólo en el sector de construcción, sino en el sector financiero, en donde ya se están repitiendo los mismos esquemas que generaron las burbujas bursátiles e inmobiliarias en Estados Unidos.

Consecuencia de ello es que el abastecimiento de masa monetaria al sistema económico se incrementó más que el doble de la tasa de crecimiento económico en el mes de diciembre de 2010, según declaraciones de las mismas autoridades chinas. A inicios de enero de 2010, el Banco del Pueblo de China indicó que la denominada M2 se había incrementado en 19,7 % respecto del mismo mes del año anterior.

Pero ello se complica aún más por la agresiva política de colocaciones de los bancos, a pesar de las regulaciones existentes, debido a la inundación de capitales foráneos que los obligan prácticamente a repetir en China el mismo esquema de colocaciones agresivas que generaron la crisis financiera en Estados Unidos y que fue el detonante de la Gran Recesión. Aparentemente las autoridades no han logrado implementar medidas adecuadas para evitar ese proceso, a pesar de que las tasas de interés reguladas por el Banco del Pueblo Chino fueron incrementadas 6 veces en el 2010. Parcialmente eso también es debido a que los bancos chinos han empezado a experimentar con el proceso de *securitización* de sus colocaciones, lo que les permite evadir el cumplimiento de las regulaciones sobre relación entre las colocaciones y el capital. Para controlar esto el banco Central ha incrementado los requerimientos de reservas, o de encaje, cuatro veces durante los dos últimos meses del 2010 hasta un récord del 19,5 %, con lo que se estima estaría retirando de la economía cerca de 350 billones de renminbi, es decir, $ 53 billones.

Otro problema que complica aún más el excesivo proceso de monetización, que se estima de $ 2 billones diariamente a fines de 2010, es que casi la mitad del dinero en moneda extranjera que se genera como resultado de sus operaciones externas es producto de los intereses y apreciación de tipo de cambio, generados por sus colocaciones de divisas en el exterior, sean éstas en Estados Unidos, Europa, África o América Latina. A los casi $ 2 trillones de dólares mantenidos en Estados Unidos, hay que agregar casi $ 700 billones ya invertidos en Europa en bonos nacionales (soberanos) denominados en euros, que ganan intereses y cuyas fluctuaciones frente al dólar generan ganancias o pérdidas dependiendo de cómo se mueven las monedas frente al dólar.

China mantiene reservas internacionales en efectivo y en valores por casi $ 2,85 trillones a fines de 2010, lo que representa un incremento de más de $ 200 billones en los tres últimos meses del 2010, y significa un salto del 20 % respecto de la data proporcionada al FMI a fines del 2009. Esas reservas representan el 30 % del total de reservas mundiales, y superan en monto a la suma de reservas de Japón, Rusia, Corea del Sur, Taiwán, Arabia Saudita y a todos los países de la zona del euro combinados. China está obligada a mantener gran parte de esas reservas en el exterior, ya que su monetización causaría un incremento inmanejable de la inflación.

A las causas de la inflación de origen financiero, indicadas arriba, debe añadirse el peligro potencial que representa el incremento de los niveles de remuneraciones a los trabajadores asalariados, que ha sido del orden del 15 % en 2010, como consecuencia de la poca disponibilidad de mano de obra calificada como resultado de la política de planificación familiar de un niño por familia que ha estado vigente por 30 años, y al incremento del número de jóvenes que ingresan a las universidades, en lugar de optar por carreras técnicas.

Todos nos preguntamos, ¿cómo se mantiene una política económica claramente negativa tanto para China como para Estados Unidos, y, como veremos a continuación, perjudicial para el resto de países del mundo?

En el caso de China la respuesta está en que decenas de millones de empleos dependen de la actividad exportadora y perder competitividad en el mercado internacional incuba las condiciones para la aparición de graves problemas de desempleo en las ciudades que podrían derivar en serios enfrentamiento sociales. La solución teórica es la de ir creando un mercado interno que paulatinamente comience a absorber la producción nacional hoy orientada a la exportación. El problema es que esa solución teórica puede durar 10 o más años, mientras que el ritmo de generación de reservas ya habría llegado a un límite difícilmente manejable a nivel global.

La solución alternativa y pragmática puesta en acción por las autoridades chinas se basa en tratar de disminuir la inflación vía los controles, primero de la masa monetaria que ponen los bancos en circulación, y segundo restableciendo los controles de precios a los productos básicos que estuvieron vigentes anteriormente en los 70's. Ambas políticas probarán ser inefectivas ahora, como ya lo fue la segunda de ellas en los 70's. Grave responsabilidad para las autoridades económicas y políticas chinas, consecuencia del éxito de su modelo de crecimiento económico basado en las exportaciones, pero causante de un desenlace traumático probable si no se manejan adecuadamente las variables macroeconómicas en juego.

A inicios de febrero de 2011 las autoridades monetarias chinas elevaron, por tercera vez consecutiva desde octubre de 2010, la tasa de interés a los depósitos a un año hasta el 3 %, y la tasa de préstamos a un año a 6,06 %, en una medida orientada a captar la atención de los ahorristas y a desincentivar la colocación de préstamos hipotecarios, pero se estima que dichas medidas son aún muy tímidas.

El caso de la India se constituye en un problema de desenlace similar pero por causas distintas. La tasa de crecimiento del PBI, sostienen muchos economistas y el mismo FMI, será aún mayor que la de China en el 2011, probablemente superior a 9 %. Un tan alto ritmo de crecimiento, genera un recalentamiento de la economía, el cual además es exacerbado por el déficit fiscal, lo que ya ha generado que la inflación, medida al mes de marzo del 2011, ya haya excedido el 10 %, a pesar de las políticas de control de precios, especialmente de los alimentos y de los derivados del petróleo.

Además, el banco central ha venido incrementando la tasa de interés de los prestamos al sistema bancario hasta llegar a 7,25 %, y la tasa de ahorros a 4 %, con miras a restringir los prestamos del sistema financiero e incentivar el ahorro.

3.6. Revaluación monetaria en América Latina

Los beneficios económicos para América Latina, demostrados en un inusual ritmo de crecimiento del PBI en los últimos años, con un 6 % para ser más precisos en el 2010, de acuerdo a la CEPAL, lamentablemente han sido parcialmente contrarrestados por los problemas causados por la revaluación de sus respectivas monedas. La fortaleza económica de la región ha atraído el interés de los inversionistas mundiales decepcionados de la recesión en Estados Unidos y de los problemas financieros europeos derivados de su excesivo endeudamiento.

En los últimos dos años el real brasileño se ha revaluado en un 38 %, y el tipo de cambio resultante para el peso chileno a fines del 2010 hace poco rentable su industria vitivinícola. El proceso de revaluación de sus monedas, además de que desincentiva a los exportadores, incrementa el costo de los productos importados generando presiones inflacionarias.

Los bancos centrales se encuentran en la incómoda posición de tener que elegir entre combatir la revaluación, participando en el mercado cambiario, comprando ingentes cantidades de dólares para hacer crecer su demanda y bajar su tipo de cambio interno, lo que implica inyectar liquidez al sistema financiero con el consiguiente impacto adicional en la inflación; o elevar la tasa de interés para enfriar la economía y bajar la inflación, lo que desafortunadamente atrae el interés de nuevos inversionistas internacionales que acuden en masa ante la ausencia de similares oportunidades de inversión a nivel mundial. Chile parece optar por la primera de las alternativas, al haber anunciado su intensión de intervenir en el mercado cambiario con hasta $ 20 mil millones en el 2011, en tanto que Brasil ha optado por incrementar la tasa de interés, que a inicios de 2011 ya se ha establecido en 11,25 %.

Ante la duda de intervenir o no, los bancos centrales están optando por alternativas menos ortodoxas, como la de recomendar mantener una mayor proporción de los fondos generados por las exportaciones en el exterior, como es el caso de Colombia, que ha instruido a Ecopetrol a mantener parte de sus fondos en el exterior; o de Brasil, que ha decidido mantener parte de sus fondos soberanos en inversiones en el exterior; o del Perú, que está estudiando elevar la participación de las inversiones en el exterior resultantes de sus fondos de pensiones privadas del 30% al 50%. Estas medidas, aunque parezca mentira, coadyuvan a mantener en los mercados internacionales la inmensa masa monetaria que crea precisamente las burbujas financieras alrededor del mundo.

Otras medidas heterodoxas implementadas en América Latina son la creación de un impuesto del 6 % a la compra de bonos brasileños por parte de los extranjeros, o la imposición de impuesto a la renta a los ingresos financieros generados de las inversiones realizadas por los extranjeros, como es el caso del Perú y Colombia.

Si los beneficios económicos del crecimiento se derivan de su calidad de exportadores de *commodities*, principalmente al mercado chino, el costo de sus respectivas revaluaciones se deriva igualmente de la política china de subvaluar su moneda respecto al dólar, lo que al final repercute en el resto de monedas del mundo que se transan respecto del dólar. Tanto por su efecto positivo en la economía, como en sus consecuencias negativas en las finanzas, las decisiones de política económica en China repercuten en todo el mundo.

3.7. Crecimiento de la inmoralidad

A mediados de mayo de 2011 cinco separadas investigaciones llevadas a cabo por equipos de auditores al mando del Inspector General del Housing and Urban Development concluyeron en acusaciones a cinco de las más grandes empresas de *mortgage*, incluyendo el Bank of America, JP Morgan Chase, Citi, Wells Fargo y Ally Finnancial.

Los auditores acusan a los bancos de haber violado la denominada Acta de Falsos Reclamos, que data de 1849, y que establece que cualquier acuerdo debe contemplar el pago de 3 veces el valor real de las sumas sujetas a cuestionamiento, más las penalidades que sean necesarias.

De acuerdo a ello, y si el Departamento de Justicia, que tomará a cargo el caso por el gobierno, decide negociar con las empresas acusadas, se estima que ellas deberán pagar como mínimo $ 30 billones en lugar de los $ 5 billones que estaban dispuestas a pagar en un inicio.

Las auditorías han concluido que los bancos presentaron a la Federal Housing Admnistration solicitudes por reembolsos de casas en *foreclosure* que se vendieron a menos del saldo adeudado del *mortgage*, usando incompleta y falsa documentación. Los Fiscales Generales de los 50 estados, el Departamento del Tesoro, el Departamento de Justicia y la Federal Trade Commisssion están participando activamente en las conversaciones, a efectos de llegar a un acuerdo con los demandados, si ellos deciden evitar ir a un juicio que con toda seguridad perderían y cuyo costo definitivamente sería muy superior al que se logre en cualquier acuerdo prejudicial. El caso más serio es el que involucra al Bank of America, debido a su adquisición de Country Wide, que se ha negado a cooperar con los investigadores.

Respecto a ese mismo tema, a fines de junio de 2010, el mismo Bank of America anunció haber llegado a un acuerdo con 22 grandes inversionistas representados por Kathy D. Patrick, una abogada, representante de grandes fondos de inversiones como Black Rock y Pimco, que encabezan la demanda. El acuerdo establece el pago de $ 8,5 billones a favor de 22 demandantes por concepto de 530 casos que representan operaciones por $ 424 billones, realizadas por Country Wide, antes de que fuera adquirida por el Bank of America.

Esta suma forma parte de los $ 20 billones que el Bank of America deberá pagar a todos sus demandantes, incluidos Freddie Mac y Fannie Mae, que representan el costo de la mala decisión de haber adquirido en el año 2008 Country Wide, cuando ya se sabía de los problemas que este gigante de los *mortgage* había cocinado. Ese monto, sin embargo, no incluye los reclamos que podrían derivarse de las acciones legales que los fiscales de los 50 estados podrían entablarle por los abusos cometidos contra otros clientes individuales afectados. El precedente establecido, se estima, establece el camino por el que tendrán que transitar el resto de los grandes bancos como Citi, Chase y Wells Fargo, aún cuando su comportamiento no fue tan escandaloso como el de Country Wide.

A inicios de junio de 2011, Goldman Sachs recibió una citación de las oficinas del fiscal del distrito de Manhattan en relación al rol que le cupo jugar en la generación y desenlace de la crisis financiera. La investigación tiene su origen en el informe de 650 páginas del Subcomité Permanente de Investigaciones del Senado, que establece que Goldman Sachs engañó a sus clientes, y a esa Comisión, en relación a las prácticas vinculadas con el manejo de las inversiones en valores relacionados con los *mortages*.

Dado que se trata de una de las mayores firmas, "demasiado grande para caer", es de suponerse que al final la investigación finalizará de la misma manera como finalizó en abril del 2010 otra acusación civil de fraude, en la cual Goldman Sachs fue acusada por la SEC de crear un producto financiero especialmente diseñado para que los inversionista pierdan. Dicha acusación finalmente fue superada mediante la suscripción de un acuerdo en el cual, sin admitir que cometió algún crimen, aceptó pagar $ 550 millones en multas.

A inicios de mayo de 2011, Raj Rajaratnam, fundador del Galleon Group, un fondo de cobertura, fue encontrado culpable de 14 cargos por fraude y conspiración, después de un proceso de más de 17 meses de duración, que se inició en noviembre de 2009. La sentencia que debe emitir el Juez Richard Holwell, en julio del 2011, se estima que deberá enviar a prisión al acusado por entre 15 a 19 años.

Aun cuando la utilidades obtenidas por Rajaratnam, en sus operaciones ilícitas de *insider trading* entre 2003 y 2009, no sobrepasan los $ 60 millones, el juicio es de importancia fundamental para Wall Street, por cuanto es la primera vez que un juez acepta como evidencia grabaciones de conversaciones telefónicas y otras pruebas obtenidas por los fiscales, basados en métodos de investigación normalmente seguidos por el FBI para acusar a miembros del denominado "crimen organizado".

El proceso contra Rajaratnam se inició a fines del 2009, después de más de dos años de investigaciones por parte del FBI sobre una red de *insider trading*, que usan celulares pre pagados para evitar su detección, como parte de una más amplia investigación de crímenes relacionados con los fondos de cobertura.

Luego de que se emita la sentencia en julio, la apelación de los abogados de Rajaratnam, se estima, se focalizará en discutir la decisión del juez Holwell de haber aceptado como pruebas las grabaciones conseguidas, y si el juez del Segundo Circuito de Apelaciones, que verá el caso, confirma la aceptación de tales grabaciones como pruebas, poco es lo que podrán hacer para evitar la confirmación de la sentencia inicial.

A pesar de que el monto de los ilegales beneficios obtenidos por Rajaratnam no es significativo, medidos a escala de las transacciones que se realizan en Wall Street, el precedente judicial del uso de las grabaciones como pruebas debe ayudar a evitar, o, cuanto menos, limitar el uso frecuente del *insider trading* en las ruedas de bolsa.

Sólo un mes después de que un tribunal encontrara culpable de *insider trading* a Rajaratnam, a mediados de julio del 2010 otro tribunal encontró culpables del mismo delito a otras tres personas, una de las cuales, antes de formar su propio fondo de inversiones, fue empleado de Rajaratnam. Se trata de Zvi Goffer, quien con su hermano Emanuel y con Michael A. Kimelman, fueron encontrados culpables, gracias a las declaraciones de testigos que proporcionaron las grabaciones de conversaciones telefónicas mediante las que los acusados obtuvieron información preferencial.

Es indudable que la actuación de la SEC en la lucha contra la corrupción, a raíz de los escándalos desatados por la crisis de los *mortgages* en los últimos años, empalidece en relación a la actuación que le cupo a esa institución en la época posterior al desinfle de la Burbuja Bursátil. Las críticas no sólo vienen de otras instituciones, sino incluso del Congreso, ya que las investigaciones criminales han resultado en cargos contra sólo 49 personas, de las cuales 39 se han declarado culpables y colaboran en las investigaciones para involucrar a las firmas para las cuales trabajaban.

Ninguna de las grandes firmas relacionadas con la ex banca de inversión, fondos de cobertura o cualquier otra corporación grande había sido involucrada directamente hasta fines de mayo de 2011.

Recién a inicios de junio de 2011 se tuvo inicial conocimiento de que la SEC estaba investigando a SAC Capital Advisors, una de las empresas manejadoras de fondos de cobertura más grandes del mundo, con activos por más de $ 20 mil millones, fundada por Steven A. Cohen. Aun cuando ni el fundador, ni la empresa, estaban siendo acusados por la SEC, ya el gobierno había establecido acusaciones formales por cargos criminales de *insider trading* contra 13 personas conectadas a la firma, 8 de las cuales se habían declarado culpables. Dentro de ellos se encuentran dos altos ejecutivos anteriores de SAC, acusados de *insider trading* de acciones tecnológicas.

Las investigaciones de la SEC están extendiéndose además también en relación al comercio de acciones de empresas de cuidados de la salud entre 2007 y 2010, y muy especialmente el caso de la toma de control de MedImmune, una compañía de biotecnología, que tuvo lugar en el 2007. El grupo de empresas relacionadas con esta firma ya ha enfrentado en el pasado investigaciones sobre el mismo tema, y en el 2009 Richard Choo-Beng Lee, que ya dejó la firma, se declaró culpable de *insider trading*.

A fines de mayo de 2011, después de más de tres años de investigaciones realizadas por la Comodity Futures Trading Commission, los fiscales del gobierno iniciaron las acciones legales contra dos personas (un norteamericano de California y un australiano) y tres empresas relacionadas con ellos, acusándolas de haber manipulado los mercados de petróleo entre enero y marzo del 2008, lo que, dicen los acusadores, contribuyó a que el precio del barril de petróleo superase los $ 100 en ese año, lo que dio origen a investigaciones del Congreso que, en esa oportunidad, finalmente no llevó a ninguna acción judicial.

De acuerdo a los términos del proceso civil, los acusados, en el mismo periodo, acapararon importantes volúmenes de petróleo físico, mientras que simultáneamente tomaban posiciones de futuro al alza tanto en la bolsa de Nueva York como en la de Londres. Dado que se demostrará que ellos no necesitaban acumular tanto petróleo físico, como el que habían comprado (4,6 millones de barriles), la Comisión trataría de demostrar que dichas adquisiciones se efectuaron con fines especulativos, y que ello, en combinación con la compra de posiciones de futuros al alza, contribuyó a generar el incremento notable del petróleo en ese periodo, en la medida en que el mercado se encontraba corto de petróleo físico y con perspectivas de que el precio se incrementaría en el futuro, dada las operaciones abiertas en las bolsas de futuros. Este procedimiento lo hicieron en tres oportunidades seguidas, entre enero y marzo del 2008, y sólo dejaron de hacerlo cuando las autoridades empezaron a contactarlos, desde ese entonces, para obtener información sobre dichas operaciones.

Dado que las autoridades estiman que esas operaciones les permitieron obtener ganancias de $ 50 millones, se estima que de concluir el juicio con sentencia a favor del gobierno, los acusados deberán devolver los $ 50 millones ganados más $ 150 millones por concepto de penas y multas.

A futuro, es de esperarse que los tres años perdidos y la enorme inversión realizada en las investigaciones puedan acortarse en la medida en que entre en vigor la norma aprobada por la SEC que autoriza a entregar entre el 10 % y el 30 % del total de dinero recolectado a los que desde adentro denuncien violaciones a las normas sobre el comercio de valores. La norma, aprobada a pesar de la oposición de los dos comisionados republicanos, y de los lobbies efectuados, es consecuencia de un mandato emanado del Congreso a resultas de las inmoralidades cometidas en Wall Street durante el escandaloso manejo de los *mortgages*, y que dieran origen a la Gran Depresión. Los republicanos, haciéndose eco de los lobbies y presiones de las instituciones financieras y de la Cámara de Comercio, consideran que las mismas empresas desde adentro tienen la capacidad de evitar los excesos, a pesar de que la experiencia ha demostrado todo lo contrario. Los defensores de la norma consideran que ella será un poderoso elemento para detener las inmoralidades dentro de las empresas que cotizan en bolsa y que son supervisadas por la SEC.

A mediados de octubre de 2011, Raj Rajaratnam, fundador del Grupo Galleon, en cuyo caso arriba nos hemos explayado, fue sentenciado a 11 años en prisión, en lo que constituye la sentencia más extendida aplicada a un acusado encontrado culpable de *insider trading*. Como resultado de las investigaciones efectuadas por los fiscales y el FBI, usando las grabaciones telefónicas efectuadas y recibidas por Rajaratnam, los fiscales federales encontraron algunas que comprometen directa e indubitablemente a Rajat K. Gupta, anterior miembro del directorio de Goldman Sachs, graduado de Harvard, y prestigioso asesor de figuras de muy alto nivel de Wall Street. Aun cuando no hay pruebas de que Gupta se hubiera beneficiado económicamente con la información que le pasaba a Rajaratnam, una serie de conversaciones consecutivas entre ambos personajes, el 23 de febrero de 2008, muestran claramente cómo el primero, desde el mismo directorio de Goldman Sachs, llama al segundo para manifestarle que su directorio estaba cerrando una operación de aporte de capital por $ 5 mil millones por parte de Warren Buffet. Con dicha información Rajaratnam adquirió 175 mil acciones de Goldman, que cuando fueron posteriormente vendidas le produjo al Grupo Galleon una ganancia de $ 900 mil.

De llevarse exitosamente la acusación contra Rajat K. Gupta por parte de los fiscales federales, y encontrársele culpable de *insider trading*, éste sería el primer pez gordo que cae en las garras de la justicia, después de más de tres años desde que se produjo el descalabro de Wall Street, con la caída de Lehman Brothers en septiembre de 2008.

Triste final para una persona cuya trayectoria en Wall Street no permitiría presagiarlo. Nacido en India, se graduó en Harvard con beca, máximo ejecutivo de McKinsey a los 45 años, asesor de la ONU, y miembro del directorio de varias corporaciones conformantes de la lista de Fortune 500, llegó al directorio de Goldman Sachs en el 2006. Su pecado original pareciera haber sido asociarse a Rajat K. Gupta, quien debe haberle despertado la ambición de hacer millones de dólares, trabajando para sus propios intereses y no los ajenos. Moraleja de la historia es que sin buenos entes reguladores hasta el más justo cae en el pecado.

En noviembre de 2011 se conoció que MF Global había usado y perdido más de $ 1,2 billones de inversiones provenientes de dinero en custodia de sus clientes, y en diciembre su máximo ejecutivo, Jon S. Corzine, declaró ante una Comisión de la Cámara de Representantes que si bien él tenia responsabilidad por el manejo de la firma, él generalmente no estaba envuelto en los movimientos de caja ni en la mecánica de establecimiento de los colaterales. En su declaración además agregó que tampoco era un experto en las complicadas reglas y regulaciones que gobiernan las operaciones de negocios en la cuales estaba comprometida MF Global.

Jon S. Corzine, que fue Presidente y CEO de Goldman Sachs entre 1994 y 1999, después de salir de esa firma utilizó su fortuna personal para postularse y ser elegido al Senado de Estados Unidos (2002 al 2005), por el Partido

Demócrata, y después formar parte del poderoso Comité Bancario del Senado. Posteriormente, se postulo y fue elegido Gobernador por New Jersey (2006 al 2010), y al no ser reelegido regresó a Wall Street para entrar a formar parte de MF Global como su presidente durante 20 meses, hasta el 31 de octubre de 2011, en que la empresa se acogió a la bancarrota.

Cuando ingresó a la firma, ésta se encontraba con graves pérdidas, y gracias a sus contactos logró revertir la situación con el aporte de nuevos inversionistas, con cuyo dinero apostó a comprar deuda soberana de los países europeos que en ese momento ya se especulaba eran una riesgosa inversión.

El dinero perdido, que a mediados de diciembre de 2011 aún nadie explicaba en dónde estaba, habría sido invertido en operaciones conocidas como "repos", que esencialmente consisten en la compra de bonos para ponerlos luego como colaterales de los préstamos obtenidos para hacer esas inversiones. Como normalmente los intereses ganados con los bonos son mayores que los intereses pagados para agenciarse el dinero para la inversión, la operación es rentable en la medida en que se vayan manteniendo los colaterales a la par que el monto adeudado. Los problemas empezaron a aparecer en agosto cuando los bonos soberanos empezaron a perder valor y fue necesario poner dinero extra para mantener las garantías y obviamente la empresa no disponía de dinero propio.

Los entes reguladores exigen a este tipo de firmas mantener claramente separadas las operaciones que se realizan con dinero propio, es decir, proveniente de su capital, de las operaciones que se realizan por cuenta de los clientes. Aun cuando transferir fondos de los clientes para realizar operaciones a riesgo propio es una seria violación de las leyes federales, una operación de este tipo por $ 900 millones se encuentra registrada como realizada a las 2:00 am de lunes 31 de octubre, justo el día en que Corzine cedió oficialmente su puesto al "trustee" nombrado por las autoridades para supervisar la bancarrota de la firma.

Aun cuando es pronto para conocer con más detalles el desarrollo de las investigaciones y acciones judiciales que obviamente se producirán para aclarar la pérdida de dinero de los inversionistas, es obvio que la responsabilidad de Corzine no puede ser salvada con la simple lavada de manos, y que más bien las investigaciones deben determinar tarde o temprano la real responsabilidad que le cabe, más allá del castigo político público que sufre por haberse considerado por encima de todos los inversionistas y de todas las leyes y regulaciones.

Es indudable que la conjunción de éxito en los negocios con éxito en la política configura un riesgo excesivo para manejar el ego de la mayor parte de los seres humanos, que en esas circunstancias tienden a considerarse por encima del común de los mortales y son capaces de tomar decisiones de muy alto riesgo, seguros de que la suerte no les será adversa, olvidándose de reglas elementales como aquella de John Maynard Keynes que se enseña en todas las escuelas de negocios de las universidades: "Los mercados pueden comportarse irracionalmente por tanto tiempo como tú o yo podamos permanecer solventes".

3.8. ¿Regulación efectiva?

La Securities and Exchange Commission, comúnmente conocida como SEC, es la institución que se encarga de regular y supervisar a la empresas que cotizan en bolsa y que por lo tanto emplean el dinero de los inversionistas. La SEC se supone defiende los intereses de los inversionistas, de las practicas riesgosas por parte de los ejecutivos y directivos de esas empresas públicas.

La muy pobre performance que le cupo desempeñar en la etapa previa a la formación de la Burbuja Bursátil en los años finales de la década de los 90 y en los años iniciales del nuevo milenio, fue reeditada durante la etapa de formación de la Burbuja Inmobiliaria, y precisamente ésa fue una de las causas de la crisis financiera subsecuente y de la Gran Recesión que hasta ahora, a fines del 2011, nos afecta.

La reacción de la SEC, a partir del 2004, a consecuencia de los estragos causados por el derrumbe de la Burbuja Bursátil, permitió que una gran cantidad de ejecutivos y directivos de empresas fueran a parar a la cárcel por haber participado en esquemas fraudulentos y abusivos en perjuicio de sus accionistas. Un análisis detallado de estos casos se puede encontrar en la primera de mis obras "Wall Street: Quien esté libre de culpa...". No ha sido lamentablemente el caso de la SEC actual, cuya reacción después del derrumbe de la Burbuja Inmobiliaria y de la crisis financiera desatada, hasta fines del 2011, sólo ha enviado a la cárcel a Raj Rajaratnam, fundador del Grupo Galleon, cuyo origen indio fue probablemente la razón fundamental para acelerar su proceso y culminarlo exitosamente.

Es precisamente ese zigzagueo en el actuar de la SEC, pasando desde la absoluta desregulación (que colabora en la formación de la Burbuja Bursátil en la última década del Siglo XX) al establecimiento de regulaciones adecuadas a partir del 2004, para luego desmantelarlas o minimizar su uso en los años siguientes, es la causa primigenia del crecimiento y desarrollo de una cultura de ambición personal, sin miedo a ningún castigo y desprecio por los demás, que ha lanzado al mundo entero a una crisis financiera sin par en la historia de la humanidad.

Todas las empresas que cotizan en bolsa, que cometen algún tipo de irregularidad detectada por la SEC, a fin de evitar males mayores, generalmente llegan a un acuerdo con dicha entidad, firmando un acuerdo, en el que sin aceptar que han cometido irregularidades, aceptan devolver el dinero mal habido y pagar las multas que esa autoridad les acota. No existe ningún medio que evite que dichas empresas, que reiteradamente firman dicho acuerdos, nuevamente cometan las mismas o parecidas irregularidades, sin que haga ningún efecto disuasivo la firma de tales compromisos.

Ejemplos de esto abundan en el sistema financiero: Citigroup ha firmado uno en octubre de 2011, en el que acepta pagar $ 285 millones por haber defraudado a sus clientes de mortgages, mientras que firmó similares cuerdos en julio de 2010, mayo de 2006, marzo de 2005 y abril de 2000. Más de 50 acuerdos similares fueron firmados por 19 entidades financieras de primer nivel durante los pasados 15 años, de acuerdo a un análisis realizado por la revista Times.

Todos esos acuerdos, para tener vigencia, deben además ser refrendados por jueces en lo civil, quienes las menos de las veces expresan su desacuerdo y nunca los han objetado completamente. Sin embargo, por primera vez, en noviembre de 2011, Jed S. Rakoff, Juez del Distrito de Manhattan, ha solicitado a la SEC que se asegure de que el Citigroup no repita la misma irregularidad y, si así fuera, establecer cargos más disuasivos a los crónicos violadores.

La lista de irregularidades reiterativamente cometidas por parte del Bank of America, violando normas antifraude, es extensa desde 1999, y sin embargo sigue la SEC firmando acuerdos puntuales que no castigan la reiteración, y por lo tanto no inhiben a dicha institución de seguir cometiendo fraudes en agravio de sus clientes con la seguridad de que, si es atrapada infraganti, sólo será mínimamente multada.

Como muy pocas autoridades, el senador Carl Levin, demócrata por Michigan, ha manifestado que este sistema de castigo de la SEC es un símbolo de la debilidad de la autoridad; mientras que Bárbara Roper, directora de la Federación de Consumidores de América, ha dicho que el récord mostrado hasta la fecha claramente no sugiere que el castigo esté deteniendo la repetición de los fraudes. Donna M. Nagy, profesora de la Universidad de Indiana, especialista en el tema, sostiene que por haber ignorado los casos anteriores de violaciones a la ley, la misma SEC ha minimizado el valor de sus acciones.

Los reguladores de la SEC manifestaron que cualquier otro tipo de acción punitiva contra dichas firmas sería demasiado costoso para la SEC, y que corresponde al Departamento de Justicia seguir las acciones posteriormente desde la perspectiva penal. A inicios de 2012, sin embargo, ante las presiones recibidas, Robert Khuzami, director de "*enforcement*" de la SEC, manifestó que estaban haciendo cambios en cómo llegar a acuerdos en los casos de fraude en los casos en que las empresas admiten haber realizado acciones criminales o que previamente han sido convictas de violaciones criminales.

IV. Déficit y endeudamiento americano

4.1. La magnitud del problema

A mediados de febrero de 2011 el Presidente Obama presentó su propuesta de Presupuesto para el periodo fiscal 2012, que alcanzaba a los $ 3,7 trillones y que incluía un déficit proyectado de $ 1,6 trillones, que equivale al 11 % del PBI, las cifras absoluta y relativa más importantes desde la Segunda Guerra Mundial.

Bajo las premisas macroeconómicas asumidas en las proyecciones para los años siguientes, es decir, un crecimiento de 4 % en 2012 y de 4,5 % en 2013, se estimaba que en los siguientes diez años habría que añadir $ 7,2 trillones al actual endeudamiento que llega a $ 10,3 trillones.

La deuda pública de Estados Unidos el año 2000 era de $ 3.4 trillones y, a fines del gobierno de Clinton, se proyectaba que, a más tardar, debería ser cancelada en 2008, y que para 2011 habría un superávit acumulado de $ 2,3 trillones.

¿Cómo es que en sólo 11 años las cifras reales para el 2011 (deuda de 10,3 trillones) y las proyectadas para ese año en el 2000 (superávit acumulado de $ 2,3 trillones) muestren tan abismal diferencia? A continuación un resumen extraído del análisis realizado por el Washington Post8.

[8] Lori Montgomery; Running in res; How the United Staes, on the road to surplus, detoured to massive debt; The Washington Post; April 30, 2011.

CAUSA DEL CAMBIO	$ Trillones
Corte de impuestos a los ricos (Bush)	2,8
Estímulo a la economía (Obama)	0,8
Mayores gastos de defensa (ambos)	2,0
Otros gastos y cortes (ambos)	2,8
Cambio de variables por recesión (Bush)	4,2
TOTAL	12,6

La boyante situación financiera de la hacienda pública, real y proyectada, así como las bases macroeconómicas sólidas dejadas por Clinton, generaron enorme expectativa en la siguiente administración, cuyos asesores convencieron al recién electo Presidente Bush de utilizar el superávit para proporcionar más combustible a la economía, vía el recorte de impuestos a los ricos, con la esperanza de que dichos recursos serian invertidos en la economía real permitiendo la continuación de la época de mayor crecimiento económico de Estados Unidos.

El recorte de impuestos a los ricos ($ 2,8 trillones) establecido por la Administración Bush no significó, sin embargo, un incremento de las inversiones reales sino que, en su lugar, ese dinero fue destinado a inversiones especulativas que contribuyeron a la formación de la Burbuja Inmobiliaria, cuyo desinfle produjo la Gran Recesión, culpable a su vez de haber modificado las variables macroeconómicas proyectadas ($ 4,3 trillones), y cuyos efectos fueron combatidos con las medidas de estímulo y programas de rescate del sistema bancario ($ 0,8 trillones) implementadas por la Administración Obama. El endeudamiento resultante, además, se incrementó con los mayores gastos de defensa aprobados por ambas administraciones para las guerras en Irak y Afganistán ($ 2,0 trillones), así como por las miles de iniciativas aprobadas en el Congreso a pedido de las Administraciones Bush y Obama y de los senadores y representantes en ambos periodos ($ 2,8 trillones), para incrementar la seguridad en Estados Unidos después del atentado del 11 de setiembre de 2001, todos ellos imbuidos de la idea de que al país le sobraba el dinero.

Debe recordarse que en la campaña presidencial de 2000 el candidato demócrata Al Gore propuso guardar esos excedentes para proteger el futuro de la jubilación dentro del Seguro Social y el programa Medicare. El triunfo de los republicanos con Bush permitió derivar esos excedentes a los más ricos, a pesar de que en la campaña electoral Bush sostuvo que dichos fondos debían ser devueltos a los "contribuyentes", a quienes pertenecían. Después, todos no enteramos que para Bush esos "contribuyentes" eran sólo los ricos, a quienes precisamente se benefició con los recortes de impuestos en 2001, cuando el Congreso aprobó un primer recorte de $ 1,35 trillones en impuestos, seguido de un segundo paquete de $ 350 billones en 2003. En conjunto ambos recortes se constituyeron en los más grandes implementados desde la Segunda Guerra Mundial.

Debido a todo ello, a fines de 2010 la deuda total del gobierno federal llegaba a $ 13,95 trillones, mientras que el tope autorizado por el Congreso era $ 14,29 trillones, estimándose en ese momento que, al ritmo de generación de déficit mensuales permanentes, dicho tope sería alcanzado, en el mejor de los casos, en mayo de 2011. De no aprobarse oportunamente la ampliación necesaria en el tope de endeudamiento, se corría el riesgo de que Estados Unidos no pueda, entre otras obligaciones, hacer frente al pago de los vencimientos de la deuda pública en ese periodo, o caería en el incumplimiento de pago de sus obligaciones por la Seguridad Social. Lo primero podía tener consecuencias catastróficas para Estados Unidos, ya que sería la primera vez en incumplir con el pago de sus deudas, lo que evidentemente repercutiría en su calificación como sujeto de crédito mundial, elevando el costo de las siguientes emisiones de Bonos del Tesoro, pero, sobre todo, se perdería la confianza en el Tesoro de Estados Unidos y en las obligaciones que él emite consideradas hasta ese momento el "valor más seguro del mundo".

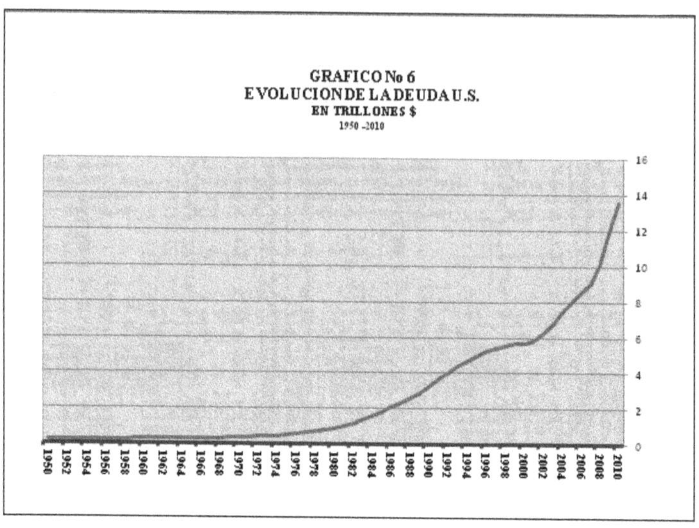

Como sistema de control del Congreso, la autorización del tope de deuda es una mecánica establecida en 1917, y que sólo Estados Unidos practica a nivel mundial. Aun cuando la mecánica es anacrónica, pues se trata de una autorización innecesaria en la medida en que el endeudamiento es resultado de los presupuestos y déficit fiscales aprobados cada año, también en el Congreso, ella constituye un segundo chequeo que permite que los legisladores reflexionen sobre las reales consecuencias de aprobar presupuestos desbalanceados. Cierto es que ello sólo se cuestiona cuando se trata de situaciones extremas como la presente, ya que en otros años la discusión ha sido ciertamente retórica.

En abril de 2011, por primera vez en la historia una agencia de rating de créditos, la Standard & Poor's, hizo pública su observación al nivel de endeudamiento norteamericano, degradando su calificación a AAA-. Y aun cuando las otras dos agencias de rating de créditos no han manifestado modificaciones a sus calificaciones, el anuncio constituyó una primera alerta a los inversionistas sobre el peligro potencial que representan los Bonos del Tesoro.

En teoría, aquellos inversionistas, que por normas estatutarias sólo deben poseer valores calificados AAA+, deberían tomar nota del anuncio, en cuyo caso, podría producirse una ola de ventas de esas obligaciones que podría perjudicar el costo de las futuras emisiones programadas para financiar el continuo déficit presupuestal norteamericano. En la práctica, sin embargo, existe tal excedente de liquidez en el mundo, que nadie cambiaría sus Bonos del Tesoro norteamericano para comprar, por ejemplo, bonos del gobierno español, calificados AA, emitidos para financiar la deuda de ese país.

A inicios de mayo de 2011 se estimaba que la deuda real alcanzaría al límite autorizado y, de no aprobarse la ampliación, por la oposición de los republicanos, el Tesoro se vería impedido de emitir nueva deuda con el peligro de que dicha inacción generaría el no pago de las obligaciones ya incurridas.

La magnitud del problema, y la dificultad de encontrar alternativas para superarlo, ha generado una avalancha de imaginativas iniciativas dentro de las cuales destacan las relacionadas a la venta de activos de propiedad del Gobierno Federal, tales como los más de 650 millones de acres de tierra, millones de edificios públicos, cientos de miles de millas de *higways* interestatales y los 147 millones onzas de oro depositados en Fort Knox. En el mismo sentido, la Heritage Foundation, hizo público un plan para vender activos por $ 260 billones en un programa de 15 años.

Un alto funcionario del Tesoro declaró que es factible vender activos dentro de un programa ordenado en el largo plazo, pero que la venta inmediata, empujados por la urgencia de cerrar la brecha financiera, no sólo sería contraproducente para los contribuyentes, sino también para el mercado. Otro funcionario, menos diplomático, manifestó que "rematar el oro es de un nivel de locura sólo semejante a vender Mount Rushmore" (el gigantesco monumento en Dakota del Sur donde están esculpidos los bustos de Washington, Jefferson, Roosevelt y Lincoln).

Debemos aclarar que cuando estamos hablando de la deuda del gobierno federal, es decir, de los casi $ 14 trillones, nos estamos refiriendo únicamente a la deuda respaldada por Bonos del Tesoro. Hay, sin embargo, otras deudas, que en teoría se encuentran respaldadas por otro tipo de activos tangibles, y que en total ascienden a $ 62 trillones, es decir, casi $ 550 mil por familia norteamericana, y cuyo desglose se muestra en el Grafico N° 7.

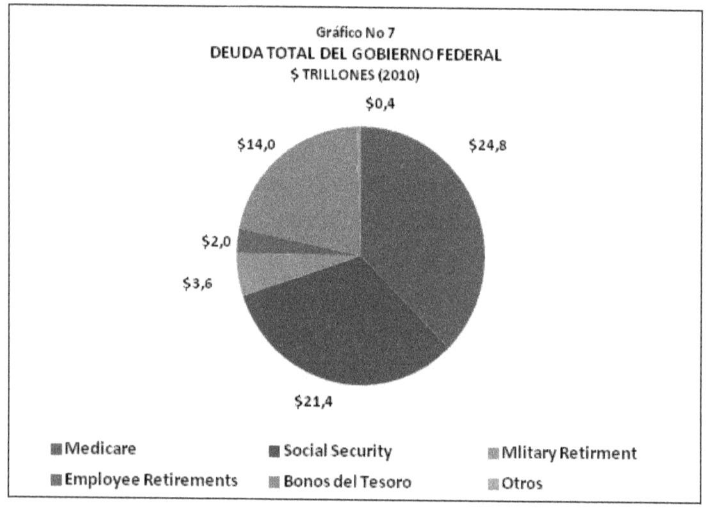

4.2. Ideología y política económica

A fines de abril de 2011 Paul Ryan, republicano por Wisconsin y Presidente del Comité de Presupuesto de la Cámara de Representantes, hizo pública la propuesta de los republicanos que permitiría ahorrar $ 6,2 trillones en los siguientes 10 años, introduciendo cambios en Medicare y Medicaid, así como bajando la tasa impositiva marginal de las personas y de las corporaciones al 25 %, pero removiendo las deducciones y lagunas que "distorsionan la actividad económica que permiten que algunas corporaciones no paguen impuestos", al decir de Ryan, quien además manifestó que esa propuesta constituía lo que llamó "el camino a la prosperidad".

En esencia la propuesta de Ryan, en relación al Medicaid, que constituye el programa por excelencia de apoyo a los más pobres, consiste en otorgar fondos a los estados, bajo la forma de subvenciones para que, a través de sus propios programas, decidan cómo apoyan a los pobres de su estado, en la esperanza de que tal aplicación sea más eficiente que lo que es actualmente. Es obvio que en aquellos estados en que son mayoría los republicanos, y que en el 2011 son 34, el apoyo sea menor que en los 16 estados en que los Demócratas mantienen el control.

En Medicare, la propuesta de Ryan es que el gobierno no actúe ya más como asegurador de los retirados, sino que se cree un "plan de apoyo a los *premiums*", de manera que se cree competencia, de modo de bajar los costos.

Tanto Medicare como Medicaid fueron creados en 1965 dentro de la denominada Social Security Act, firmada como ley por el Presidente Lyndon B. Johnson, como una enmienda a la legislación sobre la Seguridad Social existente en esa época. Medicaid es un programa de cuidado de salud para las familias de bajos ingresos, mientras que Medicare proporciona cobertura de salud a las personas mayores de 65 años.

La crítica demócrata, a través de la opinión de Chris Van Hollen, representante por Wisconsin, retrata la posición de dicho partido. "Es la misma vieja agenda ideológica. Ellos proporcionan incentivos a los norteamericanos más ricos y subsidian a las empresas petroleras, mientras cortan los gastos de educación de los niños, eliminan los beneficios garantizados a los adultos en Medicare y erosionan el apoyo a los mayores y otras personas más vulnerables en Medicaid".

En abril de 2011 las divergencias políticas entre republicanos y demócratas llegaron a su clímax debido a las antagónicas posiciones asumidas por sus respectivos líderes para cerrar la brecha del presupuesto del año 2010, que culminaba en septiembre de 2011. Finalmente, se llegó a un acuerdo para reducir el gasto en $ 38 mil millones durante los seis meses que quedaban.

Dichos enfrentamientos, sin embargo, configuraron sólo los prolegómenos de una lucha más encarnizada que debía volver a enfrentarlos en los meses siguientes, con la discusión para la aprobación del Presupuesto para el 2012 y la consecuente ampliación del límite de la deuda federal.

La propuesta de la Administración Obama, presentada en febrero, contempla un presupuesto de $ 3,7 trillones para ese año, y la contrapropuesta republicana, presentada en abril por el representante Paul D. Ryan, ensayó recortes presupuestales del orden de $ 6,2 trillones para toda la próxima década. Ambas propuestas configuraban precisamente las grandes divergencias entre las posiciones de los dos partidos. Los demócratas presentan una propuesta de "en qué gastar", mientras que los republicanos responden con una de "a dónde cortar". Las posiciones reflejan precisamente la actitud política respectiva, ante la crisis económica, y ella se retroalimenta con la base ideológica de cada una de las partes.

El tema presupuestal permite retratar de la manera más clara posible las divergencias ideológicas entre ambos partidos, que no suelen ser irreconciliables en la gran mayoría de los temas sujetos a discusión política, por lo menos a los ojos menos acostumbrados de los extranjeros. Mientras que los demócratas inciden en el uso del "gasto" como elemento fundamental para superar la crisis, los republicanos destacan la necesidad de "disminuir el tamaño del estado" en beneficio de la actividad empresarial, como política fundamental para reactivar la inversión privada.

A partir de la visión del rol del gobierno, por cada una de las partes, surgen las principales discrepancias en torno a la configuración del presupuesto. Los republicanos, bajo el liderazgo de John A. Boehner, el *Speaker* de la Cámara de Representantes, manifiestan que "nosotros no tenemos déficit porque los americanos pagan bajos impuestos, sino porque Washington gasta demasiado", o, como el senador Mitch McConnell, por Kentucky, que ha dicho "demasiado frecuentemente los demócratas en Washington claman por ayudar a los más necesitados, cuando lo que ellos realmente buscan es proteger al gran gobierno".

El Presidente Obama, por su parte, manifestó en relación a la propuesta republicana: "No hay nada valeroso en pedir sacrificio a aquellos que menos pueden permitírselos y no tienen ninguna influencia en el Capitolio", añadiendo después, "nosotros necesitamos hacer sacrificios. Pero no tenemos que sacrificar la América en la que creemos". Si por el lado de los republicanos está la exigencia de disminuir los gastos, lo que mayormente perjudica a los ciudadanos menos favorecidos por la fortuna, por el lado demócrata se esgrime la necesidad de incrementar los impuestos a los más ricos.

Como en todas las discrepancias sobre cualquier tema, pero más en temas con raíces ideológicas, las dos partes tienen argumentos de fondo, pero en el fragor de las luchas políticas se alimentan los desacuerdos, más que limarse las asperezas, y muchas veces se destaca lo accesorio, minimizándose lo fundamental. Más aún, las discrepancias públicas se incrementan en el fragor de lo que ya se vislumbra en la lucha electoral por la presidencia, tan cerca como noviembre de 2012. Es obvio que debe disminuirse el gasto público, lo que no resulta tan obvio es adónde cortar, afectando lo menos posible a los más necesitados. Para los republicanos, sin embargo, constituye poco menos que dogma de fe, no incrementar los impuestos a los más ricos, aunque sea a costa de sacrificar a los más pobres, ya que ello, dicen, viabiliza la disponibilidad de dinero para las inversiones privadas que constituyen el motor de la recuperación económica.

Sobre este punto, la posición republicana se nutre más de las bases ideológicas que de la realidad económica que nos muestra el exceso de liquidez existente y el uso de esa liquidez para inversiones especulativas, incluso fuera de Estados Unidos. Los argumentos demócratas inciden fundamentalmente en la necesidad de disminuir las diferencias económicas, argumentando principalmente sobre la justicia social y la necesidad de redistribuir la riqueza (lo que evidentemente choca con la posición principista de los republicanos), en lugar de destacar lo inefectivo que resulta para la economía dejar más dinero en manos de los ricos.

4.3. Problemas sociales y argumentos políticos

Las protestas de los trabajadores públicos y profesores en Wisconsin, a mediados de febrero de 2011, si bien no son equivalentes en magnitud a las experimentadas en Atenas, sí son un signo de la crisis económica por la que atraviesa Estados Unidos, y consecuencia de las medidas de austeridad que los gobiernos locales y estatales están tomando a todo lo largo y ancho del país para tratar de balancear sus déficit fiscales.

La lucha ideológica entre los demócratas y republicanos encuentra un fértil campo para la cosecha de argumentos en pro y contra de sus respectivas posiciones. De acuerdo a los republicanos, los demócratas a cargo del gobierno en Washington, no sólo son el partido del "gobierno", porque defienden una cada vez mayor participación del gobierno en la economía, sino que además son el partido de los empleados públicos. Scott

Walker, Gobernador de Wisconsin, encabeza la lucha de los republicanos por un menor gobierno, ya que culpa a la cantidad y altos sueldos de los empleados públicos y profesores ser la causa del déficit fiscal en su estado. Dice él que el fondo de pensiones está quebrado por dicha causa y que eso repercute directamente en el déficit del estado. Como uno de tantos gobernadores republicanos, Walker la toma contra los profesores y burócratas, tratando de emular el liderazgo de Ronald Reagan cuando era Gobernador de California a fines de los 60', personificando en ese momento el disgusto del americano común contra los estudiantes universitarios.

De acuerdo al plan propuesto por Walker, quien ha manifestado que "como casi todos los estados a lo largo del país, nosotros estamos quebrados", los empleados públicos, exceptuando a la policía y bomberos, deberían asumir el pago de la mitad de sus costos de pensiones y al menos un 12 % de sus costos de cuidados de salud. Además, ellos podrían perder su derecho a negociar otros beneficios, en orden a disminuir en $ 300 millones los gastos del estado y contribuir a cerrar un déficit proyectado en $ 3,6 billones en los próximos dos años.

En New Jersey el gobernador Chris Christie se enfrenta a los sindicatos de profesores para lograr ahorros que permitan disminuir el inmanejable déficit fiscal del estado, que asciende a $ 10 billones, en tanto que en Ohio el gobernador John Kasih trata de imponer una legislación que termine con las negociaciones colectivas que defienden los intereses de los trabajadores estatales, profesores, bomberos y otros empleados de nivel local. En Florida el Gobernador Rick Scott demanda que los trabajadores públicos deriven el 5 % de sus sueldos a los fondos de pensiones. Todas esas demandas son consecuencia de que los estados enfrentan la perspectiva de tener que lidiar con déficit fiscales que sumados se estima que llegarán a $ 175 billones hasta el 2013.

Mientras que los republicanos aprovechan la coyuntura para pescar a río revuelto, tratando de destruir a los pocos sindicatos que hoy quedan en Estados Unidos, a la par que destruyen una de las bases más importantes del Partido Demócrata, el presidente Obama, con mayor espíritu conciliador, manifestó al respecto: "Pienso que todos deben hacer un ajuste, pero que es importante reconocer que los empleados públicos hacen enormes contribuciones a nuestros estados y ciudadanos".

Si bien es cierto que ni los maestros ni los trabajadores públicos de los estados son los causantes de la crisis en Estados Unidos, el ejército de desempleados a fines de febrero de 2011 sólo incluye a los trabajadores despedidos del sector privado y del gobierno federal. Más aún, vale la pena anotar algunos datos anecdóticos que refuerzan las posiciones republicanas en relación a los empleados públicos. El N° 2 del Departamento de Bomberos de New York se ha retirado con una pensión de $ 242 mil al año, y en esa misma ciudad un oficial de policía vive con dos sueldos y una pensión todo lo cual suma $ 641 mil. En la misma New York hay más de 738 profesores con pensiones encima de los $ 100 mil al año.

Esas son las consecuencias de los excesos cuando se llega al extremo del péndulo, y ello sólo se detecta cuando éste empieza su trayectoria inversa. Esos sueldos y beneficios son el resultado de más de 40 años de bonanza económica en la que a nadie le preocupó el tema, mientras hubo dinero disponible para pagarlo. Ahora que ya no hay ese dinero surgen los problemas y, como siempre, la cuerda se rompe por el lado más débil.

4.4. Los gastos de salud

No deja de ser cierto que las exigencias de los republicanos por cortar el déficit fiscal, vía la disminución de los gastos de

Medicare y Medicaid, apuntan a reestructurar el Presupuesto Federal en los temas de mayor importancia después de los gastos de Defensa. Es igualmente cierto que la reticencia de los demócratas por afectar estos rubros, se basa en argumentos emocionales más que racionales, ya que, tarde o temprano, deberán enfrentar la necesidad de disminuir sustancialmente estos rubros, ya que cualquier otro rubro que se afecte constituye únicamente un paliativo intrascendente al problema de fondo.

Vale la pena destacar una serie de cifras trabajadas y hechas públicas por la Kaiser Family Fundation, tomando como base información proporcionada por la Organización para la Cooperación y el Desarrollo (OECD). Estados Unidos gasta en cuidado de la salud $ 7 538 anuales por habitante, muy por encima de los $ 5 003 de Noruega, que ocupa el segundo lugar, y de los $ 2 729 que gasta Japón. Estados Unidos gasta en cuidado de la salud más del doble que el promedio de gasto resultante ($ 3 923) para los otros 15 países más adelantados cuyas cifras se han analizado.

Pero más importante aún es que, mientras que en 1970 todos los países gastaban casi la misma cantidad por habitante (alrededor de $ 400), el crecimiento experimentado en ese gasto en Estados Unidos en las décadas del 80 y 90 catapultó a este país a la actual situación. En 2008 Estados Unidos dedicaba a gastos de salud el 16 % del PBI, en tanto que en 1980 ese porcentaje sólo llegaba al 9 %. De ese total el gobierno gasta en cuidados de la salud el 7,4 % del PBI, por encima de la participación de este rubro en el PBI de Japón, Noruega, Suiza o Reino Unido. El saldo, o sea 9,6 %, son gastos privados para el cuidado de la salud. Tanto las cantidades absolutas como las relativas mostradas enmascaran la ineficiencia en el manejo de este rubro por parte de las autoridades norteamericanas, si se tiene en cuenta entre otros factores que la población americana es de edad promedio muy por debajo de las del Japón y de los países mencionados de Europa.

Más aún, de acuerdo a Milliman, una firma consultora especializada en el tema, el costo total de los cuidados de salud por familia llegó a $ 19 393 en el 2011, un 90 % por encima del costo promedio familiar en el 2002, que alcanzó a $ 9 235, es decir, un incremento de 94 % en sólo 10 años, lo que implica un incremento promedio anual del 8,59 %, obviamente muy por encima de la inflación.

Bajo esta premisa, el recorte de los rubros de Medicare y Medicaid, no debe enfrentarse como un recorte de los subsidios a las familias de bajos ingresos, sino como un rediseño de dichas facilidades, las cuales hoy día constituyen una ingente fuente de dinero que se canaliza a la industria de la salud, que ha dejado de ser un servicio para convertirse en un sector económico escandalosamente rentable y hacia donde se canalizan los fondos de los seguros públicos pagados con el aporte de los contribuyentes.

Además de la ineficiencia en el gasto debe destacarse que el uso de los fondos disponibles, precisamente por la falta de controles adecuados, incentiva el uso de prácticas deshonestas para apropiarse de dinero de los contribuyentes vía los sobrecargos por reembolsos que demandan las compañías de salud, los hospitales y los doctores, como ha sido el sonado caso protagonizado por Columbia/HCA, una de las empresas más grandes dedicadas a los cuidados de salud, que fue acusada de defraudar al gobierno norteamericano, y que finalmente se declaró culpable de 14 cargos por felonía, accediendo a pagar multas por casi $ 1,7 billones. Las investigaciones realizadas por el FBI involucraron a Rick Scott, ex CEO de la corporación, quien debió pagar una multa personal de $ 22 millones, para posteriormente ser elegido gobernador de Florida, lanzado por el "tea party movement", con el apoyo de los republicanos.

Otra indubitable muestra de cómo se dilapidan los fondos federales es la forma como se distribuye el dinero a los fondos de apoyo a las familias de bajos ingresos, que realmente incentivan a que parte importante de la población económicamente activa de ese sector no muestre deseos de buscar y menos de encontrar empleo.

La propuesta republicana, presentada el 5 de abril de 2011, denominada "El camino a la prosperidad: Restaurando la promesa americana", vino del representante Paul Ryan (republicano por Wisconsin), Presidente del Comité de Presupuesto de la Cámara de Representantes. Sólo un mes después, Newt Gingrich, uno de los precandidatos presidenciales republicanos con más posibilidades, se distanció de dicha propuesta, que ya tenía el endoso de los republicanos de la Cámara de Representantes, por considerar que era un "salto demasiado grande" para el pueblo americano. Gingrich preferiría un plan que, preservando el sistema de Medicare para los actuales beneficiarios, establezca una alternativa privada para los nuevos contribuyentes.

Lo que sí es indudablemente cierto es que, dada la magnitud de los programas de Medicare, es imprescindible incluir su recorte en un nuevo proyecto presupuestal que enfrente con coraje el problema del déficit inmanejable. Es interesante anotar que una de las medidas lógicas es la de incrementar la edad de retiro que se estableció en 1953 en 67 años, cuando desde esa época hasta ahora la esperanza de vida se ha incrementado en 26 %, hasta los 78 años.

En lo que muy poco se ha avanzado es en combatir la corrupción vinculada a los servicios de salud. Los más conocidos casos involucran a las corporaciones que abusan de la falta de controles en el Medicaid y Medicare, y dejan indemnes a los funcionarios que generaron los abusos. Las autoridades están recién empezando a involucrar en sus investigaciones a los funcionarios de alto nivel de esas corporaciones, a efectos de evitar que los acuerdos extrajudiciales en los que normalmente acaban las demandas los dejen indemnes, y que los costos de las acciones investigadoras y judiciales previas sean simplemente pasados a los consumidores. Se estima que el costo de los casos de fraude excede los $ 60 billones al año. Es interesante incorporar la opinión de Paul Kalb, abogado de la firma Sidley Austin, de Washington, cuyo trabajo es defender a los acusados de fraude, cuando enfatiza que "en mi opinión, hay un tema abierto de gran importancia, que es si los individuos pueden ser acusados criminalmente o perder sus trabajos, simplemente en virtud de su cargo".

4.5. Presión tributaria y desigualdad

Lo racional, justo o eficiente, desde el punto de vista de la administración tributaria, que puede resultar incrementar la presión tributaria a los contribuyentes más ricos, pareciera que va a ser el tema central de discusión, no sólo como una de las alternativas para tratar de disminuir la brecha presupuestal, sino que se constituirá, sin lugar a dudas, en el tema político sobre el que girará la discrepancia entre los dos partidos con miras a las elecciones presidenciales de 2012.

El primer round de las discusiones, que se verificó en diciembre de 2010, cuando se aprobó la extensión por dos años más la vigencia de la norma aprobada por la Administración Bush en el 2003, para extender el recorte de los impuestos a los ricos, fue ganado obviamente por los republicanos, quienes negociaron dicha extensión con los demócratas como compensación, para darles su apoyo en la extensión del seguro de desempleo y corte en los impuestos aplicables al pago de sueldos y salarios por un año, medidas propuestas por Obama para beneficiar a los desempleados y trabajadores de bajos ingresos respectivamente. Dicha extensión se aprobó a pesar de la oposición del ala más liberal de los demócratas que la veía como peligrosa de convertirse en permanente después de 2012.

En abril de 2011, dentro de las discusiones que se generaron sobre la necesidad de cerrar la brecha presupuestal que se prevé se presentara en la próxima década, nuevamente resurgió el tema como parte de las negociaciones entre ambos partidos, aun cuando la aprobación del presupuesto de 2012 y del tope de la deuda pública, no dependen de ello, ya que su extensión más allá de 2012 debe aprobarse en ese año, con posterioridad a la discusión y aprobación de dichas normas en el 2011.

Además del tema del incremento de la desigualdad, que es un tema de valoración moral y que puede ser discutible desde la perspectiva ideológica de cada partido, el tema económico fundamental debiera ser que la profundización de la brecha económica entre los que más tienen y los que menos tienen no favorece el crecimiento económico de largo plazo, que se basa precisamente en la ampliación del mercado de consumo. No tiene el mismo efecto económico el incremento de ventas experimentado por Tiffany o Coach, producto de la expansión de consumo de la clase alta, que el incremento de ventas de Walmart o Target, que si reflejaría una expansión de la economía cuando ello comience a producirse.

Adicionalmente, desde el punto de vista financiero, los excedentes generados en manos de los más ricos, ya se ha demostrado, no sirven para incrementar las inversiones reales, que son las que promueven el crecimiento económico, sino las inversiones especulativas que son las que precisamente generaron las burbujas financieras, y cuyo desinfle ocasionó la Gran Depresión. Sorprende que ninguno de estos argumentos sea usado en la discusión del tema de los impuestos. Las dos partes en la discusión, demócratas y republicanos, se focalizan en el aspecto moral, ampliamente discutible, más que en el tema económico.

De acuerdo a los demócratas, ¿por qué habría que continuar cortándoles los impuestos a los ricos, cuando hay 15 millones de desempleados? Para ellos la respuesta es evidente, desde el punto de vista moral. Para los republicanos, mientras tanto, no es justo que los ricos, el 1 % de la población cuyos ingresos representan el 20 % de los ingresos totales, y que están hoy acotados con una tasa marginal del 38 %, deban además pagar hoy más impuestos, lo que hace que desproporcionadamente carguen con el pago de la ineficiencia del gobierno y de la "falta de empuje" de los de abajo.

Debe subrayarse, sin embargo, que es obvio que son los ricos los que se han beneficiado mayormente de la bonanza económica y financiera desde 1980, mientras que estadísticamente es demostrable que los salarios de los trabajadores no sólo se han estancado, sino que incluso han declinado en términos reales. La globalización, por su parte, ha agudizado esta distorsión, ya que los ricos han aprovechado de los mayores rendimientos logrados por sus inversiones especulativas en el exterior, mientras que los trabajadores han visto disminuir sus salarios reales por la competencia con los trabajadores del mundo, obviamente menos remunerados, lo que determina su menor competitividad.

En términos concretos, el ingreso antes de impuestos del 1 % de la población de mayores ingresos se ha incrementado de $ 386 900 anual en 1980 a $ 1 203 600 en 2008, mientras que el ingreso antes de impuestos del 50 % de la población de menores ingresos ha caído de $ 16 100 en 1980 a $ 15 400 en 2008. Pero además, en 1980 los más ricos (1%) pagaban como impuestos el 34,5 % de esos ingresos, mientras que en el 2008 la tasa real resultante ha bajado al 23,3 %.

La tasa marginal de impuesto a la renta que era del 90 % en los años 50, para bajar posteriormente al 70 % en los 60's, es posible que haya sido demasiado alta para ese periodo cuando el crecimiento económico no fue precisamente muy alto. Es demostrable que los posteriores cortes que siguieron a partir de 1981, sí sirvieron para empujar a la economía norteamericana a la etapa de 30 años del boom económico subsiguiente, pero también es demostrable que los cortes adicionales a partir de 2000, que inundaron de dinero los bolsillos de los contribuyentes ricos, fueron la causa de la Gran Recesión.

Pero no son sólo las tasas marginales más altas las que deberían ser reajustadas, sino que existen una serie de beneficios tributarios que, concebidos para favorecer a los de abajo, son mayormente aprovechados por los de más altos ingresos. El mejor ejemplo de esto es el reconocimiento de los intereses de los *mortgages* como gasto deducible para el cálculo del monto sujeto a impuesto a la renta. Sólo el 23 % de los contribuyentes utilizan este beneficio, y ellos son todos de altos ingresos, ya que la deducción genérica aplicable a los contribuyentes de bajos ingresos es suficiente para ellos, en tanto que para los más ricos, es un plus caído del cielo que equivale a $ 5 000 cada año. Otra perla del sistema tributario es que los especuladores en futuros, opciones o coberturas, están sujetos al pago de impuestos a tasas menores que los inversionistas en acciones. El sistema premia a los inversionistas especuladores con una tasa de 23 %, en lugar de la tasa de 35 % aplicable a los inversionistas en acciones.

Anthony Atkinson, Thomas Piketty y Emmanuel Saez9, reconocidos expertos en el estudio de la distribución de ingresos, estiman que entre 1976 y 2007, el ingreso anual promedio de las familias en Estados Unidos creció a una tasa anual de 1,2 %. Pero los datos revelan que para el 1 % de las familias que conforman el estrato de más altos ingresos, sus ingresos reales promedio crecieron en 4,4 % al año, capturando el 58 % del crecimiento en los ingresos totales durante ese período. Esta apropiación desigual de ingresos fue aún mayor en el periodo 2002-07, en el que el 1 % de mayores ingresos obtuvo 65 % del crecimiento en los ingresos totales, con una tasa de

[9] Atkinson, Piketty, and Saez; Top Incomes in the long run of history; Journal of Economic Literature 2011, 49:1, 3–71

crecimiento anual de sus ingresos del 10,1 %, mientras que los ingresos del 99 % restante de la población crecieron a una tasa de 1,3 %.

Una lógica hipótesis que debería surgir entre los economistas sobre estos datos es que la crisis económica actual podría tener sus raíces precisamente en este proceso de redistribución de la riqueza, desde abajo hacia arriba, ya que esta concentración de riqueza en muy pocas manos es la que precisamente ha generado la formación de las Burbujas Bursátil e Inmobiliaria, cuyo derrumbe inicio primero la crisis del sistema financiero y después la Gran Recesión.

Otro problema tributario poco conocido y analizado es el denominado "Tax Gap" que es la diferencia entre los estimados del IRS sobre la responsabilidad tributaria de los agentes económicos y los impuestos realmente recolectados. Datos publicados en enero de 2012 muestran que dicho *gap* fue de $ 450 billones en el 2006, más de $ 105 billones por encima del *gap* de 2001. De acuerdo al IRS, esos datos muestran que los contribuyentes sólo pagan voluntariamente el 84 % de los impuestos que deberían declarar y pagar10. Curioso resulta comprobar cómo entre 1992 y el 2010 el número de trabajadores del IRS disminuyo de 116 673 a 84 711, cuando en ese periodo la población de Estados Unidos se incrementó en 53 millones.

Interesante resulta recrear para los lectores las bases ideológicas que respaldan las posiciones de ambos partidos políticos en relación al tema de la tributación y que se reflejan en el "Blueprints for Basic Tax Reform" , publicado hace 35 años, y que se constituye en el más importante estudio sobre el tema. La perspectiva "liberal" siempre ha asumido que el monto imponible debe ser un porcentaje de la utilidad y del incremento del capital de los contribuyentes, sean estas personas naturales

[10] The 'Tax Gap; The New York Times; Jan 10, 2012

o personas jurídicas, mientras que la posición "conservadora" es que sólo el consumo debe ser sujeto de impuesto, sea a través de los denominados impuestos a las ventas o al valor agregado. La reforma del código tributario entre 1969 y 1976 constituyó un triunfo de los economistas y políticos liberales, en la medida en que los montos tributables fueron los ingresos, a pesar de que dichas reformas fueron puestas en acción por gobiernos republicanos.

Para los extranjeros, fundamentalmente europeos y latinoamericanos, resulta sorprendente que al calor de los debates sobre temas tributarios, el asunto de fondo en Estados Unidos es ¿cómo crear impuestos para cerrar el déficit fiscal?, en lugar de ¿cómo distribuir más equitativamente los ingresos?

4.6. Límite de la deuda e irracionalidad política

El 16 de mayo de 2011 debía haberse aprobado el incremento del límite de la deuda pública a efectos de que el Tesoro se encontrara hábil para autorizar la emisión de los nuevos Bonos del Tesoro que se requerían para cubrir las necesidades de gasto e inversión de las distintas oficinas del gobierno, y cumplir con el pago de las deudas, de acuerdo a la comunicación entregada por Timothy Geither a la Cámara de Representantes en enero del mismo año. En una carta de fecha 2 de mayo, el mismo Geither puso en conocimiento del Congreso que podría usar "medidas extraordinarias" para evitar caer en incumplimiento de obligaciones si fuera necesario extender el plazo hasta el 2 de agosto, en el peor de los casos.

Hasta el jueves anterior, el Presidente Obama había mantenido conversaciones con los dirigentes de ambos partidos en la casa Blanca, sin que se tuviera señales de acuerdo. Los republicanos en la Cámara de Representantes, donde son mayoría, mantenían, hasta el último día, su invariable posición de no aprobar el incremento del límite de la deuda. En días previos, John Boehner, su líder y Speaker de la misma cámara, había manifestado: "sin un significativo corte en los gastos y reformas para reducir la deuda, no habrá incremento en el límite". Agregando que hay que cortar "trillones" y no solamente "billones" de gastos.

Por su lado, los republicanos en el Senado igualmente manifestaban que no se aprobaría un incremento del límite de la deuda sin una reducción significativa del déficit fiscal, añadiendo el senador Mitch McConnell, líder de la minoría en esa cámara, que no se aprobarían medidas de incremento de los impuestos, argumentando que el tema tributario es demasiado complejo como para estudiarse y solucionarse antes de agosto. En el extremo de la intransigencia, el Gobernador de South Carolina, Nikki Haley, en entrevista efectuada por ABC, manifestó que el Congreso "no debería, en lo absoluto, incrementar el límite de la deuda".

La intransigente posición republicana contrasta con la cada vez más débil posición de Obama, quien a mediados de mayo llama por un acuerdo que incluya el recorte de gastos y el incremento de impuestos, ya no vía la reforma total de los recortes efectuados por la Administración Bush, sino únicamente mediante la eliminación de "excepciones" y "subsidios".

El 13 de julio de 2011, sólo quince días antes de finalizar la segunda fecha límite, ante el entrampamiento de las negociaciones, en una reunión especialmente convocada por el Presidente Obama en la Casa Blanca, para tratar de llegar a un acuerdo, en un ambiente evidentemente tenso, éste abandonó prácticamente la mesa de negociaciones murmurando "suficiente es suficiente", dada la intransigente posición de los republicanos.

El problema de la republicanos era que, después de tres meses de predicar a los cuatro vientos, y en todos los medios, que ellos no iban a aprobar un incremento del límite de la deuda, se encontraban entrampados entre sus prédicas y el buen sentido común.

Ante la evidencia de que no podrían ponerse de acuerdo los dos partidos políticos para elevar el techo de la deuda pública, al senador Mitch McConnell, republicano por Kentucky, propuso un procedimiento para solucionar el impase, propuesta que, a los ojos de cualquier analista, constituía una estratagema para engañar a los votantes republicanos: el Congreso debería discutir una propuesta para "no elevar el techo de la deuda", la cual debería ser aprobada por ambas cámaras para, posteriormente, ser vetada por el presidente. Una vez vetada esa norma, la administración se encontraría en posibilidades de aprobar un nuevo techo de deuda, asumiendo la responsabilidad por tal decisión.

Para poner más presión a la situación el Presidente de la FED, Ben S. Bernanke, alertó que, de no ponerse de acuerdo ambos partidos ante el tema, "una enorme calamidad financiera" podría producirse, mientras que la agencia de rating de créditos Moody's amenazaba con degradar la calificación de la deuda norteamericana.

Mientras tanto, al conocerse el reporte de Moody's, en China, el más grande acreedor de Estados Unidos, un portavoz oficial manifestó: "nosotros esperamos que el gobierno de Estados Unidos adopte medidas y políticas que garanticen los intereses de los inversionistas".

4.7. Responsabilidad compartida

A diferencia del debate político europeo y latinoamericano, la discusión política en Norteamérica hace muy tibio uso de la acusación sobre la irresponsabilidad en materia económica de los anteriores gobiernos. El razonamiento, pareciera ser, "ya estás donde querías, ahora soluciona el problema y asume las consecuencias".

Sin ánimo de discutir lo adecuado de esa actitud en tiempos normales, no deja de ser importante dejar claramente establecidas las causas de la catástrofe económica y financiera del gobierno federal. Pocos trabajos, tan claros al respecto, han sido realizados sobre la generación del problema en los últimos 20 años como el expuesto por Henry J. Aaron, de la Brookings Institution, cuyos datos originales provienen del Center on Budget and Policy Priorities.

El costo de las guerras en Irak y Afganistán es obviamente de responsabilidad compartida por ambas administraciones, al igual que el costo del Troubled Assets Relief Program (TARP) y de las medidas de saneamiento financiero de Fannie Mae y de Freddie Mac, que si bien fueron iniciadas por la Administración Bush, fueron continuadas por la Administración Obama. El corte de impuestos a los ricos fue una medida íntegramente de responsabilidad de la Administración Bush, en tanto que el costo de las medidas de estímulo a la economía para sacarla de la recesión fueron medidas íntegramente de responsabilidad de la Administración Obama.

La repartición objetiva termina allí, pues la responsabilidad del costo de la Gran Recesión y de la caída de la actividad económica consecuente en los años posteriores podría ser sujeto de discusiones ideológicas muy cuestionables. Para los republicanos ese costo resulta de la incapacidad de los demócratas para sacar de la crisis al país, y para los demócratas ese costo es consecuencia de la forma irresponsable como Bush condujo la economía, en el periodo previo, que dio lugar a la crisis financiera primero y a la Gran Depresión después.

Kathy Ruffing y James R, Horney, del Center on Budget and Political Priorities, publicaron en mayo de 2010 un análisis muy detallado al respecto, concluyendo que la recesión económica y las políticas de Bush siguen liderando los grandes déficit proyectados, en tanto que las medidas de recuperación económica y de rescate financiero sólo han tenido un impacto temporal.

Pero más que el sólo análisis de ambas administraciones, Bush y Obama, la responsabilidad de ambos partidos se remonta mucho más atrás, como se puede observar en el Gráfico N° 8, en donde la presencia de los déficit presupuestales es una constante en la política y economía Norteamericana, con la sola excepción del gobierno de Clinton. Dicho gráfico representa de la mejor forma posible cómo el país ha sido dirigido durante los últimos 40 años en materia presupuestal por la política de otorgar beneficios, sin la contrapartida de generar los ingresos para financiar los nuevos gastos creados.

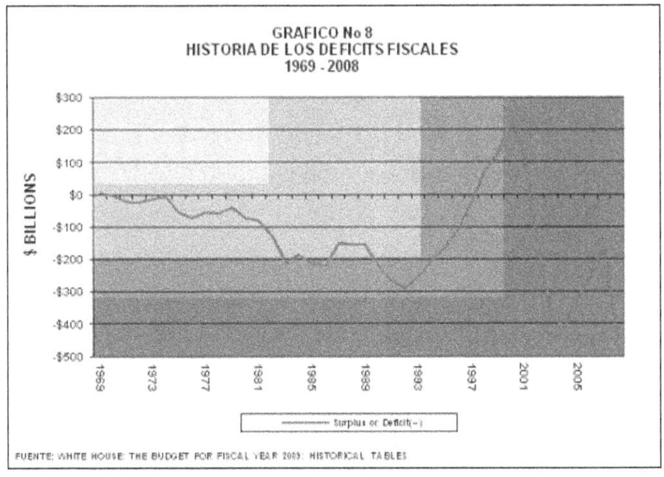

FUENTE: WHITE HOUSE: THE BUDGET FOR FISCAL YEAR 2009: HISTORICAL TABLES

Si bien la responsabilidad en la acumulación de deuda pública es compartida por ambos partidos políticos, es indudable que las medidas de recorte de impuestos a los ricos fueron la causa fundamental tanto del incremento de la liquidez en Estados Unidos, y por ende de la formación de las burbujas financieras (Bursátil e Inmobiliaria), como de la generación de la Gran Recesión, a consecuencia del posterior desinfle de dichas burbujas, así como de la continuación de la misma, en la medida en que esos recursos negados son los que mejor hubieran contribuido a la disminución de la deuda pública y a la consecuente recuperación económica.

Bajo la premisa de que los excedentes generados por la Administración Clinton pertenecían al "pueblo", Bush presionó al Congreso, apenas asumió su primer mandato en el 2000, a fin de que aprobaran un primer paquete de recorte de impuestos valorizado en esos momentos en $ 1,35 trillones. Esa decisión se tomó con la opinión favorable de Alan Greenspan, Presidente de la FED, quien testificó ante el Comité de Presupuesto del Senado que la reducción de impuestos aparecía conveniente para evitar que el gobierno acumulara mucha liquidez y se convirtiera en inversionista, lo que "crearía distorsiones en el mercado". En 2004 ni la opinión en contra de su primer Secretario del Tesoro, Paul O'Neill, le impidió a Bush proponer un segundo paquete de recorte de impuestos del orden de $ 350 billones, implementado a todas luces para asegurar su reelección presidencial.

4.8. Un juego político demasiado peligroso

La reelección presidencial o, mejor dicho, las elecciones, son la razón principal detrás de cualquier confrontación política, aun de aquellas que cualquier neófito cree que están exentas de intereses políticos o electoreros. El mejor ejemplo de ello es la confrontación entre republicanos y demócratas por aprobar un incremento en el techo de endeudamiento público.

Mientras que todos los votantes siguen el curso de los acontecimientos, llevados de la mano por los analistas políticos y periodistas que, se estima, nos transmiten toda la información al respecto, algunos nos percatamos de que el foco de los análisis está desviado a efectos de que los votantes no se percaten de las reales razones detrás de las discrepancias.

Cualquiera que observa la confrontación cree que se trata fundamentalmente de una lucha ideológica en relación al tamaño del gobierno, en donde, de un lado, los demócratas defienden los logros alcanzados por la seguridad social a favor de las clases más desposeídas, mientras que, en el otro lado, los republicanos defienden la necesidad de disminuir el tamaño del aparato estatal, culpado como el devorador de los recursos fiscales. A partir de allí se entienden las luchas por disminuir los gastos, en el caso de los republicanos, y la posición de los demócratas de mantener los beneficios de Medicare y Medicaid, a favor de los sectores de más bajos ingresos.

Los analistas más liberales, por su parte, presionan por terminar con el recorte a los impuestos a los ricos aprobado por la Administración Bush, culpando a eso de ser la causa más importante del déficit fiscal y de la consecuente necesidad de elevar nuevamente el techo de la deuda pública.

Por su lado, los políticos republicanos culpan a Obama de falta de liderazgo y de capacidad para solucionar el problema, y de haber sido el causante del déficit y del incremento de la deuda, con sus programas de estímulo a la economía, los que finalmente consideran han fracasado, dado el nivel de desempleo vigente y postración de la actividad económica.

Mientras que los demócratas, con Obama a la cabeza, propugnan por una solución estructural al tema presentando propuestas para disminuir el déficit en hasta $ 4,0 trillones en los siguientes 10 años, los republicanos se muestran reacios a una solución de largo plazo, presionando por una solución de menor magnitud, con la intensión de que no incluya un incremento de los impuestos a los ricos.

Mientras tanto, todos nosotros, mantenidos en vilo por la fuerza de los argumentos y la intransigencia de las posiciones, que suponemos son el resultado de posiciones ideológicas encontradas, esperábamos la llegada del 2 de agosto con la esperanza de que se llegara a un acuerdo.

Muy pocos fueron los analistas que se percataron de que detrás de esas dos posiciones ideológicas intransigentes había una posición política vinculada a las próximas elecciones. La propuesta republicana, en esencia, pretende aprobar un programa "mínimo" de combate al déficit presupuestal y de elevación del techo de la deuda, con miras a que el mismo tema sea debatido nuevamente antes de las elecciones presidenciales a realizarse el 6 de noviembre de 2012. Los demócratas, por su lado, pretenden aprobar un programa "máximo" para disminuir el déficit fiscal y elevar lo más posible el techo de la deuda, de modo que el tema no se vuelva a tocar hasta mucho después de dicha fecha.

Ambos lados desarrollaron sus estrategias en función de las próximas elecciones presidenciales, sin importarles en lo más mínimo los efectos que podía causar en la economía que se cayera en *default* por no aprobarse el nuevo límite de endeudamiento antes del 2 de agosto de 2011. No les importa que más del 65 % de la deuda de $ 14,3 trillones esté en manos de los mismos norteamericanos; 40 % en manos de inversionistas individuales e institucionales y 25 % en manos de los fondos de Seguridad Social y fondos de retiro de los empleados del servicio civil y militares, cuyos ingresos podrían peligrar, no sólo porque no se atendería el pago de los intereses, sino, lo que es más importante, el valor real de sus bonos podría caer y con ello sus ahorros de toda la vida.

La justificación de los demócratas es que su posición, en relación a ser reacios a cortar los gastos de Medicare y Medicaid, es en defensa de los menos favorecidos por la fortuna y más necesitados de atención de salud, en tanto que la posición de los republicanos, para no incrementar los impuestos, es en defensa de los más ricos, dentro de los cuales se encuentran ellos mismos, los congresistas republicanos, por lo menos desde el punto de vista de los ingresos tributables.

De acuerdo a declaraciones de Jay Carney, portavoz de la Casa Blanca, el día 19 de julio de 2011, el Presidente Obama habría estado de acuerdo en aprobar una medida de corto plazo para aprobar el incremento del techo de endeudamiento, si ella estuviera acompañada de un compromiso "de importancia significativa" para reducir el déficit fiscal. Carney manifestó que "el Presidente ha sido claro de que él no apoyará una extensión de corto plazo del techo de la deuda".

En el Senado, ese mismo día se supo que un grupo denominado "Pandilla de los Seis" habría propuesto una solución intermedia, que implicaría medidas inmediatas para ahorrar $ 500 billones y un compromiso para generar recorte al Medicare y Medicaid, así como rediseñar el código tributario de modo de evitar exoneraciones por más de $ 1 trillón. Ante tal propuesta, John A. Boehmer, Speaker de la Casa de Representantes, adelantó opinión de que tal propuesta era muy similar a una anterior ya abandonada por la oposición de los republicanos al incremento de impuestos.

El 24 de julio de 2011, el mismo John A. Boehmer, declaró a la prensa que las conversaciones con la Casa Blanca estaban terminadas ya que "el presidente es enfático en que los impuestos deben ser elevados… y yo, como un anterior pequeño empresario, sé que tal incremento destruye empleos". Pasará a la historia tal decisión, que implicaba que en el plazo establecido para el 2 de agosto probablemente no se llegaría a un acuerdo y que por dicho motivo Estados Unidos entrarían en *default* de sus obligaciones financieras.

La mejor prueba de que desde el punto de vista republicano las discusiones sobre el tema de incremento del techo de la deuda son más políticas e ideológicas, que económicas, yacen en el editorial del *Wall Street Journal* del 28 de julio de 2011, de donde extraemos dos párrafos de conclusiones reveladoras: (a) "La realidad es que el límite de la deuda será elevado de un modo u otro, y que el único problema es cuánta reforma fiscal incluirá y que repercusiones políticas tendrá"; y (b) Si los conservadores (republicanos) no apoyan el Plan de Boehner, no sólo socavan la mayoría de su Casa (representantes). Ellos contribuirán a la reelección de Obama y harán más difícil la reforma del estado".[11] No hay en todo el editorial en cuestión ninguna mención al daño económico y financiero global en Estados Unidos, ni a las repercusiones negativas que un *default* habría podido y podría ocasionar a los inversionistas.

La opinión de los demócratas, o simpatizantes, respecto al tema, bien podría ser retratada en el editorial del *The New York Times* del 27 de julio, que enfatiza sobre los daños económicos y financieros: "Las repercusiones potenciales de una baja en la calificación de la deuda incluyen un aún mayor déficit, un incremento de las tasas de interés y como consecuencia un incremento de los costos de endeudamiento tanto del gobierno como de los negocios y consumidores".[12]

4.9. Futuro político

Después de conocidos los detalles más importantes del acuerdo logrado el día domingo 31 de julio de 2011, entre los líderes demócratas, encabezados por el Presidente Obama, y los líderes republicanos, liderados por John A. Boehmer, sobre la disminución del déficit fiscal y el incremento del techo de la deuda, como muy pocas veces en la historia de Estados Unidos, la inmensa mayoría de los norteamericanos llegaron a la conclusión que el Presidente Obama había claudicado en toda la línea y que el triunfo político republicano había sido inobjetable.

---

[11] The GOP's Reality Test; Republicans who oppose Boehner's debt deal are playing into Obama's hands. Wall Street Journal; July 28, 2011

[12] Americas Credibility Is at Risk; The New York Times; July 27, 2011

El tema tiene consecuencias importantes para el futuro de Estados Unidos en cuatro ámbitos: (a) el futuro político, en la medida en que el resultado fortalece, en el plazo inmediato, la posición de los miembros del "Tea Party", con la secuela de consecuencias que ello implica para el próximo gobierno; (b) el futuro económico, debido a que tanto si los economistas liberales como los conservadores tienen razón, la economía Norteamericana no será, ni en el futuro próximo, ni en el largo plazo, la misma economía consumista y dilapidadora del pasado inmediato; (c) el impacto de una nueva recesión inminente, en la economía mundial, y; (d) Estados Unidos perdería su rol de potencia única hegemónica en el contexto mundial, tanto en términos económicos como políticos y militares.

Respecto al primer tema, el futuro político, es obvio que los grandes triunfadores tácticos han sido los miembros del "Tea Party", ya que su intransigente posición en temas claves, que muchos suponíamos podría negociar en algún momento, fue mantenida hasta el minuto final, obligando al Presidente Obama a claudicar en toda la línea.

Si Obama fue obligado a transigir, ello fue consecuencia de que, desde el principio, realmente él fue rehén de los republicanos en general, por la amenaza del plazo inminente del *default*, que prácticamente lo dejaba sin armas para combatir al adversario, en una correlación de fuerzas políticas que le había previamente enajenado la mayoría en la Cámara de Representantes. Obama, además, parecería que carece de la seguridad de los líderes, para enfrentar al adversario con convicción para hacer prevalecer su punto de vista. Decimos esto porque este resultado no es sino una repetición de situaciones anteriores en las que las posiciones esgrimidas por los republicanos prevalecieron, con posterioridad a las elecciones de renovación de la Cámara de Representantes, en donde los demócratas perdieron la mayoría. Nos referimos fundamentalmente a la confrontación sobre el tema de la extensión de los beneficios tributarios a los ricos en diciembre del año anterior, en donde los republicanos negociaron un acuerdo a todas luces favorable para los ricos, que Obama suponía podría servirle para aplacar otras demandas posteriores, lo que obviamente no ocurrió. El comportamiento político de Obama, al decir de algunos analistas políticos, de transigir la mayor parte de las veces ante las posiciones extremistas de los miembros del Tea Party, en aras de mantenerse en el "centro" del espectro político norteamericano, a fin de asegurarse la reelección, ha sido cuestionado por Drew Westen, profesor de psicología de la Universidad de Emory, en una magistral opinión que recomendamos a los interesados buscar en la página editorial del New York Times del 6 de Agosto de 2011[13].

La suposición base de Obama, de que los republicanos podrían sentirse urgidos a llegar a un acuerdo, a fin de evitar el llegar a un *default*, no contaba con la intransigente, y casi suicida posición política de los partidarios del "Tea Party", muchos de los cuales poco menos que incitaban a llegar al *default*, como la mejor forma de llevar la revolución a Washington y remover el *statu quo* de un gobierno federal realmente sobredimensionado.

Nadie puede poner en duda que políticamente los grandes beneficiados de este final serán los miembros del "Tea Party". Sobre lo que si abrigamos muchas dudas es si este triunfo, que consolida su posición dentro del Partido Republicano, es bueno para los republicanos en particular, que se verán obligados próximamente a elegir entre los candidatos extremistas conservadores representados por esa facción y los candidatos conservadores más razonables que normalmente son los preferidos para representarlos en las elecciones presidenciales. Como muestra del desarrollo de los acontecimientos futuros,

---

[13] Drew Westen; What happened to Obama? The New York Times; August 6, 2011.

tanto Mitt Romney, como Michele Bachman, manifestaron inmediatamente su contrariedad con el acuerdo que, a decir del primero, "deja abiertas las puertas para elevar los impuestos"; y "no corta los gastos suficientemente ni garantiza adecuadamente el balance presupuestal", de acuerdo a la segunda. Dichos comentarios nos permiten prever que cualquier candidato del Partido Republicano deberá seguir el libreto del "Tea Party" si quiere llegar a representar a ese partido en las elecciones presidenciales de noviembre de 2012.

Más aún, es claro que el peso especifico del Tea Party dentro del Partido Republicano se ha incrementado notablemente, y cambiará su forma tradicional de hacer política, especialmente en relación a sus tácticas poco convencionales para modificar el *statu quo* en Washington, en donde el compromiso y la espera por resultados en el largo plazo ha sido la esencia del hacer política. El Tea Party les ha demostrado que es posible cambiar Washington en el corto plazo, y que no se requiere de compromisos conciliadores que rompen con los principios irrenunciables de los extremistas.

El tema de corte de gastos y no más impuestos, como políticas para reducir el tamaño del gobierno, es indudable que seguirá siendo la bandera de los republicanos más allá de las elecciones de 2012. Lo rescatable de la posición del Tea Party es que en los próximos meses la agenda de Washington cambiará del "cómo y en qué gastar" al "cómo y en donde cortar", lo que implica un lavado cerebral para la gran mayoría de políticos que hasta hoy pensaban que han sido elegidos para otorgar beneficios cuantificables monetariamente a sus electores, vía la creación de gastos, muchas de las veces de carácter superfluo.

Sin embargo, lo peligroso de esa manera de hacer política, ahora, es que el Partido Republicano es prisionero del Tea Party, lo que le enajenará las simpatías y votos de los independientes en las elecciones presidenciales. Y si, en el mejor de los casos para esa agrupación, su candidato ganara las elecciones presidenciales de 2012, esa administración será rehén de ese grupo ultraconservador y minoritario durante todo su periodo de gobierno.

Es interesante analizar en qué medida este grupo político ultraconservador puede cambiar la forma de enfrentar los asuntos económicos nacionales, con repercusión internacional. Una encuesta del New York Times mostró, a fines de julio de 2011, que el Tea Party está muy por debajo en la popularidad que otros 23 grupos políticos, tanto demócratas, como republicanos o independientes, dentro de los cuales se incluyen los "musulmanes" y los "ateístas", pero muy cerca de los "cristianos de derecha". El Tea Party está conformado por personas casi en su totalidad de raza blanca, socialmente conservadores, opuestos al aborto y "profundamente religiosos", además de claramente conservadores en materia económica, con especial preocupación por hacer más pequeño el gobierno y dejar el apoyo a los más pobres en manos de los fondos privados de caridad. Tanto Michele Bachmann, como Rick Perry, actual gobernador de Texas, han tomado prácticamente todas las banderas del Tea Party. Perry (aunque ya retirado de la contienda) empezó su carrera por la nominación republicana en una reunión religiosa en Houston, pero al día siguiente amenazó en Iowa con declarar "traidor" al Presidente de la FED, Ben Bernanke, si se atrevía a emitir más liquidez antes de las elecciones de noviembre de 2012. Mayor prueba de extremismo no podría esperarse, y más aún si en días posteriores, y bajo presión de los propios republicanos, no se retractó.

Los resultados de las votaciones, tanto en la Cámara de Representantes como en el Senado, muestran a su vez que el Partido Demócrata ha estado profundamente dividido al encarar la votación del tema, no habiendo podido el Presidente Obama ejercer su liderazgo, de modo de convencer a sus partidarios, para que voten a favor de la medida. Muchos congresistas demócratas habían incluso especulado sobre la posibilidad de que el Presidente Obama elevara unilateralmente el techo de la deuda, lo que muchos especialistas estimaban posible legalmente. Ello, si bien hubiera enfurecido a los republicanos, no hubiera añadido más odio al que ya le tienen los extremistas de derecha, quienes incluso lo catalogan como el Anticristo.

Después de una confrontación altamente desgastadora para ambos partidos, lo más probable es que el Partido Republicano emerja de las próximas elecciones primarias profundamente dividido, en tanto que los demócratas no tienen mayores posibilidades de crear, en tan corto tiempo, otro líder que compita con Obama. La opinión pública, mientras tanto, de acuerdo a las encuestas de opinión menos controversiales, destacan la posición conciliadora del Presidente Obama, y su preferencia por tratar de llegar a una solución mixta que incluyera también un incremento de impuestos a los más ricos, mientras que el Partido Republicano ha ratificado su identificación como el defensor de las clases más privilegiadas y claramente ahora rehén de la facción ultraconservadora del Tea Party.

La duda que nos queda es si Obama era consciente de que el desenlace lo beneficiaría políticamente en el futuro. Sabiéndolo o no, el tiempo lo demostrará, el gran ganador estratégico, desde la perspectiva política, sería el Presidente Obama. Queda la incógnita sobre la evolución de la situación económica en el corto plazo, o periodo previo a las elecciones, que será el escenario sobre el que se desarrollará el proceso electoral de noviembre de 2012.

Sin embargo, queda claro que, en esa confrontación, el tema económico, incluyendo la necesidad de cerrar el déficit fiscal y atacar el alto endeudamiento, estará tratado dentro del contexto filosófico e ideológico de la visión que ambos partidos tienen del "tamaño del gobierno" y de la mejor forma de usar los recursos económicos nacionales; sea potenciado aún más al sector privado, disminuyendo los impuestos, o seguir en la senda de implementar un Estado benefactor de acuerdo al modelo europeo, el que ya da también muestras de haberse sobredimensionado.

Es posible concluir indicando que nunca como ahora las posiciones ideológicas de ambos partidos han estado tan alejadas, y que las diferencias sean tan claramente percibidas por los electores.

4.10. Futuro económico

Como ya hemos analizado anteriormente, la responsabilidad sobre el endeudamiento del gobierno federal, que asciende a más de $ 14 trillones, es compartida entre ambos partidos en la medida en que ella es consecuencia de los continuos déficit fiscales, anuales, acumulados a lo largo de los últimos 12 años.

No debe olvidarse, sin embargo, que el gobierno de Clinton dejó para inicios del gobierno de Bush un superávit proyectado de más de $ 2.3 trillones para los siguientes 10 años. Por ello, es indudable que la mayor responsabilidad recae en la Administración de Bush, en la medida de que ella, en sus 8 años, no sólo desapareció el superávit proyectado, dejado por Clinton, implementando las medidas de recorte de impuestos a los ricos e incrementando los gastos militares con la Guerra de Irak, sino que, además, su política económica fue la causante de la formación de la burbuja inmobiliaria, cuyo posterior desinfle generó las condiciones para la aparición de la Gran Recesión.

La responsabilidad de la Administración Obama, fundamentalmente, se deriva de los gastos generados para tratar de reactivar la economía a partir de 2009, los gastos militares derivados de la guerra en Afganistán y la disminución de los ingresos fiscales derivados de su poco éxito en controlar los efectos de la Gran Recesión.

Pero, como también hemos visto anteriormente, la historia de los déficit fiscales en Estados Unidos es casi una constante a lo largo de los últimos cincuenta años, tal como lo demuestra el incremento continuo del techo de la deuda que, incluso durante la Administración Reagan, tan admirada por los republicanos, se incrementó 18 veces, para pasar de $ 712 billones en 1980 a $ 2,0 trillones en 1988.

El tema de fondo es que se trata de un modelo de comportamiento fiscal que se repite desde hace más de 70 años, dada la facilidad con que el dólar ha sido aceptado como medio de pago y reserva de valor a lo largo y ancho del mundo en todo ese periodo. Debido a ello no ha existido ningún pudor por parte del Tesoro para financiar los déficits fiscales emitiendo bonos, aceptados por todos en el mundo, sin cuestionar, hasta ahora, la seguridad de su redención, ya que siempre fueron considerados los valores más seguros del mundo. Por su lado, la Reserva Federal, al emitir el papel moneda, de aceptación universal, también inundó el mundo con la liquidez necesaria para cerrar el déficit de la balanza comercial, estructuralmente deficitaria y representativa de un estilo de vida suntuario y dispendioso.

Si el déficit continuo de la balanza comercial es representativo del estilo de vida de las personas individuales y de la empresa privada, el continuo déficit fiscal es igualmente representativo de un estilo de gobierno en donde el gasto público no ha tenido ningún tipo de contención. Ha tenido que pasar un problema económico de gran magnitud, como la Gran Recesión, para que el tema del techo del endeudamiento haya calado hondo en un grupo político que se atreviera a cuestionar un modelo de gobierno estructuralmente despilfarrador.

Aunque con una altísima dosis de cinismo, el Tea Party y el Partido Republicano están en la línea correcta al cuestionar la viabilidad del sistema de gobierno basado en el despilfarro y en la construcción y mantenimiento de un aparato burocrático y militar sobredimensionado para los recursos económicos que se generan.

El problema es que recortar los gastos y tratar de redimensionar el aparato burocrático y militar en un momento en que la economía da las primeras señales de recaída en la Gran Recesión, es agudizar los problemas y profundizar sus efectos, fundamentalmente en el desempleo, al recortar programas de gobierno que generan trabajo probablemente a varios millones de norteamericanos. Esa multitud de nuevos desempleados contribuirán a disminuir aún más la demanda agregada, con el consiguiente efecto en las empresas, que se verán obligadas a recortar el número de trabajadores, lo que a su vez significará la agudización de un proceso económico recesivo en espiral con deterioro cada vez mayor de la economía. Obviamente, el Tea Party, o no sabe, o no le interesa el efecto que tendrán esas medidas en la gran mayoría de la población.

Cierto es, sin embargo, que la ocasión de hacer un cambio radical en el estilo de hacer política y lograr reducir el tamaño del gobierno es ahora, pues cuando se supere la recesión, y renazca la economía, poco le va a importar a ningún político retomar un tema que a toda luces es impopular y no atrae votos.

La explicación de los republicanos de que cortar el tamaño del gobierno permite dirigir los recursos económicos disponibles hacia la actividad privada, más eficiente, es correcta. Lo que no es claro es si, en una ocasión como la presente, con signos inequívocos de que estamos reentrando en un proceso recesivo, esa asignación será dirigida a inversiones productivas o a más inversión especulativa. No olvidemos, además, que casi el 70 % del PBI está constituido por el consumo y es esta variable la que jala a la inversión en el corto plazo, y no a la inversa. La inversión real, con efectos en generar empleo, tiene efectos en el mediano a largo plazo.

Pero, además, la confianza de los inversionistas y de los consumidores es, en el sistema capitalista, la clave para iniciar y continuar con un proceso de recuperación económica. Después de la aprobación de una medida como la discutida, es poco probable que la confianza de los inversionistas y consumidores se fortalezca y, más bien, es de temerse que la desconfianza se generalice con los efectos recesivos que un comportamiento de ese tipo genera en la economía en general.

Más aún, la inmediata recalificación de la deuda pública norteamericana por parte de Standard & Poor's, el 5 de agosto de 2011, degradándola de la máxima AAA+, que mantenía desde 1941 cuando fue creada, a la calificación inferior AA+, tendría una serie de implicancias que parecerían claras en términos teóricos, pero que no lo son tanto en términos prácticos.

En primer lugar, a pesar de toda la gravedad del problema, puede asumirse, aunque con reservas, que la deuda pública americana seguirá siendo el valor más seguro del mundo por algún tiempo, aun cuando, en teoría, la nueva calificación implique que ya no está libre de riesgo. En segundo lugar, la razón esgrimida de que las diferencias entre los partidos políticos ha reducido la habilidad del gobierno para manejar las finanzas, más constituye un llamado de atención al comportamiento político que a la realidad económica y financiera. Si bien la decisión de S&P sorprendió a los políticos de los dos partidos, todos ellos eran conscientes de que ello podría suceder, en la medida en que los analistas de esas agencias de rating y los congresistas ya habían analizado el tema a fines de julio en la misma sede del Congreso. A pesar de ello, los congresistas del Tea Party mantuvieron su intransigencia, y probablemente ello llevó a este desenlace. Al final, esos mismos congresistas republicanos, y los más altos representantes de la administración demócrata, cuestionan la capacidad de esas agencias de rating, que ellos mismos regulan, para calificar y degradar la deuda norteamericana.

Aun cuando pueda ser cuestionable por muchos políticos, economistas e inversionistas la decisión de S&P, tanto por los antecedentes de poca eficiencia de dicha agencia de *rating* para anticipar la debacle financiera de los *mortgages* primero, y después de Lehman Brothers, las razones esgrimidas constituyen un real llamado de atención sobre la gobernabilidad de Estados Unidos y la intolerante posición de ambos partidos sobre temas que deben ser revisados por ellos, superando sus posiciones doctrinarias, ideológicas y políticas que parecieran son irreductibles.

Respecto a la posición irreductible de los demócratas en el tema de la necesidad de reducir sustancialmente los gasto en Seguro Social y Medicare, vistos los aspectos demográficos vinculados al envejecimiento de la población, S&P manifiesta que este tema "es clave en la sostenibilidad fiscal en el largo plazo".

A los republicanos les corresponde responsabilidad en la medida en que la agencia manifiesta que en sus proyecciones se mantiene el recorte de impuestos a los ricos, incluso más allá de 2012, fecha en que debería eliminarse ese recorte, ya que la mayoría de los republicanos continúa resistiendo cualquier medida que permita elevar los ingresos, vía incremento de impuestos. Además, S&P poco menos que adelanta que una segunda degradación podría producirse en 2012 si no se incrementan los ingresos en por lo menos $ 1 trillón.

Por otro lado, algunos analistas y economistas han manifestado que la baja de calificación tiene un contenido más político que económico y financiero, y con la que Wall Street castiga tanto al Tea Party, por su extremismo anti oligopolio bancario, como al Partido Demócrata, por su posición regulatoria contra el mismo sector financiero.

Es obvio, sin embargo, que el costo de obtener dinero por parte del gobierno debe incrementarse, no sólo porque ya se sembró, en los inversionistas, principalmente extranjeros, la semilla de la desconfianza, lo que generará que, en un contexto recesivo, teóricamente la tasa de interés del mercado debería incrementarse y con ello el costo de las deudas personales y de negocios, con el consiguiente efecto negativo adicional en la economía familiar y empresarial.

Más importante aún es que las prioridades de inversión y gasto del gobierno federal deben transformarse radicalmente, desde una visión asistencialista en apoyo de la generación del *Baby Boom*, vía el incremento de los presupuestos de la Seguridad Social y del Medicare, hacia una visión de futuro, con mayor apoyo a la educación e investigación, en aras de incrementar la competitividad de Estados Unidos en el mundo globalizado.

Paul Krugman, connotado economista y ganador del Premio Nobel de Economía, que puede catalogarse de izquierda, dentro del espectro político de los simpatizantes demócratas, que difunde sus opiniones a través del *The New York Times*, publicó en ese medio el 11 de agosto de 2011 un artículo[14] en el que critica muy enfáticamente tanto a la Administración Obama como a los republicanos por haber priorizado la solución de los problemas estructurales de largo plazo, como son los de déficit y endeudamiento público, sobre la urgente necesidad de reanimar la economía en el corto plazo, moribunda por culpa del desempleo. Dice él que la real respuesta a los problemas en los que está envuelta la economía norteamericana es un mayor, no menor, gasto del gobierno orientado a reconstruir la infraestructura escolar y de comunicaciones, para reducir el desempleo, además de una agresiva acción orientada a reducir la deuda de los poseedores de hipotecas, vía su refinanciación, así como una coordinada acción con la FED para deliberadamente generar una alta inflación que ayude a aliviar el problema del alto endeudamiento, a fin de liberar recursos para incrementar el consumo.

---

14 Paul Krugman; The Hijacked Crisis; The New York Times; August 11, 2011

He aquí que por fin algún connotado economista introduce a discusión el tema de fondo del problema económico estructural de la economía norteamericana: el excesivo endeudamiento nacional, no sólo del gobierno, sino también y fundamentalmente de los consumidores. Es ese endeudamiento el que afecta al mercado de consumo y que genera la recesión, por lo que la solución del problema va por atacarlo a fondo.

Kennett Rogoff, profesor de economía de Harvard, y anterior jefe de economistas del FMI, también coincide con Krugman cuando manifiesta que "la economía global está malamente sobre endeudada y que no hay salida rápida sin un esquema de transferencia de riqueza de los acreedores a los deudores, sea a través de *defaults*, represión financiera, o inflación"[15] . Dice él, además, que la Gran Recesión, a diferencia de crisis anteriores, fue una crisis de origen financiero, ocasionada por el excesivo endeudamiento de la economía, y que tomará muchos años completar el proceso de desendeudamiento. Y que la única forma de acortar el periodo de reacomodo financiero es generando un proceso inflacionario del orden del 4 al 6 % anual por muchos años, para licuar rápidamente el alto endeudamiento de los hogares, de modo de ir paulatinamente reactivando el consumo.

Las opiniones de Krugman y de Rogoff, que coinciden con la Joseph E. Stiglitz[16], otro ganador del Premio Nobel de Economía, se enfrentan a la estrategia del Tea Party, claramente opuesta en cuanto a la forma de enfrentar la crisis. El Presidente Obama se encuentra en la disyuntiva de implementar las recetas extremistas de derecha del Tea Party o llamar a asesores como Krugman, Rogoff o Siglitz que lo ayuden a implementar una solución inmediata que reanime a la economía hoy para enfrentar más adelante, en mejores condiciones, la solución de

15 Kennett Rogof; The Second Great Contraction; Proyect Syndicate; www.project-syndicate.org; Oct 02, 2011

16 Joseph E. Stiglitz; A Contagion of Bad Ideas; www.project-syndicate.org

los problemas estructurales del alto endeudamiento público y privado, derivado de un modelo de gobierno despilfarrador y una economía erigida sobre la base del consumismo. Lamentablemente, por los antecedentes, el Presidente Obama optará por seguir el camino trazado por sus anteriores asesores económicos, de corte centrista, lo que además de no reanimar la economía, generará las condiciones para que el Partido Republicano con el Tea Party a la cabeza, acceda al gobierno en las próximas elecciones.

A partir de ahora la vida de los norteamericanos de clase media y de los menos favorecidos por la fortuna será cada vez más difícil. Las consecuencias de las medidas a tomarse serán para el ciudadano norteamericano tan duras como lo serán para los ciudadanos griegos las impuestas por la Unión Europea, o las impuestas por el FMI en los años 80 a las economías asiáticas y latinoamericanas.

4.11. Impacto en la economía mundial

Los efectos de la aprobación del nuevo límite de endeudamiento y de las medidas fiscales para controlar el déficit fiscal no se restringen a la economía y pueblo norteamericano. Si bien hace muchos años la locomotora norteamericana que jalaba al resto de economías mundiales fue sustituida por la locomotora china, no deja de ser cierto que Estados Unidos siguen constituyéndose en el mercado de consumo más grande del mundo.

Una recaída en la Gran Recesión tendrá efectos importantes en el resto de la economía mundial, ya que las medidas orientadas a cerrar el déficit fiscal tendrán efectos directos en el cierre de la brecha comercial, vía disminución significativa de las importaciones de Norteamérica. Todos aquellos países que tienen una significativa participación de sus exportaciones al mercado norteamericano serán los más afectados. El caso más importante, no sólo por su cercanía, sino principalmente por su complementariedad económica, está constituido por la economía de México. La otra economía mayormente afectada será la de China, la cual, si bien en los últimos años ha empezado a desarrollar intensivamente su mercado interno, no es menos cierto que sus exportaciones a Estados Unidos siguen constituyéndose en la base de su comercio exterior.

Pero lo que hace aún más grave el impacto de la crisis económica norteamericana en el resto del mundo, es que su principal socio económico y comercial, Europa, se encuentra en similares, sino más graves, problemas financieros derivados del alto endeudamiento de todas sus economías nacionales y débil estructura financiera de su sistema bancario, así como problemas económicos de persistente alto desempleo y muy bajo crecimiento económico.

En un escenario como el descrito, y con una Unión Europea sin los mecanismos políticos ni económicos para enfrentar soluciones homogéneas, es casi obvio que el desenlace podría ser más traumático aún que el norteamericano. Recuérdese que la Unión Europea es mayormente una unión monetaria y que los mecanismos de coordinación de políticas económicas y financieras son muy débiles. Peor aún es que la mayor parte de los políticos en el poder en los países conformantes, así como los miembros encargados de la coordinación de las políticas económicas y financieras en las instituciones de la Unión están claramente inclinados a implementar soluciones a sus problemas financieros con acciones de corte claramente recesivas, principalmente orientadas a cortar gastos y bajar endeudamientos. Nótese, además, que el peso especifico de Alemania en la construcción de soluciones globales es muy importante, y no hay ni habrá ninguna razón en el mundo que cambie la concepción económica de los alemanes, sobre todo en este caso, en que la implementación de cualquier solución alternativa lleve el riesgo de generar efectos inflacionarios que de ninguna manera ningún político en Alemania podría avalar, dada su traumática experiencia, lo que pone al euro en el gran peligro de no continuar siendo la moneda común de gran parte de Europa.

Pero a lo anterior hay que agregar el problema que afecta al sistema financiero europeo, que será el gran afectado por las medidas que en algún momento deberán tomarse para aliviar los problemas de deuda que agobian a casi todas sus economías, excepto Alemania y los países nórdicos. La firme oposición del Banco Central Europeo a la reestructuración de las deudas de las economías excesivamente endeudadas, en algún momento deberá ceder para hacer a los inversionistas partícipes inmediatos de las pérdidas y a los contribuyentes partícipes mediatos de la infusión monetaria que deberá otorgarse a todos los bancos europeos para reconstruir sus balances severamente afectados por las pérdida que deberán afrontar como resultado de sus aventuras financieras.

Cualquier solución a los problemas económicos y financieros europeos pasa inexorablemente por la aprobación de Alemania, sea a través de garantía indirecta a los inversionistas para salvar al sistema financiero, con respaldo de dinero de los contribuyentes alemanes, o con su autorización para monetizar la deuda emitiendo euros, con el consiguiente efecto en la inflación. Es obvio que Alemania no convalidará ninguna de esas soluciones y por ello la salvación europea debe venir de afuera.

Por todo ello, creemos que tanto Estados Unidos, como la Unión Europea, se dirigen de manera inexorable a una nueva Gran Recesión, cuyos efectos se sentirán en todo el mundo. No debe olvidarse que Europa significa un quinto de la economía mundial y que compra un cuarto de las exportaciones norteamericanas. La recesión un lado del Atlántico afecta inexorablemente al otro lado y si la recesión es grave en ambos lados, todo el mundo se verá afectado posiblemente en forma dramática.

Dado que Estados Unidos está en la misma situación, la ayuda que Europa necesita debería venir del Fondo Monetario Internacional. Pero los recursos de éste no alcanzarían para cubrir esas necesidades, a no ser que obtenga nuevos recursos con el aporte de terceros países, con gran cantidad de reservas internacionales, como China, los países la OPEP o las economías emergentes. Pero no es difícil imaginar que estos, como contrapartida, exigirán condiciones que ni Estados Unidos ni Europa aceptarán de buen grado.

4.12. ¿Deuda real o virtual?

A fines de 2011 e inicios de 2012, los más connotados economistas de Estados Unidos trataban de educar a los políticos y a los electores sobre el significado de la deuda pública que, a tenor de lo que los políticos republicanos sostienen, constituye el problema más importante de Estados Unidos de cara a las elecciones de noviembre de 2012.

La opinión de Bruce Bartlett, que fuera asesor de los presidentes Ronald Reagan y George H. W. Bush, y que forma parte del *staff* del candidato republicano Ron Paul, constituye sin dudas una de las opiniones más escuchadas y a la vez mejor documentadas al respecto[17]. Sostiene él que la denominada deuda nacional, más conocida como Deuda del Tesoro, que sobrepasa los $ 10,2 trillones, es sólo una parte del endeudamiento nacional, que además incluye $ 5,8 trillones de adeudos a los retirados del gobierno federal y veteranos de las fuerzas armadas, $ 9,2 trillones adeudados por concepto

17 Bruce Bartlett; The True Federal Debt; The New York Times; January 3, 2012

de Seguro Social, $ 24,6 trillones de responsabilidades por concepto de Medicare, más otros adeudos, todo lo cual suma $ 51,3 trillones, es decir, 5 veces la cifra que normalmente se maneja para conocimiento del público y de los políticos. Dichas cifras constan en el Reporte Financiero del Gobierno de Estados Unidos hecho público en su edición de 2011 y publicado el 23 de diciembre de dicho año. Aún cuando estas cifras difieren en el detalle con las mostradas en el Gráfico 7, mostrado antes, es importante destacar la magnitud de las mismas, ya que, sostiene Bartlett que la deuda total del gobierno, para todos los efectos, debe incluir no sólo las obligaciones del Tesoro, derivadas de los continuos déficit fiscales, sino que además forman parte de la deuda las "promesas de pago" a los futuros retirados que cotizan mensualmente mediante los descuentos que les efectúan en las planillas por concepto de Seguro Social y Medicare, que además son incrementados con los aportes de los empleadores.

Paul Krugman sostiene que el problema de la deuda nacional enmascara el real problema económico presente, que es el del desempleo y la recesión que afecta a la economía, y que los economistas conservadores y los republicanos exageran la real magnitud del endeudamiento, por cuanto incluyen "promesas de pago" que no constituyen deuda real.

Independientemente de si una u otra opinión es la correcta, es claro que el énfasis en el "tamaño" de la deuda, independientemente de relacionarlo con la capacidad de pago del sujeto endeudado, en este caso medido en términos de la generación del PBI, sitúa la solución del problema en el ámbito del redimensionamiento del gobierno, que es hacia adonde apuntan los economistas y políticos conservadores. Por otro lado, la posición de Krugman es la de destacar la necesidad de reactivar la economía, cuya postración constituye el problema principal que agudiza el desempleo, y que, por lo tanto, es necesario crear más empleo, aunque sea a costa de mayor endeudamiento presente, en la medida en que ello permitiría incrementar el PBI, que es el que finalmente va a permitir generar la riqueza para pagar en el futuro ese excesivo endeudamiento.

Si bien coincidimos con Krugman en su evaluación de la situación presente, es también cierto que nadie, en ningún momento de bonanza económica, se preocupará en disminuir el tamaño de la deuda, y que es sólo ahora, en que se siente el problema en su real magnitud, cuando se deben tomar acciones al respecto. Como la mayor parte de los temas técnicos y económicos, las posiciones políticas partidistas hacen olvidar las coincidencias y evitan la toma de decisiones que podrían contribuir a perder el favor de los votantes. Probablemente una solución intermedia, que vincule el tamaño del gobierno con el PBI y con la deuda total debería ser tomada ahora, pero para que sea implementada cuando se salga de la recesión.

Otro argumento interesante de Krugman para minimizar la importancia del problema de la deuda en la discusión política, es que la deuda del gobierno es con el propio pueblo norteamericano y no con el exterior, en la medida en que así como Estados Unidos debe a inversionistas del exterior, igualmente otros inversionistas del exterior le deben a la economía norteamericana, de modo que de cada $ 100 de deuda existen acreencias por $ 89, lo que deja al saldo de $ 11 como una deuda externa sin mayor importancia relativa, y, más aún, si los inversionistas internacionales en general tienden a considerar a la economía norteamericana como el mejor refugio para sus inversiones. Desde esta perspectiva de análisis nos permitiríamos entonces considerar que la deuda del gobierno norteamericano no es una deuda real, sino sólo una deuda "virtual".

Independientemente de la real magnitud de la deuda nacional, es obvio que la discusión muestra que los argumentos principales de los republicanos están dirigidos fundamentalmente a destacar que esa deuda es resultado del desmesurado crecimiento del "tamaño del gobierno", que es presentado como el real culpable del actual nivel de endeudamiento, en tanto que la posición de los demócratas trata de enfatizar en la necesidad de generar más ingresos vía el incremento de los impuestos a los ricos como paso necesario para reactivar la economía, vía la generación de mas gasto público, en el corto y mediano plazo, dejando que la economía reactivada incremente los ingresos nacionales, lo que haría que en el largo plazo la deuda nacional disminuya como porcentaje del PBI.

V. Endeudamiento y unidad europea

5.1. La tragedia griega amenaza la Unión Europea

Si la Unión Europea se había mantenido incólume hasta mediados de 2011, ello había sido posible no sólo por la inteligencia con que se habían manejado las relaciones políticas, sino, fundamentalmente, por la flexibilidad con que se habían atacado los problemas económicos y financieros estructurales de los países europeos periféricos, los más endeudados.

Pero a fines de mayo de 2011 el panorama de la crisis financiera europea no podía ser más problemático. No sólo porque, por el ineficaz manejo de la situación fiscal por parte de las autoridades griegas, la data de las finanzas de Grecia nuevamente difería mucho de las proyecciones realizadas un año antes; sino porque, a las críticas de las autoridades de Alemania, se habían sumado las de Italia y España, que veían cómo el fracaso de los griegos constituía un combustible para que el costo de sus respectivas deudas se incrementara en el mercado de bonos, dada la claramente demostrada ineficacia de las políticas conciliadoras defendidas por el FMI.

Por su lado, si los ciudadanos griegos y españoles se manifestaban claramente opuestos a la toma de las tibias medidas fiscales recomendadas por el FMI, lo cual se manifestaba en las encuestas en Grecia, que otorgaban a Papandreou un 77 %

de desaprobación a su gestión, y en España con la derrota del gobierno socialista, es de suponer que su reacción posterior, cuando la Unión Europea apruebe un cambio de política para hacer aún más traumática la medicina, eso podría generar un descontento pocas veces visto en Europa en los últimos 50 años, y con ello poner en peligro mayor la vigencia de la unidad europea.

La crisis de la deuda soberana ha puesto de manifiesto una realidad que los fundadores de la Unión Europea siempre trataron de esconder, aun cuando ella siempre ha sido evidente. Existen dentro de la Unión dos bloques de países, cuyos modelos de desarrollo y realidad política difieren profundamente. Por un lado, los países del norte, aglutinados alrededor de Alemania, que "viven el presente pensando en el mañana", y, por otro lado, los países del sur, que bordean el Mediterráneo, que "viven el presente ignorando el mañana". Un tema delicado que ningún político y pocos economistas se atrevería a hacerlo de pública discusión, pero que no es otra cosa que el resultado de cientos de años de comportamiento consistente en la misma ruta.

A fines del mismo mes de mayo de 2011, *Der Spiegel*, con información proveniente de fuentes germanas, hizo públicas, parcialmente, las discusiones acontecidas el último fin de semana del mes, en Luxemburgo, entre los más altos representantes económicos y financieros de la región, en el cual se habría tratado la amenaza de Grecia de salirse de la zona del euro, retomando su anterior moneda. Mientras los alemanes, por boca de Wolfang Shauble, su Ministro de Finanzas, manifestaban que ello podría ser un suicidio, en Grecia se consideró el artículo como "bordeando lo criminal".

La alternativa griega de salirse de la zona del euro, si bien no es imposible, legalmente carece de viabilidad, sin autorización del resto de miembros de la zona del euro. Más aún, no existe la posibilidad real de salirse de la zona del euro sin salirse simultáneamente de la Unión Europea, y ello tampoco puede ser una decisión unilateral.

Un documento sobre las consecuencias de abandonar la zona del euro, especialmente preparado por especialistas alemanes, indicaba que "ello podría conducir a una devaluación de la nueva moneda en más del 50 %, respecto del euro, lo que conduciría a un incremento de la deuda nacional de manera que llegara a representar el 200 % del actual PBI. Bajo esas condiciones, la deuda sería impagable, y Grecia debería enfrentar la bancarrota".

Para Grecia, esa alternativa generaría una salida de capitales inmediata y masiva, lo que la obligaría a implementar controles de cambio y controles a los flujos de capitales que ciertamente generarían mayores presiones devaluatorias. Para la zona del euro, el daño sería igualmente grave, en la medida en que la confianza en la moneda se debilitaría enormemente, dado que los inversionistas se verían amenazados por otros posibles retiros debido a un efecto contagio difícil de controlar.

Por otro lado, el sistema financiero griego caería en una absoluta insolvencia y las deudas impagas presionarían también sobre el sistema bancario europeo que debería enfrentar pérdidas por aproximadamente $ 100 billones, al igual que el Banco Central Europeo, que debería dar por perdidos los $ 58 billones en bonos, recientemente comprados en apoyo del gobierno griego.

Aun cuando las autoridades económicas griegas decidieran aplicar a fondo las medidas correctivas a las que se comprometieron un año antes, era obvio, a fines de mayo de 2011, que con una ratio de deuda a PBI del 140 %, dichas medidas no podrán ya salvar del colapso a sus finanzas públicas, y que es necesario implementar medidas adicionales de ajuste estructural, a las cuales tanto las autoridades griegas como los políticos europeos en general se oponían hace un año. Debemos recordar que ese nivel de endeudamiento nacional está ya por encima de los vigentes en Rusia y Argentina, cuando ambas economías cayeron el *default*.

La actual tragedia griega tiene su origen en el exceso de liquidez que ha estado inundando las finanzas mundiales desde hace más de una década, y que dio como resultado que el costo de endeudarse cayera a niveles irrisorios, incentivando a los banqueros a ofrecer financiamientos baratos a países y proyectos que se sabía constituían riesgos explícitos, no sólo por su tradición, sino por la misma evaluación que en su momento debió de realizarse. El endeudamiento soberano es la repetición en Europa del endeudamiento vía *mortgages*, que afectó el sistema financiero norteamericano. Cierto es que, sin la ayuda de una demanda exagerada por créditos, incentivada por las políticas demagógicas con miras a captar el voto de los electores de los respectivos gobiernos de turno, no se habría llegado a esta situación.

No se trata por lo tanto de una situación que se haya generado de la noche a la mañana, sino que su formación se ha incubado por años, bajo la mirada complaciente de las mismas autoridades económicas y monetarias de la Unión Europea, que hoy se niegan nuevamente a tomar medidas para solucionar la crisis que ellas contribuyeron a crear. En 2011, no sólo Grecia se encuentraba sumergida bajo una montaña de deudas, sino que otros países periféricos, como Islandia, España, Portugal, e incluso Italia esperan turno para que sus respectivos problemas financieros emerjan con la peligrosidad del de Grecia.

Vale la pena anotar que, aun cuando se produjera una improbable salida de Grecia de la Unión Europea, ello no constituye una solución en la medida en que la deuda está nominada en euros. En sus extremos, la solución pasa por afectar tanto a los prestatarios (los bancos) como a los prestamistas (los gobiernos). Debe clarificarse, sin embargo, que cuando estamos hablando de los "gobiernos", realmente nos estamos refiriendo a la nación afectada, es decir, al pueblo, quien en última instancia pagará la factura de la incompetencia de sus políticos; mientras que cuando mencionamos a los "bancos" realmente estamos refiriéndonos a los ahorristas de los bancos que prestaron el dinero. Poniéndolo en términos coloquiales, se trata de distribuir el daño entre los irresponsables griegos que tiraron la casa por la ventana, en una fiesta de gasto interminable, y los austeros alemanes, cuyos ahorros financiaron la fiesta.

Aun cuando cada una de las partes directamente afectadas ha manifestado su descontento en ser perjudicada por el desenlace, corresponde a los políticos a la cabeza de la Unión Europea poner fin al drama antes que realmente se convierta en tragedia. Ellos, a pesar de las evidencias de que cualquier otra operación de rescate (*bail out*) está igualmente condenada al fracaso, se resisten a implementar la obvia alternativa de reestructuración de la deuda en la medida en que los bancos que prestaron el dinero se verían seriamente afectados, dado que deberían afectar a sus balances con las pérdidas resultantes. Y, como consecuencia de ello, las autoridades deberían exigirles nuevas inyecciones de capital fresco a efectos de restituirles la estructura financiera sana necesaria para continuar sus operaciones. Paradójicamente, la coyuntura actual de los bancos es exactamente la inversa de la que atravesaban hace muchos años, cuando se originó la avalancha de créditos, en el medida en que en esa oportunidad el otorgamiento de préstamos "soberanos" era incentivado por las mismas autoridades,| dado que esos préstamos eran considerados "sin riesgo" para efectos de determinar los limites de endeudamiento bancario.

Mientras los economistas tienen cada vez más claro el panorama, en el sentido de la única salida es la reestructuración de la deuda griega, los políticos europeos aún se resisten en la medida en que el problema de la deuda griega es sólo el primero de una lista que inevitablemente debe conducir posteriormente a reestructurar igualmente las deudas de Portugal, Islandia, España y probablemente Italia.

Si desde el punto de vista social exigir mayores sacrificios al pueblo griego pasa inevitablemente por la posibilidad de generar conflictos internos en Grecia, la reestructuración de la deuda europea de los países mencionados, podría pasar también inevitablemente por generar una crisis financiera de proporciones semejantes a la de Estados Unidos en 2008. Debido a ello la solución pragmática, pero no exenta del riesgo de que no sea suficientemente buena, pasa por una reestructuración suave que difiera los pagos y disminuya su costo a través de un sacrificio voluntario de los mismos acreedores.

Ya en mayo de 2011 los políticos y autoridades europeos, excepto los alemanes, estaban convencidos de que una reestructuración bancaria era absolutamente necesaria, aún cuando no se ponen de acuerdo en la magnitud y características de la misma. Por su lado, en Grecia, aun cuando el gobierno socialista del Primer Ministro George Papanddreou tenía mayoría suficiente en el Congreso para aprobar las normas que le son impuestas desde Bruselas, la búsqueda de consenso para lograr una aprobación multipartidaria tropieza con la oposición de los comunistas, que consideran que tales medidas constituyen "un crimen contra el pueblo griego" , y de la derecha más conservadora, que considera que no deben elevarse los impuestos y que, más bien, hay que acelerar las privatizaciones.

5.2. El euro y el futuro de la Unión Europea

A mediados de junio de 2011 Grecia recreaba la tragedia de la insolvencia de un país tercermundista, al estilo de las vividas hace más de 30 años en América Latina. El pueblo griego se resiste a aceptar, sin protestas, la aplicación de las recetas tradicionales del FMI, hechas suyas ahora por el Banco Central Europeo y los políticos de la Unión Europea.

En la medida en que las condiciones impuestas a Grecia son el modelo de las medidas que deberán ser aplicables al resto de países en problemas, son entendibles las reacciones populares en España y Portugal, así como la inestabilidad política generada. Con mucha lógica los políticos de izquierda cuestionan las medidas impuestas, que no harán sino profundizar los problemas recesivos, lo que a la larga repercutirá en su propia capacidad para repagar la deuda, ya que los conduce a caer en la temida "trampa de la deuda".

Dichos políticos, sin embargo, no asumen su responsabilidad como los principales culpables de la debacle financiera, como resultado de la implementación de medidas populistas que son las reales causas del excesivo endeudamiento público. Mediante dichas medidas esos políticos pretendieron alcanzar para sus pueblos el nivel de vida de los países europeos del norte, sin la contrapartida necesaria del ahorro previo que conduce a la acumulación de riqueza, antes de pretender distribuirla.

Grecia perdió la gran oportunidad que le brindó ser incorporada en la Unión Europea y en la zona del euro, y en lugar de transformarse en una economía capitalista moderna emulando a los países del norte, siguió en la inercia de la "evasión fiscal socialmente aceptada y políticamente excusada, la corrupción y el populismo político", en palabras de Aristides N. Hatzis, un profesor de filosofía de la Universidad de Atenas.

Esa fue precisamente la realidad previa, durante cientos de años, que configuró las divergencias sociales y políticas entre los países del norte y del sur de Europa, que no fue evaluada convenientemente por los diseñadores de la Unión Europea y del euro como moneda común. Recordemos que el principal argumento en contra de una moneda común fue precisamente que no se estaba estableciendo una unión fiscal que impidiera la repetición del facilismo populista en los países del sur. Los diseñadores de la unión monetaria creyeron que el ejemplo del norte sería seguido por el sur, sin necesidad de establecer los mecanismos que aseguraran que la historia precedente, de irresponsable comportamiento fiscal, no iba a repetirse.

La principal lección de la tragedia griega es que nada cambia de la noche a la mañana. Ni el irresponsable comportamiento de los pueblos mediterráneos, ni el de sus políticos populistas y demagogos. Milagro será que el euro sobreviva a esta situación, y si ello sucede, es de esperar que se tomen las medidas correctivas necesarias.

Por otro lado, al igual que el tema de la crisis financiera en Estados Unidos, existe corresponsabilidad entre los gobiernos que se endeudaron y los bancos que les concedieron los créditos. Ahora esos bancos enfrentan el fantasma de caer en insolvencia y demandarán el apoyo de sus gobiernos y del Banco Central Europeo, si Grecia y el resto de países endeudados no cumplen con sus obligaciones. El reconocimiento de la impagable deuda traslada el debate a la necesidad de que los bancos asuman las perdidas. A pesar de la inicial posición de Alemania, de que esa asunción sea compulsiva para todos los bancos, ante la posición del resto de países de Europa, especialmente de la Francia de Sarkozy, la Canciller Merkel debió finalmente ceder y declarar que "nos gustaría tener una participación de los bancos sobre una base voluntaria", respaldando la posición de Mario Draghi, voceado sucesor de Jean-Claude Trichet a la cabeza del Banco Central Europeo, en el sentido de seguir la denominada posición de la Iniciativa de Viena bajo la cual los prestamistas acordaron refinanciar y mantener su exposición con los países del Este y del Centro de Europa en el 2009.

Creemos, sin embargo, que ésta sólo es una buena intensión, pues la magnitud del problema ahora es mucho mayor que en aquella oportunidad, ya que ningún acuerdo será posible de cumplirse, por parte de Grecia, si los bancos no sacrifican compulsivamente por lo menos el 40 % de sus acreencias y extienden los cronogramas al largo plazo.

Una solución de este tipo, sin embargo, envía la solución del problema a los países del norte, cuyos ahorros financiaron la "orgia de gastos griega", ya que ello implica capitalizar a sus bancos a efectos de que las pérdidas sean compensadas vía aportes por parte de los contribuyentes de los estados respectivos, a efectos de evitar la insolvencia e iliquidez que esa medida originaría en los bancos acreedores. Es posible que Alemania disponga de recursos para financiar a sus bancos, pero es claro que Francia y otros países de la Unión no tienen esos recursos. La alternativa de usar la emisión monetaria para compra la deuda griega es prácticamente impensable, conocidos los efectos que ello puede ocasionar en el incremento de precios.

Muchos analistas comparan el posible *default* griego con los de Argentina y Rusia a inicios de 2000. Hay sin embargo diferencias que es necesario destacar para poner en real perspectiva el problema griego. La deuda griega es ahora dos veces más grande que la deuda conjunta de Argentina y Rusia de aquellos momentos, y alcanza al 158 % de su PBI, en tanto que la deuda Argentina de aquel entonces no era mayor al 62 % del suyo. Si bien la receta del FMI en aquella oportunidad fue la misma que la que los países socios de la zona del euro reclaman ahora para Grecia, el *default* argentino afectó únicamente a los argentinos y a sus acreedores directamente, pero en esta oportunidad el tema afecta a toda Europa, no sólo por la magnitud de la deuda, sino porque el desenlace establecerá el precedente para los casos de España, Irlanda, Italia y Portugal.

Dicen algunos analistas argentinos que la marginación posterior de ese país, del mercado internacional de capitales, no la afectó y que después de la devaluación efectuada, el país prosiguió su desarrollo sin necesitar de ellos. Verdad parcial, en la medida en que hoy día, después de más de 10 años, los capitales internacionales acuden en masa a todos sus vecinos, principalmente a Brasil y Chile, cuyas economías en la década en cuestión crecieron muy por encima de la argentina. Aún en el caso de que los inversionistas decidieran nuevamente apostar por la Argentina, el costo de la deuda estaría probablemente muy por encima de la de Brasil, que hoy es sólo de 4,5 %. Un *default* como el de Argentina, que castigó a los acreedores externos con más del 50 % de su exposición, no queda rápidamente en el olvido de los inversionistas.

De este punto se desprenden dos temas, el de la devaluación como herramienta de nivelación económica y financiera, y la marginación posterior de la economía por efecto de las represalias y temores de los inversionistas. Sobre la devaluación debemos resaltar que Grecia no dispone de este mecanismo de nivelación económica, ya que carece de una unidad monetaria propia, lo que determina que la recuperación o ganancia de competitividad internacional debe producirse vía ajuste directo de los salarios y demás costos internos. Recuérdese que Argentina dispone de un aparato productivo agroexportador que se potenció con la devaluación implementada, incrementando notablemente los excedentes de su balanza comercial, herramienta de la que Grecia no dispone, ya que su economía descansa principalmente en el turismo, además de que carece de saldos comerciales positivos con el exterior.

Ello nos lleva al origen del problema que no es otra cosa que la pérdida de competitividad económica de Grecia en el contexto de la eurozona. Altos costos laborales y falta de competitividad internacional determinaron una caída en los ingresos externos en términos reales, generando una balanza comercial deficitaria que, ante la existencia de capitales excedentes en el mundo, cerró la brecha externa con recursos externos a costos mínimos en esos momentos. Si a ello se unen las medidas populistas de los sucesivos gobiernos griegos, y el incremento notable del aparato público griego, que en la actualidad llega al 40 % del PBI, se entiende la magnitud de la deuda contraída.

El problema empezó a preocupar a los acreedores y a los políticos de la eurozona recién en 2007, y a partir de allí los políticos no han hecho sino postergar la solución del problema. Recuérdese que en la cumbre de Maastricht, en diciembre de 1991, se estipuló que los socios de la eurozona no deberían tener déficit presupuestales mayores del 3 % del PBI, y que la deuda pública no debería superar el 60 %. Ese tratado además estipuló que ninguna ayuda tipo *bail-out* sería otorgada a un país en problemas que superara esos límites. Obviamente, tanto entonces como ahora, tales restricciones no pasaron de ser más que buenos enunciados.

Cualquiera que sea la solución a la que se arribe en el caso de Grecia, es indudable que esa misma solución deberá aplicarse a España, Italia, Irlanda y Portugal, lo que definitivamente podría ocasionar un caos en las finanzas europeas, si las medidas de austeridad generaran recesión, primero en los países endeudados, y luego en el resto de países europeos, por los efectos que la recesión en los primeros afectará las exportaciones de los segundos. Tiempos muy difíciles aguardan a la Unión Europea, y posiblemente el fin de la experiencia del euro, por lo menos tal como fue diseñada inicialmente, sin una autoridad fiscal central. Por ello, más que las opiniones técnicas del FMI, pesarán en esta ocasión las opiniones políticas de los miembros de la Unión Europea, en la medida en que ellas tendrán consecuencias en su continuidad y futura viabilidad.

Los políticos, responsables de la solución, necesitan aceptar que la deuda griega es impagable, que el problema de Grecia es de insolvencia, y que la única forma de lidiar con el problema es reestructurar esa deuda reduciendo sustancialmente su valor nominal. Reconocer igualmente que el mecanismo de reestructuración debe ser ordenado, a fin de ofrecer al pueblo griego incentivos para aceptar el costo social al que deberá ser sometido por culpa de sus políticos.

5.3. Italia: pan y circo

Mientras los políticos europeos reunidos para decidir el segundo *bailout* a Grecia no se ponían de acuerdo en la forma de cómo incorporar a los inversionistas en la operación de ayuda financiera, el 8 de julio de 2011 sorprendió a todos los involucrados con los mercados financieros europeos en efervescencia, con los *yields* de la deuda italiana alcanzando los más altos niveles en una década y con las acciones de los bancos italianos cayendo en picada.

Aun cuando es muy difícil establecer con precisión cuál fue la causa o detonante que movió los mercados, debemos recordar que la relación Deuda Pública/PBI de Italia llega al 120 %, una de las más altas del mundo, además de que Italia tiene un problema crónico de bajo crecimiento y muy baja productividad. Su deuda de 800 billones de euros es además equivalente al total de las deudas de España, Grecia, Irlanda y Portugal, representando además el 25 % del total de las deudas de todos los países de la Unión Europea.

Interesante resulta destacar que, durante todo su gobierno, el slogan favorito de Silvio Berlusconi, ex Primer Ministro de Italia, fue "nunca poner las manos en los bolsillos de los italianos". Debemos entender por ello que su pensamiento estaba dirigido a poner las manos en el bolsillo de los ahorristas extranjeros para financiar la fiesta de gastos que vivió Italia durante todo su gobierno.

A mediados de septiembre de 2011, sin acertar aún con la solución para implementar el segundo *bailout* a Grecia, pendiente por meses, por la indefinición de las condiciones a imponerse al deudor, el resto de Europa empezaba a entrar en pánico respecto a lo que significaría el mismo problema, de incorporarse también el posible *default* de España, Portugal e Italia, a los que conjuntamente con Grecia, algunos economistas, poco amigablemente, denominan los países PIGS, integrando las primeras letras de sus nombres.

¿Cómo un país tan rico en historia, tradiciones, arte, y además sede de la Iglesia Católica por más de dos mil años, y cuna, conjuntamente con Grecia, de la denominada Civilización Occidental y Cristiana, puede haber caído en una crisis económica y financiera? Parecería inexplicable, si no fuera por la obvia evidencia de que ello ha sido causado por un sistema político en decadencia, agudizado por una pérdida de valores morales en toda la sociedad.

La crisis económica, probablemente, tiene sus raíces en la década de los 90, cuando toda su industria se ve desplazada de los mercados mundiales por la inundación de productos asiáticos de bajo costo. A partir de allí, es posible que los problemas económicos se hayan agudizado, por efecto de las recetas políticas de sustituir la inversión privada con gasto publico. Con una población total trabajadora de 23 millones, se estima que 3,5 millones forman parte de la planilla estatal. Entre 2000 y 2010 los gastos públicos, incluyendo los de defensa nacional, se incrementaron de $ 753 billones a $ 1 trillón. Hoy día el presupuesto consigna un 16 % del total de ingresos para el pago de intereses de su deuda pública, y de acuerdo a proyecciones del FMI, el crecimiento proyectado de su economía al 1,4 % anual significaría otra década perdida y la incubación de mayores problemas si no se toman medidas acordes con la magnitud y raíces del problema.

Las medidas de austeridad presupuestal, aprobadas a mediados de septiembre de 2011 por todas las instancias del gobierno, que implican un plan para reducir el déficit fiscal en $ 74 billones, eliminarían ese déficit fiscal en el 2013 de acuerdo a proyecciones del gobierno. Ello, sin embargo, no modifica ninguna de las causas reales del actual problema de estancamiento económico, sino probablemente lo agudizarán.

Muchos detractores del sistema político italiano culpan a la corrupción imperante en la burocracia y al sistema político que lo sustenta como los reales causantes de la crisis estructural. Recordemos que Silvio Berlusconi, de 75 años, accedió al poder hace más de 17 años, irrumpiendo en la política, en ese entonces, como una fresca brisa en un entorno político enrarecido por la lucha entre la Democracia Cristiana, socialistas y comunistas, quienes, alternándose en el poder, habían sembrado con sus partidarios la burocracia estatal. Hoy día los italianos se encuentran totalmente desinformados de lo acontece en su país, gracias a que el mismo Berlusconi es propietario de la mayoría de medios informativos y de los equipos de futbol, que proporcionan la dosis de "circo" que los entretiene, pero sin aportarles el "pan" que también necesitaría proporcionarles para seguir la receta de los emperadores que en los inicios de la era cristiana sustentaban su poder en esos elementos.

Ni el poco claro origen de su fortuna, ni sus escándalos sexuales, ni sus altisonantes declaraciones políticas han servido para que los italianos se cansen de él. Con una fortuna estimada en $ 12 billones, derivada de sus inversiones Real Estate y seguros, además de canales de televisión, periódicos y revistas, es el hombre más rico de Italia. Y esa fortuna, conjuntamente con una extraordinaria campaña publicitaria, que mantenía siempre vigente el nombre de su partido político, "Forza Italia", en la mente de los aficionados al futbol, que constituyen la gran mayoría de los italianos, le ha permitido mantenerse tanto tiempo en el poder de su "democracia".

Los que obviamente se cansaron de él fueron sus pares de Alemania y Francia, para quienes era claro que mientras Silvio Berlusconi se mantuviera en el poder político de Italia, sería imposible lograr que se implementen los cambios económicos requeridos para que ese país recobre algo de competitividad y se convierta en un socio activo de la Unión Europea, y no, como en los últimos 20 años, una rémora para el progreso de Europa y del éxito de la Unión Europea.

Oficialmente le fue informado por Merkel y Zarkozy que Italia no debía esperar que la Unión Europea acuda en su ayuda, mientras que ese país no tome claras y decididas medidas para limitar el crecimiento de su deuda, controlar su déficit fiscal e implementar las medidas económicas necesarias para superar sus carencias estructurales que imposibilitan un crecimiento económico razonable que viabilice el repago de sus deudas. Por otro lado, aunque Berlusconi asegurase que su última promesa, entregada a finales de octubre de 2011 en la reunión de líderes en Bruselas, fuese factible de cumplirse, ya nadie en Europa le creía, ni aceptaba sus promesas.

5.4. Todo depende de Alemania

La deuda soberana conjunta de los países mediterráneos en problemas financieros, es decir, España, Grecia, Italia y Portugal, que sobrepasa los 600 billones de euros, debería ser refinanciada con el aval del resto de miembros de la Unión Europea, léase fundamentalmente con el aval de Alemania, que si bien genera una tercera parte del PBI de la zona del euro, no está dispuesta a tomar sola esa responsabilidad. La Canciller de Alemania, Ángela Merkel, encabeza una coalición de derecha que muy poco simpatiza con arriesgar el modelo alemán en pro de salvar a un euro envilecido por el comportamiento poco frugal de sus socios mediterráneos, hoy en problemas. Las propuestas para que los miembros de la Unión Europea respalden la creación de un bono común no cuenta con su aprobación. Tercamente los alemanes propugnan por la aprobación de medidas fiscales y económicas de compulsivo cumplimiento por parte de todos los socios, incluyendo la aprobación de enmiendas constitucionales en cada país que eviten que en el futuro se repita la triste historia de gobiernos irresponsables y políticos corruptos que manipularon las estadísticas encubriendo la magnitud del problema financiero. La denominada “regla de oro” estaría diseñada para evitar los déficit y endeudamientos abusivos de los países miembros de la zona del euro.

Dicha propuesta, conjuntamente con la de instituir una cabeza oficial que gobierne la política económica en la Unión Europea fue presentada finalmente a mediados de agosto de 2011, después de meses de negociaciones. Ángela Merkel y Nicolás Sarkozy presentaron la propuesta, a ser debatida con los otros miembros de la UE, sin mencionar las atribuciones y autoridad que sería conferida a tal cargo, y sólo recomendando a Herman Van Rompuy, actual Presidente del Consejo Europeo, para hacerse cargo del puesto. La idea es la de crear un cargo, de funciones similares a las que cumple el Secretario del Tesoro en Estados Unidos, pero sólo con autoridad de coordinar.

Los mercados financieros reaccionaron con escepticismo, como era de preverse, ya que la propuesta no indica si tal cargo tendrá los poderes suficientes para establecer sanciones a los pares que incumplan las directivas que, a presión de Alemania, deberán ser claras y contundentes para establecer disciplina económica, financiera y fiscal en los países miembros, fundamentalmente los mediterráneos, hoy en graves problemas.

La propuesta se establece cuando ya se conocen los resultados de la performance económica del segundo trimestre de 2011, en donde la eurozona como un todo creció sólo en 0,7 %, que es la mitad de lo que los especialistas esperaban. Más alarmante fue el dato del crecimiento de Alemania, que sólo lo hizo en 0,5 %, después de haber mostrado un crecimiento de 5,5 % en el primer trimestre del año. La data refleja la retracción económica como resultado de la caída de las órdenes de compra no sólo de los mismos socios europeos, sino también de Estados Unidos y China, lo que hace temer que ese comportamiento se prolongue en los siguientes trimestres.

Si bajo las condiciones previas de crecimiento económico, la desconfianza de los alemanes en el euro alcanzaba a un 71

%, y sabido el tremendo costo que implica el rescate de los países mediterráneos, es poco probable que se aprueben medidas efectivas que ayuden a refinanciar a dichos países o a los bancos que los financiaron, con dinero fundamentalmente proveniente de los contribuyentes alemanes.

La mayor parte de los analistas reaccionaron con escepticismo ante la tibia propuesta, que algunos catalogaron de "muy pequeña, demasiado incierta y muy tardía", mientras que otros la consideraron muy difícil de aceptar por parte del resto de países no dispuestos a someter su soberanía a las exigencias de los alemanes. En resumen, a mediados de agosto de 2011, la situación se encontraba en la misma posición que en 1996, cuando en Irlanda se firmó el denominado Pacto de Crecimiento y Estabilidad que dio origen a la Unión Europea.

Con un desempleo de sólo 6,4 %, y con un ahorro privado del orden del 12,1 de su PBI, los alemanes se enorgullecen de haber superado con éxito la larga etapa de su reunificación, durante la cual los contribuyentes alemanes pagaron impuestos extraordinarios y adoptaron políticas que forzaron a los sindicatos a aceptar mínimos incrementos de salarios a efectos de poder seguir compitiendo con los países asiáticos.

Con todo derecho, los alemanes hoy cuestionan a sus socios en la Unión, los que en ese mismo periodo vivieron una "fiesta inolvidable", sin sembrar trabajo, para hoy cosechar crisis. Cierto es, sin embargo, que el desenlace debió de preverse, dados los antagónicos elementos culturales entre los latinos y los germanos, y entre los católicos y los protestantes. La gran pregunta, entonces y ahora, es si las raíces culturales pueden ser cambiadas (o cuánto tiempo hay que esperar para que cambien y se homogenicen).

Los alemanes se debaten entre la alternativa de abandonar el euro o empujar a Grecia para que salga de la zona del euro. Extienden en el tiempo la decisión y con ello engrandecen el problema a resolver.

Para Ángela Merkel la decisión es muy difícil. Es optar entre los alemanes y los europeos. Hágase cada uno la misma pregunta y entenderá el dilema. Optar por los europeos no sólo supone enajenarse el voto de los alemanes y su futuro político, sino, lo que es más importante, dejar de ser alemana, para convertirse en una pieza de museo respetada en Europa, por haber salvado la Unión, ahora, la que de todas maneras será perdida más adelante, ante el embate de los mismos problemas.

Los alemanes, que a la postre son los únicos dentro de la Unión Europea con recursos suficientes para hacer frente a la crisis griega, en su gran mayoría se oponen al refinanciamiento de esa deuda soberana, la cual para muchos de ellos es producto del despilfarro. Tampoco la mayor parte de los políticos simpatizan con la causa del euro, pero al mismo tiempo saben que cualquier alternativa podría ser peor. No todos por supuesto, ya que muchos de ellos, y algunos economistas, como los llamados "cinco profesores anti euro" (Hankel, Noelling, Schachtschenider, Starbatty y Spethmann) presentaron ante la Corte Suprema de Alemania dos demandas contra la política de rescate de la deuda griega, la cual afirmaban violaba los derechos constitucionales básicos.

El 7 de septiembre de 2011, la Corte Suprema de Alemania desechó tales alegatos, manifestando que los demandantes no habían proporcionado evidencias sobre su denuncia y, más bien, poco menos que le dio su aprobación a los rescates, siempre y cuando ellos sean aprobados por la Comisión de Presupuesto del Parlamento Alemán.

5.5. Víctimas indirectas de la tragedia griega

Si bien la tragedia griega impacta políticamente de manera fundamental en la viabilidad de la Unión Europea, debido a la globalización de las finanzas mundiales, ella también amenaza con afectar de manera importante a las finanzas norteamericanas.

El mejor ejemplo de la sociedad entre las finanzas del viejo y del nuevo continente es la importancia que tienen las inversiones realizadas con dinero del denominado "Money Market", que siempre han sido consideradas la forma más popular de inversiones de los inversionistas más conservadores de Estados Unidos. En esos fondos tienen depositados sus ahorros más de 50 millones de norteamericanos, que se encuentran amenazados con un posible *default* de las obligaciones de los países mediterráneos con problemas financieros. A mediados de 2011 casi el 50 % de los fondos de Money Market, que ascienden a $ 1,6 trillones, estaban invertidos en préstamos a bancos europeos.

El problema que se presenta es en doble vía, ya que, de una parte, afecta a los inversionistas que podrían perder parte de sus ahorros, en la medida en que la solución del problema del endeudamiento griego en particular, y europeo en general, afecte sus derechos, y, del otro lado, a los bancos europeos que ya se encuentran con problemas derivados del retiro de fondos por parte de esos inversionistas.

Si bien los fondos provenientes del Money Market norteamericano no están colocados directamente en los países mediterráneos en problemas, sí se encuentran afectados en la medida en que ellos están colocados en los bancos de países como Francia y Alemania, que son los principales acreedores de las deudas de esos países mediterráneos. Aun cuando la exposición no es directa, sí pueden ser afectados indirectamente por un *default* de los países en problemas.

Dada la gravedad de la exposición de los inversionistas norteamericanos, el Presidente de la Reserva Federal de St. Louis ya adelantó que la FED piensa extender su apoyo al Banco Central Europeo más allá del 1 de agosto de 2011, que es cuando vence el acuerdo vigente. Este apoyo busca evitar una corrida de los inversionistas norteamericanos que perjudicaría seriamente al sistema financiero europeo.

En agosto de 2011, la FED empezó a solicitar a los bancos europeos, con sucursales o filiales en Estados Unidos, información acerca de si disponían de acceso confiable a fondos para seguir operando en forma normal en el día a día, demandando en algunos casos que revisen su situación financiera, especialmente su liquidez, dado los temores de que la crisis de deuda de sus principales en Europa afecte sus operaciones en Norteamérica, derivando su liquidez hacia Europa para reforzar las necesidades de liquidez de sus matrices. Más aún, la FED, junto con los otros entes reguladores del sistema financiero, ya estaba tratando de que los bancos europeos transformen sus operaciones hacia instituciones independientes, aisladas de sus matrices. Mientras que en julio de 2010 los bancos no norteamericanos tenían depositados en la FED $ 418 billones, para el 13 de julio de 2011 este monto se había incrementado a $ 900 billones. Es obvio que las autoridades norteamericanas estaban tratando de evitar que sus filiales o sucursales de bancos europeos, en su sistema financiero, perdieran esa liquidez en apoyo de sus matrices.

Pero, fue recién en octubre de 2011 que el sistema financiero norteamericano sufrió el primer embate de lo que podría suceder en el futuro próximo, si los bancos europeos entran en problemas mayores. MF Global, una relativamente pequeña firma financiera con activos de alrededor de $ 40 billones, se declaró en bancarrota. Cuando Jon Corzine, ex Gobernador de New Jersey, accedió a ser su CEO en 2010, reforzó notablemente la estrategia de apostar a invertir en bonos soberanos de Europa, en el entendido de que los gobiernos de esos países y la Unión Europea no permitirían que cayeran. Corzine, que había sido anteriormente un muy alto directivo de Goldman Sachs, además de aconsejar a sus clientes que hicieran esas inversiones, utilizó el propio capital del banco en ello, efectuando las denominadas *"proprietary trading"*, que las recientes regulaciones bancarias han tratado de prohibir, aunque sin éxito. El problema es que no sólo apostó a valores riesgosos, sino que además lo hizo con dinero prestado, y, ante la demanda de sus acreedores de poner cada vez mas colaterales y carecer de dinero para ello, debió declarase en bancarrota. A inicios de noviembre de 2011 ya se sabía que por lo menos $ 700 millones de propiedad de sus clientes estaban perdidos, y se estimaba que habían sido usados sin su consentimiento para cubrir los márgenes requeridos y aportar los colaterales necesarios.

5.6. España carencia de un auto diagnostico realista

La crisis económica que asola España es el resultado de los efectos de la globalización financiera sobre una economía precariamente construida de espaldas al futuro. Los efectos de la globalización se muestran claramente en la medida en que la burbuja inmobiliaria y el masivo endeudamiento privado y público vivido en los últimos 20 años han sido consecuencia del exceso de liquidez mundial que inundó la península ibérica. La unión de España a la aventura del euro, y al sueño de la Unión Europea, estableció las condiciones básicas para que los inversionistas mundiales, con excedentes financieros, visualizaran el "riesgo España" como si fuera el mismo que el "riesgo Alemania", de modo tal que tanto España como el resto de países denominados ahora "periféricos", y especialmente los mediterráneos, tuvieron acceso a fuentes de financiamiento sin límite, y a muy bajas tasas de interés, cuando todos debieron tener claro que esa equivalencia no existía, ni ha existido en los últimos 500 años.

A los problemas económicos derivados del desinfle de su burbuja inmobiliaria, muy similares a los padecidos en Estados Unidos e Inglaterra, o por padecerse próximamente en otros países, se añade el exceso de endeudamiento público, contraído en una época de efervescencia política en la que todos al unísono festejaban el éxito económico nacional, sin percatarse que ello era consecuencia de factores externos y no de merecimientos propios. Qué festival de consumo público puede haber generado pasar de un superávit público de 2,2 % del PBI, en 2007, a un déficit de 11,1 % en el 2009, para lograr que España gane el campeonato mundial de incremento del gasto público en ese periodo. ¿Dónde estaban los ahora recalcitrantes defensores del expansionismo que hoy culpan a Alemania de todos los males que aquejan a la península?

Ante la poca información del público sobre el papel del endeudamiento público, tema históricamente recurrente en la formación de las crisis precedentes, Enrique Llopis, catedrático de la Universidad Complutense de Madrid, coordinó con otros catedráticos la emisión de una serie de análisis históricos de diferentes épocas pretéritas, con el fin de analizar los factores coincidentes, que arrojen luces para que los políticos del futuro no caigan en los mismos errores. Sin embargo, después de leer los siete artículos que analizan la evolución económica de España, desde la Edad Media hasta la actualidad, nos quedamos con la sensación de que, aparte de recrear los continuos errores de política económica en cada periodo, ninguno de los autores ha logrado destilar la esencia del problema económico estructural de España, que es muy similar al del resto de países europeos mediterráneos, y cuyo legado histórico se muestra en las similitudes con los países que emergieron a la independencia en el Siglo XIX en América Latina.

En efecto, existe en España una enraizada estratificación social y económica, perpetuada en el control político, y en la mentalidad de toda la sociedad, que impedía la movilidad social y el acceso de las grandes mayorías a los beneficios económicos. No es sólo que la monarquía monopolizara el poder político, desde los albores de la reconquista, sino que con el apoyo de la Iglesia Católica generó las bases estructurales que determinaron que el poder económico se concentrara en una elite política, increíblemente miope y egoísta, recusadora de cualquier cambio que tambaleara sus privilegios, y totalmente insensible al reto de un proyecto nacional que incorporara a las grandes mayorías en los beneficios del progreso.

Durante siglos, el derroche de los ricos, y de los políticos, fue resultado de una distribución de la renta desequilibrada, cuya mecánica empobrecía más a los más pobres y enriquecía aún más a los ricos. Como consecuencia de ello no se creaba mercado de consumo, la clase media nunca fue importante, la inventiva no se desarrollaba, la industria no destacó nunca en el ámbito mundial. Más importante aún, la mentalidad de los españoles, contaminada con su profundo catolicismo, derivó en valorizar actitudes improductivas y descartar la inversión como fuente de trabajo en la medida en que hacer dinero era despectivamente dejado a los judíos inicialmente y/o a los protestantes posteriormente. El cobro de intereses era usura y los trabajos productivos no eran valorizados como creadores de riqueza, destacándose más bien el éxito proveniente de la rapiña y explotación del oro y la plata de las colonias. Ningún español colonizó América en busca de trabajo, sino en búsqueda de riqueza fácil de conseguirse, explotándose a los nativos y las minas de oro y plata en donde exterminaron a millones de ellos.

Si la facilidad con que España se apropió del oro del Perú y de México generó la inflación y el catastrófico desenlace económico del denominado Siglo de Oro, la afluencia de dinero extranjero al sector inmobiliario generó el presente desenlace en la forma de desinfle de la burbuja inmobiliaria. Por otro lado, la composición del desempleo, casi exclusivamente conformado por trabajadores de muy bajo nivel cultural, "especializados" en poner ladrillos (en el sector construcción) o poner café (en el sector servicios turísticos) , desnuda la poca importancia que la educación ha tenido para las autoridades y para los mismos españoles, en su gran mayoría.

Desde los albores de la Edad Moderna, España, un país agrario fundamentalmente, desperdició sus ventajas comparativas sin aprovechar el potencial que poseía, fundamentalmente debido al sistema económico y político feudal que persistió debido a la estratificación social que se prolongó hasta nuestros días, por efecto de la monopolización ideológica que la Iglesia Católica impuso por la fuerza a toda la población, mientras que en sus vecinos del norte dicha estratificación social se aminoró considerablemente gracias a la diversificación de credos protestantes que "competían" por atraer a sus fieles, en una sociedad en la que la tolerancia triunfó sobre la intolerancia de Roma y de las monarquías católicas.

Por otro lado, el absolutismo político y religioso, creador de aventuras militares para crear imperios a costa de someter al resto de países de Europa y de lo que hoy es América Latina, generaba un costo que sólo podía ser cubierto con el aporte de los pobres campesinos que eran los únicos que pagaban impuestos, lo que generaba el continuo empobrecimiento del campo, y con endeudamiento, que posteriormente debía igualmente ser pagado con los impuestos aplicados a los pobres de las siguientes generaciones.

Si este modelo de sustentar las arcas reales funcionó formal y oficialmente por siglos, ese mismo modelo se recrea hoy con el comportamiento heredado de los poderosos de no querer pagar impuestos, generándose una evasión casi generalizada dentro de los estratos más altos de la población, mientras que los estratos bajos siguen buscando "ingeniosas" maneras de evitar pagar el costo total de la factura del gasto público, que sin ningún pudor le endosan los ricos. Peor aún, son igualmente los más pobres los que pagan normalmente el costo de la recuperación de las crisis, debido a la poca predisposición de los ricos de contribuir a aportar su concurso a la solución de un problema que ellos mismos crearon, porque ellos detentan aún el poder indiscutible.

Interesante resulta comparar este comportamiento estructural en España, con el presente desenvolvimiento coyuntural de la crisis económica y financiera Norteamericana, en donde los poderosos fueron los causantes de ella y ahora se niegan a pagar los impuestos que les corresponde, para dejar que la clase media financie un déficit, inmanejable también, que inhibe el consumo agregado que es el que realmente mantiene la maquinaria económica en funcionamiento.

VI. Globalización y competitividad

6.1. Impuestos corporativos

En Estados Unidos, la tasa promedio de impuesto a la renta a las corporaciones es el 35 %, y por ello resultó una mayúscula sorpresa para todos enterarse que la General Electric no tendría que pagar impuesto a la renta por el ejercicio 2010. Como respuesta a la gran cantidad de opiniones que expresaban su frustración, al enterarse que dicho gigante industrial no pagaba impuestos, un portavoz oficial manifestó que ello era así porque GE no tenía porqué hacerlo ya que "nosotros esperamos tener sólo una pequeña utilidad susceptible de ser acotada en Estados Unidos".

La respuesta era correcta ya que, además de que su filial financiera había tenido billonarias pérdidas en Estados Unidos, las más significativas utilidades de esa corporación multinacional provienen de sus operaciones en el exterior. Debido a que en 1997 las empresas multinacionales obtuvieron un tratamiento excepcional para no tributar sobre los ingresos provenientes de sus operaciones del exterior, la tasa real impositiva aplicable a la GE ha sido de 7,4 % en lugar del 35 % promedio.

Desde la perspectiva mundial, la tasa impositiva a las corporaciones en Estados Unidos es una de las más altas del mundo, como resultado de una competencia por disminuirlas en casi todos los países desarrollados, a la luz de la nueva realidad creada por la globalización. Desde 1986, en que Estados Unidos aprobó la escala tributaria más baja del mundo, la competencia desatada a nivel mundial, por disminuir las escalas y tasas en todos los países, ha convertido a este país en uno de los menos atractivos, tanto para las corporaciones nativas como para las extranjeras. Además, desde 1997 las mismas corporaciones norteamericanas han sido incentivadas para generar la mayor parte de sus ingresos en el extranjero, gracias al tratamiento especial aprobado para sus operaciones en el exterior.

La guerra desatada a nivel mundial para disminuir las tasas impositivas aplicables a las corporaciones, es una de las consecuencias más visibles de la lucha por atraer las inversiones y el conocimiento tecnológico. Anteriormente, al igual que los otros países desarrollados, Estados Unidos disminuía las tasas aplicables a las corporaciones, a la par que incrementaba las tasas aplicables a las ganancias de capital, dividendos e intereses ganados por los inversionistas como personas naturales. Sin embargo, desde los inicios del nuevo siglo, con el gobierno republicano de Bush, Estados Unidos ha ido en el sentido inverso, manteniendo altas las tasas aplicables a las corporaciones y disminuyendo significativamente las aplicables a los inversionistas.

La tasa promedio aplicable a las corporaciones, que era de 31,4 % como promedio a nivel mundial en 1999, ha disminuido al 25,9 %, en tanto que la misma tasa para la Unión Europea disminuyó del 34,8 % al 23,2 % en el mismo periodo. La tasa promedio para Estados Unidos se mantuvo en el 35 %. Como resultado de ello, las corporaciones norteamericanas han incrementado su interés en desarrollar mercados alrededor del mundo, estableciendo filiales que generan ingresos que no sean tributables en Estados Unidos. Por eso, las corporaciones con mayor presencia en el exterior pagan tasas menores que las que desarrollan sus actividades íntegramente en Estados Unidos. Si GE paga una tasa efectiva de 7,4 %, Disney o Target están en la tasa del 37 %.

La globalización ha desencadenado una fiera lucha por atraer las inversiones de las corporaciones. Las tasas de impuestos a las corporaciones en general han bajado a lo largo y ancho del mundo, a la par que se creaba incentivos adicionales para atraerlas. Es claro por ello que no es incrementando tales tasas en Estados Unidos que se logrará incrementar los ingresos fiscales, ya que ese camino genera incentivos perversos para que tales corporaciones incrementen sus esfuerzos por generar mayores ingresos en el exterior con el consiguiente daño al mercado laboral de Estados Unidos.

Las tasas aplicables a las corporaciones son uno de los elementos fundamentales en la toma de decisiones sobre adónde invertir, y ello obviamente repercute en la generación de puestos de trabajo, innovación, incremento de la productividad y, por ende, en el crecimiento económico. En este sentido, la Administración Obama está elaborando un proyecto de disminución de dicha tasa en Estados Unidos al 28 %, con el agregado de tratar de establecer incentivos para la inversión en el sector industrial, que es el que genera más puestos de trabajo, proponiendo para ellos una tasa de 25 %, en la medida en que este sector además contribuye al incremento de las exportaciones.

Es claro, asimismo, que el sistema tributario vigente, que afecta a las corporaciones, incentiva la toma de decisiones sobre inversiones en función de las ventajas tributarias en vez de tomar en cuenta factores de eficiencia económica, como queda demostrado por la tasa efectiva marginal que afecta el sector de servicios públicos (*utilities*), que es de sólo 14 % versus la tasa del 31 % que afecta al sector construcción.

6.2. Educación

En Estados Unidos, a fines de 2010, más de 8,5 millones de personas en edad de trabajar estaban viviendo con el seguro de desempleo, y de ese total, 6 millones de personas habían estado sin trabajo por más de 6 meses, y por ello se teme que Estados Unidos esté desarrollando un problema de desempleo estructural, especialmente entre los jóvenes y en actividades que requieren de mínima capacitación. Como consecuencia de ello, Estados Unidos no sólo está perdiendo competitividad en el proceso de globalización, sino que además la falta de oportunidades de empleo le cuesta anualmente más de $ 120 billones, es decir, casi el 1 % del PBI, en pagos a los programas de "*disability*".

El origen de ello subyace en la concentración de los esfuerzos educativos en una élite que es la que jala el avance en las tecnologías de punta, dejando a una gran parte de su población con su educación descuidada, lo que hace a ese sector altamente vulnerable a quedarse sin trabajo por la falta de destreza en los trabajos que, precisamente por la globalización, son los más vulnerables para ser trasladados a otros países en donde esa mano de obra es más barata.

Paradójicamente, precisamente dentro de la competencia desatada por la globalización, los esfuerzos de la Administración Obama están privilegiando el desarrollo de proyectos de alta tecnología en los campos de la energía, el transporte y la información, al mismo tiempo que la empresa privada privilegia las inversiones en Investigación y Desarrollo (R&D) que en 2008 alcanzaron al 2,8 % del PBI, el más alto rango alcanzado en su historia.

El gran problema para Norteamérica es que los beneficios de dicha estrategia están concentrados en una élite, y perjudicando a la gran mayoría de los trabajadores cuyos ingresos medios se han estancado y aún decrecido en términos reales. Más aún, los esfuerzos de Norteamérica por facilitar la inmigración de PhD's, a fin de incrementar la competitividad tecnológica, en clara lucha con los esfuerzos realizados por la China en ese campo, no ayudan a producir más fuentes de trabajo.

La globalización está produciendo consecuencias inesperadas para todos los países, y las respuestas de política económica en cada uno de ellos deben hacerlos conciliar prioridades antes nunca cuestionadas. En el caso de Norteamérica el principal problema derivado de la globalización es precisamente la creación de un desempleo estructural que podría convertirse en la fuente de graves problemas sociales de no mediar la implementación de políticas que mejoren el sistema educativo, a fin de elevar el nivel general de los menos favorecidos, atacando el origen del mal que es precisamente que un 35 % de los estudiantes de High School abandonan sus estudios antes de terminar, y que ese porcentaje se eleva al 70 % en el caso de los de origen afroamericano.

La obvia respuesta al problema más grave de Estados Unidos no ha sido incluida en las agendas de las discusiones políticas, en donde éstas giran en torno al problema económico de corto plazo, sin plantear ninguna solución al problema de la educación. No debe haber ninguna duda de que el avance incontenible de la tecnología privilegia el crecimiento de las desigualdades sociales, originadas en la desigual educación y potenciadas por el incremento de la desigualdad económica.

Una notable y terrible opinión discrepante sobre las causas de esta situación, y que explicaría porqué durante un periodo tan largo la educación ha venido a menos en Estados Unidos, es la de Noam Chomsky, filósofo, lingüista, historiador, profesor emérito del MIT, y activista ideológico de izquierda, en ejercicio, a pesar de sus más de 84 años, quien sostiene, en la séptima de las estrategias de manipulación de los medios que: "La calidad de la educación dada a las clases sociales inferiores debe ser la más pobre y mediocre posible, de forma que la distancia de la ignorancia entre la clases inferiores y la clases sociales superiores sea y permanezca imposible de alcanzar para las clase inferiores"[18]. Es realmente la mejor, pero también más penosa, explicación que he leído para entender el poco interés de las autoridades norteamericanas sobre la educación, la cual conozco bastante de cerca, ya que mi esposa es profesora de educación inicial, en una zona de población hispana y afroamericana de bajos ingresos.

Sólo a raíz de las poco afortunadas declaraciones de uno de los candidatos republicanos a la presidencia, en las elecciones primarias de ese partido, Rick Santorum, es que ha salido a la discusión pública el tema de la educación. Santorum ha llamado al Presidente Obama, un "*snow*" por pretender que todos los estadounidenses vayan a las universidades, retoma una larga y vieja tradición republicana que considera que las universidades preparan a los alumnos para su "vida en otros planetas", en alusión a una frase de Andrew Carnegie, que identifica la formación universitaria con una real desvinculación con la realidad norteamericana.

Aun cuando dicha opinión se refería a un tema más doctrinario que real en esa época, en la actualidad sí toma vigencia en el sentido de que las más prestigiosas universidades son la cuna de aquellos altos ejecutivos que han enviado a todo el país a la crisis económica, por su carencia de valores morales, precisamente por su desvinculación con la realidad. Poco conocido, además, es el hecho de que los estudiantes provenientes de familias con ingresos anuales mayores de $ 100 mil, que acceden a las universidades de elite, entran a ellas precisamente porque los resultados de sus test, denominados SAT, son 100 puntos en promedio por encima de los estudiantes que proceden de familias con ingresos de entre $ 50 mil y $ 60 mil anuales. Es obvio que la diferencia es aún mayor con los estudiantes que proceden de familias de más bajos ingresos, ya

18 Noam Chomsky; 10 estrategias de manipulación a través de los medios

que esos resultados reflejan la enorme diferencia que se genera entre los estudiantes que van a colegios privados, de alto costo, y los que proceden de colegios públicos, gratuitos y de ínfimo nivel educativo.

Por la razón de que la mayor parte de los profesionales que salen de las más prestigiosas universidades proceden de las clases altas o medias altas, su desvinculación con la realidad de la sociedad norteamericana en su conjunto le da la razón a Carnegie, y ello se hace más evidente cuando se puede fácilmente comprobar que la mayor parte de los ejecutivos que desarrollan sus actividades en Wall Street proceden de dichas canteras. Para abundar más en la posición de la derecha republicana sobre la educación, debe destacarse la respuesta de Mitt Romney, el más probable contendor de Obama en las elecciones de noviembre, ante la pregunta de un joven sobre su imposibilidad de ingresar a una universidad del grupo de las denominadas *"Ive league"*, dados sus escasos recursos económicos: "No vaya a una que tiene alto costo. Vaya a una de menor costo… y no espere que el gobierno le condone la deuda que adquiera".

Razón tiene Chomsky, no sólo respecto al poco interés de los políticos por mejorar la educación pública inicial, sino además por el de renovar la manera como históricamente Norteamérica ha apoyado a la educación como el mejor medio de lograr la necesaria movilidad social. Mientras Santorum culpa a las universidades de "minar la fe", Romney refuerza el parámetro de los ingresos como el elemento fundamental para acceder a las universidades más importantes. Ante tales opiniones, no debe llamar la atención que la derecha republicana cuestione la veracidad de las investigaciones científicas sobre los efectos del cambio climático y sobre la teoría de la evolución. A ninguno de ellos les interesa que los costos de la educación en las universidades públicas se hayan incrementado en un 70 % en los últimos 4 años.

6.3. El destino del dólar

El poder hegemónico mundial de Estados Unidos fue la causa, y al mismo tiempo la consecuencia, de un dólar fuerte. El dólar sustituyó masivamente como medio de cambio universal a la Libra, hace casi un siglo, y desde entonces ha disfrutado de un poder indiscutido. La fortaleza del dólar, que atraía a los inversionistas, contribuyó al espectacular crecimiento económico de Estados Unidos en las dos últimas décadas del siglo XX.

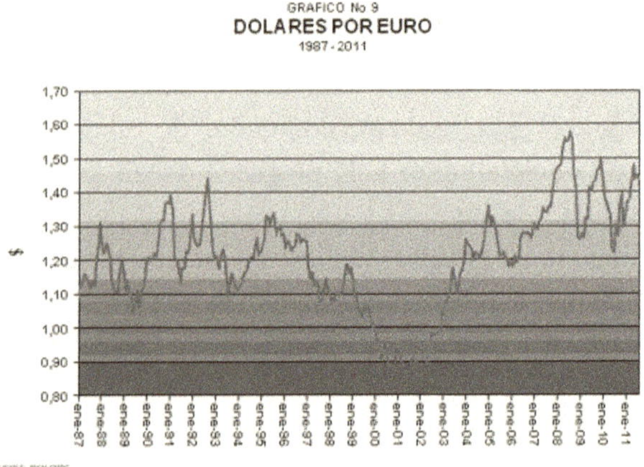

¿Cómo ahora, en medio de una crisis económica y financiera sin precedentes, muchos economistas claman por una devaluación del dólar en forma directa, o los políticos y autoridades económicas y monetarias norteamericanas les reclaman a las autoridades chinas que tomen medidas para revaluar el yuan, lo que implícitamente, y de forma indirecta, no es otra cosa que solicitar su ayuda para devaluar el dólar frente a esa moneda?

Si por un lado la hegemonía mundial siempre se ha asociado con un dólar fuerte, ¿la devaluación de esta moneda significará el fin de la hegemonía Norteamericana, y la sustitución del dólar por otras monedas, como medio de intercambio internacional?

No necesariamente, ni de manera inmediata ni automática. Pero sí es un anuncio temprano de que esta divisa dejará de ser, en algún momento, la divisa por excelencia y la única fuente de intercambio internacional.

Es difícil de establecer cuándo se inició la cadena de causas que están trayendo abajo al dólar. Lo que sí es claro, es que la tendencia devaluatoria iniciada en el 2002 se detuvo momentáneamente en el 2009, no porque los problemas económicos y financieros de Estados Unidos se hubiesen solucionado, sino porque los problemas de Europa hicieron eclosión. Dado que las alternativas del euro y de la libra dejaron de ser claramente atractivas para los inversionistas, debido a la crisis europea, estos regresaron al dólar, a pesar de conocerse de la debilidad intrínseca de la economía americana. A partir de allí, nótese las fluctuaciones que no son otra cosa que los continuos cambios de percepción por parte de los inversionistas, de cuál moneda está en peor riesgo que la otra.

El yuan o remimbi tampoco constituye una alternativa, de corto o mediano plazo, como divisa de intercambio internacional, no sólo porque físicamente no está disponible a nivel global en las proporciones necesarias, sino porque realmente ni la economía china ni el estado chino generan la confianza necesaria a nivel internacional para considerar a su moneda como un "depósito de valor" y "medio de intercambio", estable y, sobre todo, confiable.

Debe recordarse que para que el yuan se convierta en "medio de intercambio" aceptado universalmente, es necesario que esté físicamente disponible para ser usado, y para que ello ocurra debe darse en forma persistente, y por un largo periodo, un desbalance del comercio internacional de China exactamente inverso al que se está y seguirá produciéndose por algunos años más. Nos referimos a que del superávit comercial que hoy le genera excedentes de dólares, debe pasar a generar un déficit comercial que deje yuanes en el exterior. Este proceso debe ser persistente y durar una buena cantidad de años, para permitir la acumulación de yuanes en los bancos de los otros países del mundo.

Pero para que esos yuanes sean fácilmente aceptados como "depósito de valor", tanto la economía china como su estructura política deben generar confianza en los ahorristas mundiales. El problema es que la confianza se genera con los años a través de la estabilidad política, que a su vez es consecuencia, fundamentalmente, de la libertad y de la democracia, no sólo instituida formalmente sino aceptada y ejercida con plenitud y sin las posibilidades de que en algún momento las reglas del juego sean alteradas por situaciones inmanejables. Estados Unidos, desde su aparición en la escena política mundial, ha disfrutado de una estabilidad política sólo comparable con la de Suiza, y ello ha sido posible porque las diferencias económicas entre su población no han generado, hasta ahora, expectativas revolucionarias que son las que desestabilizan las instituciones.

Lamentablemente China no brinda un escenario de madurez política, ni de economía homogénea, que asegure una transición hacia la democracia en los próximos decenios. Es cierto que la magnitud de su economía, el tamaño de su población y las políticas económicas en marcha aseguran que el crecimiento económico dará como resultado que esa economía supere en magnitud a Estados Unidos antes de 20 años, pero nada garantiza que ese proceso se dé en condiciones de estabilidad, libertad y justicia que sienten las bases de un estado democrático. Para ello, debemos esperar mucho más que 20 años, y, mientras tanto, pocos son los inversionistas que confiarían sus depósitos a largo plazo para que sean mantenidos en yuanes.

La hegemonía del dólar, por el momento, no está por tanto amenazada ni por el Euro, ni por la Libra, ni por el Yuan, y mucho menos por el Yen, dados los problemas económicos y financieros estructurales de Japón, agudizados por sus recientes desastres naturales.

Las fluctuaciones del dólar deben entonces observarse como las lógicas consecuencias de los ajustes económicos estructurales que la economía norteamericana está sufriendo, así como de los movimientos del capital internacional como consecuencia de dichos ajustes. Es evidente que, dada la magnitud de los capitales en movimiento alrededor del mundo, estas fluctuaciones hoy, en medio de la globalización, son mayores que las que nos asombraban hace una pocas décadas, cómo la movida de Soros que hizo tambalear a la libra.

Si bien los economistas y políticos norteamericanos apelan a una devaluación ordenada del dólar, a efectos de ganar competitividad en el mercado internacional, e incrementar sus exportaciones como medio para estabilizar su balanza comercial, no es de esperarse que este proceso se reinicie en un corto plazo dados los problemas financieros que afectan a la Unión Europea y que generan la percepción de un euro en peligro, no sólo por los efectos que podría tener la aceptación, por parte de los acreedores, de un proceso de reestructuración de la deuda soberana de las economías europeas periféricas, como única salida a la crisis, sino además por el peligro potencial que ese problema significa para la permanencia de la Unión Europea. No hay por tanto posibilidades, en un mediano plazo, para que un euro fuerte ayude a producir una devaluación de la moneda norteamericana.

He ahí la explicación del porqué los economistas y políticos norteamericanos concentran sus esfuerzos en lograr una revaluación del yuan. Esta estrategia tropieza, sin embargo, con los intereses chinos, en el corto plazo, porque ello implica perder competitividad en el mercado internacional y por lo tanto exportar menos y pagar más por lo que importan.

Por otro lado, no debe de perderse de perspectiva que, en teoría, al menos, un debilitamiento de la divisa norteamericana implica una consecuente pérdida de confianza de los inversionistas internacionales, y por lo tanto un incremento del costo de la deuda norteamericana. Debe suponerse que bajo las actuales condiciones de crisis económica y financiera, el costo de los Bonos del Tesoro debería incrementarse, y ello no sólo no ha sucedido, sino que el *yield* de los mismos ha seguido disminuyendo. Creemos que eso es consecuencia de la falta de oportunidades alternativas para los inversionistas globales, dadas las condiciones económicas negativas de Europa y Japón, y los temores que despierta entre los inversionistas el aún poco conocido sistema financiero chino y los controles establecidos por sus autoridades, al libre ingreso y salida de capitales.

En conclusión, los graves problemas estructurales de la economía norteamericana no deben producir, en el corto a mediano plazo, una devaluación de la divisa norteamericana, debido a que los problemas económicos europeos y del euro son aún mayores, a los ojos de los inversionistas internacionales, y a la falta de una divisa alternativa con el suficiente prestigio y estabilidad que goce de la confianza de los inversionistas.

Ello, evidentemente, si la FED no actúa en la línea de explicaciones poco edificantes, como la expresada por el mismísimo Alan Greenspan, anterior presidente de esa institución, el cual, a propósito de la discusión del techo de la deuda y alto endeudamiento de Estados Unidos, manifestó, textualmente, que “Estados Unidos pueden pagar cualquier nivel de deuda, porque nosotros podemos imprimir la moneda necesaria para ello”. Cierto, pero lo que no manifestó fue que ello podría acarrear la pulverización del valor de esa divisa, al estilo de lo que ocurrió en Zimbawe, donde se demostró que sí hay un límite a ese estilo de política económica.

6.4. Competencia de los países emergentes

El amanecer del siglo XXI nos depara una coyuntura económica imprevista, como resultado de la acción desencadenada por la globalización. En teoría, la globalización fue abrazada con fuerza por los países desarrollados a efectos de expandir su poder económico mundial, y fue impuesta a los países en desarrollo a efectos de que ellos abriesen más sus fronteras a los productos y servicios exportados por los primeros. Probablemente nadie previó el actual desenlace.

Mientras Norteamérica, Europa y Japón hoy se encuentran sumidos en problemas económicos y financieros difícilmente manejables, y con alternativas de solución de difícil aceptación política por las duras consecuencias para sus contribuyentes y consumidores, los denominados países emergentes, como China, India y Brasil, ingresan a la competitividad industrial en la carrera por alcanzar el desarrollo gracias a 10 continuos años de crecimiento económico impresionante.

Las causas originarias del presente desenlace no han sido estudiadas por los economistas, y me atrevo a suponer que muchos de ellos simplemente entienden la situación presente como una consecuencia lógica de la economía de mercado, en un mundo globalizado. Sin discrepar de esa suposición, que implícitamente acepta la presentación de los desequilibrios económicos estructurales como un proceso natural de ajuste de las economías en el marco de la globalización, debo destacar que este proceso fue acelerado y reforzado por un exceso de capitales que han inundado la economía mundial desde hace una década, sin que nadie cuestione la conveniencia o no de esa exagerada masa financiera.

Desde mi particular punto de vista, el exceso de capitales, generado por la economía norteamericana, inicialmente produjo la formación de la denominada Burbuja Bursátil que finalmente hizo eclosión en marzo de 2000, para posteriormente generar la Burbuja Inmobiliaria, cuyo posterior desinfle se inició en julio de 2006 y que fue la causa primigenia y más importante de la crisis financiera que desembocó finalmente en Gran Recesión de la economía norteamericana entre 2007 y 2010. Ese mismo exceso de capitales ha sido el causante directo de la denominada Crisis Soberana que afecta al sistema financiero europeo, y que podría poner en peligro a la misma Unión Europea.

Parte de esos excedentes financieros, también explica la muy buena performance experimentada por las economías emergentes, ya que, sin quitarle méritos a las políticas económicas y monetarias implementadas por sus respectivos gobiernos, no debe menospreciarse el rol jugado por los capitales internacionales, algunos destinados a inversiones reales y otros a inversiones especulativas en las bolsas de valores y en los mercados inmobiliarios, que han generado también la formación de burbujas bursátiles e inmobiliarias que felizmente todavía no se desinflan, en la medida en que los inversionistas internacionales aún observan esas economías con menor aprehensión que a las economías desarrolladas.

Al rol jugado por los excedentes financieros debe agregarse el papel de la economía china, que durante los últimos 10 años sustituyó a la economía norteamericana como la locomotora que jala al mundo, gracias a la ingente demanda de materias primas, minerales, petróleo, alimentos y bienes industriales, todo lo cual explica el proceso de inversiones productivas en los distintos sectores económicos, la creación de empleo, la generación de excedentes económicos, el incremento de la recaudación tributaria y las consecuentes inversiones del estado en los sectores de transportes, comunicaciones, salud y educación, que han permitido que en estos últimos 10 años muchas economías emergentes recuperen el tiempo perdido en los anteriores 50 años.

Dos son, sin embargo, los peligros que amenazan la continuación de este proceso: (a) en primer lugar, el proceso inflacionario, como consecuencia del recalentamiento de esas economías debido a las tasas de crecimiento excesivamente elevadas, y; (b) el desinflc de sus burbujas inmobiliarias y bursátiles debido a corridas de capitales, especialmente los especulativos, como consecuencia de desarrollos políticas que ahuyenten a esos inversionistas. El peligro de la inflación amenaza mayormente a China e India, en tanto que las incipientes democracias occidentales, con Brasil a la cabeza, están más amenazadas por sus propios vaivenes políticos.

Otro peligro que amenaza a este crecimiento es que los países desarrollados logren estabilizar sus respectivas economías, lo que crearía las condiciones para que gran parte de los capitales, principalmente los especulativos, retornen a esas economías centrales, con lo que la primavera vivida en los países emergentes podría convertirse en un frígido invierno económico a resultas del desinfle de sus burbujas financieras.

VII. La gran recesión esta de regreso

7.1. ¿Inicio de la *double dip* en Estados Unidos?

A mediados de junio de 2011 ya era obvio para algunos economistas, en Estados Unidos, que las medidas de reactivación implementadas por la Administración Obama habían cesado de tener efecto y que, más bien, se estaban ya presentando los síntomas de una probable recaída (*double dip*), debido a que el crecimiento del PBI en los meses siguientes, se temía, podría tornarse negativo nuevamente.

Normalmente después de cada una de las últimas dos recesiones, como fue el caso de las de 1974-75 y 1980-82, la economía tiende a crecer a altas tasas, incluso del 6 % anual en los trimestres posteriores, como resultado de la recuperación de la demanda y del consumo. Esta vez, sin embargo, no se está produciendo eso, sino que, por el contrario, el consumo, privado principalmente, sigue deprimido debido a dos factores fundamentales: (a) el alto desempleo que se mantiene en 9,1 %, lo que aleja a más de 10 millones de trabajadores y sus familias de los mercados de consumo, y (b) la pérdida de capacidad real de consumo de la clase media y la clase trabajadora que son las más golpeadas por la crisis económica y por la transferencia de ingresos reales hacia la clase más alta, la que además se ha beneficiado doblemente por el recorte de impuestos aprobado inicialmente por la Administración Bush. Sabido es que las clases bajas y medias tienen una mayor propensión al consumo que la clase alta, que tiene una mayor propensión al ahorro.

En esos momentos los datos del crecimiento del PBI en el primer trimestre de 2011 mostraban que había sido de sólo 0,8 %, muy por debajo del proyectado por todos los economistas, y el estimado para el segundo trimestre no estaba muy por encima. En el mes de mayo sólo se crearon 54 mil empleos, muy por debajo de los 100 mil necesarios para siquiera mantener la previamente vigente tasa de desempleo de 9,1 %. Se estima que para lograr bajar la tasa de desempleo al 5 %, tradicional y previo a la crisis, sería necesario agregar 187 mil empleos mensuales durante los siguiente 9 años, creciendo a una tasa anual promedio de 3,3 %. Los resultados de los dos siguientes trimestres también estuvieron por debajo de ese mínimo.

La caída en el empleo es consecuencia, fundamentalmente, de la crisis en el sector de construcción y en el sector financiero, como resultado del desinfle de la burbuja inmobiliaria. Por otro lado, la recesión ha empujado a muchas empresas, de todos los sectores, a despedir trabajadores debido a la caída en el consumo.

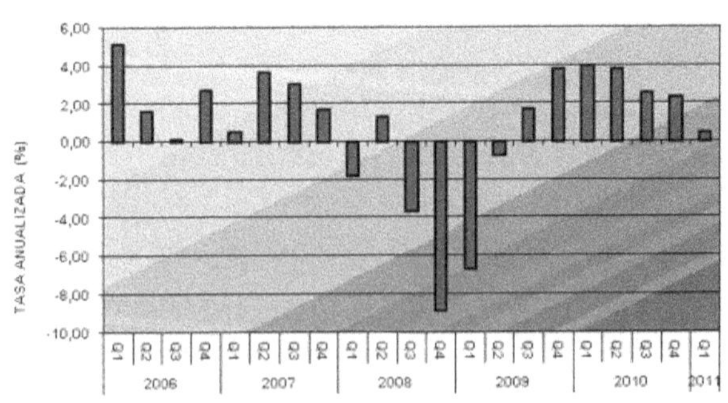

FUENTE: U.S. DEPARTMENT OF COMMERCE: BUREAU OF ECONOMICS ANALYSIS

La globalización, y las ventajas comparativas, han empujado a muchas corporaciones norteamericanas, con operaciones alrededor del mundo, a diversificar la localización de sus plantas industriales, acercándolas a los nuevos consumidores en los países emergentes. Peor aún, otro efecto de la globalización es que muchas empresas norteamericanas, especialmente industriales, han debido disminuir su fuerza laboral debido a la pérdida de mercados como consecuencia de los mejores precios ofrecidos por las empresas de otros países, mucho más competitivas en términos de salarios y beneficios a sus trabajadores.

Los únicos sectores que han permanecido inmunes a los efectos de la competencia laboral externa son los vinculados a servicios, que no sufren de competencia por efecto de la globalización, como el turismo, o servicios para los cuales Estados Unidos goza de ventajas comparativas como el de cuidados de la salud. El gran problema del desempleo es entonces que es prácticamente imposible para Estados Unidos competir en el mercado globalizado de la mayor parte de sectores económicos, que son los que históricamente han generado la mayor cantidad de puestos de trabajo en Estados Unidos.

El caso más dramático del desempleo es el de los jóvenes, cuya tasa alcanza a 24 %, muchos de los cuales se han preparado en los años anteriores para trabajar en el sector financiero que hoy día no ofrece posibilidades, habiéndose descuidado la preparación de jóvenes para otro tipo de actividades de mayor demanda potencial en el presente.

Bajo esta perspectiva de caída en el consumo, es entendible la prudencia de las empresas para reinvertir sus ingentes utilidades en Estados Unidos. Sólo en el último trimestre del año 2010 las empresas norteamericanas generaron $ 1,68 trillones, y dichos recursos se encuentran inmovilizados o están siendo invertidos en el extranjero.

Para hacer aún más dramática la situación y las perspectivas, los precios de la gasolina saltaron a $ 3,90 por galón, un incremento de 30 % respecto al mes de diciembre anterior, lo que ha incidido en la retracción en el consumo de otros bienes. Los precios de las casas continuaron cayendo en 2011, y los analistas estiman que seguirán cayendo otro 10 a 12 % en los siguientes 12 meses, lo que determina que los bancos se muestren renuentes a prestar para inversiones inmobiliarias, lo que restringe el desarrollo del sector construcción y la recuperación del empleo.

De acuerdo a los economistas una "*double dip*" ocurre cuando la recuperación previa no ha establecido las bases para un real crecimiento sustentado en el incremento del consumo y disminución del desempleo. Normalmente va, además, acompañada de inflación. La mayor parte de los economistas presentan como ejemplo de este fenómeno la recaída ocurrida en el cuarto trimestre de 1981 y primer trimestre de 1982, después de la recuperación posterior a la recesión sufrida en el segundo y tercer trimestre de 1980. Hay, sin embargo, un mejor ejemplo de recaída, y es la sufrida entre 1937 y 1938, que no fue otra cosa que una "*doble dip*" de la Gran Depresión. Desde esa perspectiva la Gran Recesión, que empezó en 1929, tuvo una primera caída entre 1929 y 1933 para recuperarse débilmente entre 1934 y 1936. En este último periodo, sin embargo, la tasa de desempleo no bajo del 12,2 %.

A pesar de las evidencias al respecto, el Presidente Obama se encuentra en la necesidad de menguar los temores, habiendo manifestado directamente el 13 de junio de 2011 que el país no se encontraba en riesgo de caer en una "*double dip*", y que la clave era "no entrar en pánico". Dichas declaraciones eran lógicas no sólo para tratar de disipar los temores, que son más la manifestación, que la real causa de una nueva recesión, sino muy especialmente a fin de no conceder ventajas a sus potenciales contrincantes republicanos en la carrera a la Casa Blanca en 2012. He ahí otro ingrediente que agrava las perspectivas.

Sin recursos fiscales y sin autorización para incrementar los límites de endeudamiento, muy pocos son los instrumentos económicos disponibles para evitar el desenlace. A diferencia de Franklin D. Roosevelt, Obama no dispone de la aprobación de la mayoría de los norteamericanos para utilizar los recursos fiscales y evitar la catástrofe. El "*timing*" para tomar decisiones adecuadas tampoco le es favorable, ya que su única herramienta para ganar las elecciones son "sus buenas intenciones" más que realidades concretas. En otras palabras, utilizar el "verbo" para convencer a los votantes durante un largo periodo, en el que lo que se necesita es inyección de recursos fiscales al estilo de Roosevelt, lo que, de acuerdo a las encuestas, no seria bienvenido por los votantes en esta ocasión.

La discusión sobre la aprobación del límite de deuda pública autorizada y del recorte del déficit fiscal, que nos muestra las posiciones ideológicas más que políticas y económicas del problema de ambos partidos, y la probable solución de consenso a la que deberá arribarse, incrementan los temores de que la recaída en la Gran Recesión podría agudizarse en la medida en que serán dejados de lado las dos herramientas racionales para controlar ambos problemas: el incremento de impuestos y el recorte del Medicare y la Seguridad Social.

Suponer que, mediante recortes fiscales a los denominados "gastos discrecionales", que representan sólo el 30 % del presupuesto, pueda permitir llegar a $ 500 billones de ahorros anuales durante los siguiente 10 años, no sólo es carente de sentido común, sino además peligrosísimo, en la medida en que esos recortes y la escala de los mismos dañarán inevitablemente más a la economía, prolongando la pesadilla del desempleo con los consiguientes efectos colaterales y derivados, que la lógica solución de incorporar ambos temas a la solución del problema, cuyo recorte generaría efectos económicos adversos, pero sin lugar a dudas menores y más llevaderos para todos los norteamericanos.

La visita de Ángela Merkel, Canciller de Alemania, a mediados de junio de 2011, sirvió para mostrarnos cómo el mundo occidental y desarrollado, casi en su totalidad, se encuentra envuelto en problemas económicos y financieros graves, todos ellos como resultado de la globalización. Debido a lo antagónico de sus posiciones ideológicas y de los modelos de desarrollo que Estados Unidos y Alemania propugnan, las declaraciones públicas ella y Obama, al término de su reunión, grafican la gravedad de la situación. Mientras que Obama se manifestó preocupado por la crisis griega que podría repercutir en Estados Unidos como consecuencia de una recesión en Europa, Merkel retrucó elegantemente sobre la necesidad de reducir la deuda norteamericana para terminar manifestando, "pienso que cada uno tiene que lidiar con sus propios problemas".

7.2. Diagnóstico equivocado

En agosto de 2011, despues de la degradación de la deuda norteamericana a la calificación AA+ por parte de S&P, y cuando el oro alcanzó $ 1 800 por onza, ya algunos economistas nos empiezan a recordar algunas semejanzas, de esta actual coyuntura, con la vivida por la economía japonesa a partir de 1980.

Para situar al lector en la magnitud de la catástrofe económica japonesa, baste decir que a finales de los 80's la burbuja inmobiliaria japonesa había llegado a extremos inconcebibles, de manera tal que sólo el valor del Palacio Imperial equivalía a todo el valor del Real Estate de California; es decir, unos miles de metros cuadrados en Japón equivalían a varios cientos de miles de kilómetros cuadrados en California. El desinfle de la burbuja inmobiliaria del Japón género las condiciones económicas y financieras para postrar a la economía japonesa por más de 30 años, sin que hasta el 2011 haya recuperado los niveles de actividad económica vigentes antes de 1990. Conjuntamente con la burbuja inmobiliaria, que se desinfló en un 80 %, entre 1989 y 2001, el índice Nikkei igualmente cayó desde 40 mil a 12 mil puntos en el mismo periodo.

Entre 1991 y 1998, utilizando las herramientas keynesianas, el gobierno inyectó a la economía japonesa alrededor de $ 1,0 trillón (equivalente a 100 trillones de yenes), a fin de estimular la economía, lo que llevó su deuda pública a superar el 100 % del PBI. Igualmente inyectó $ 100 billones en su sistema bancario en 1996 y otros $ 500 billones en 1998, a efectos de reponer las pérdidas bancarias originadas por el no repago de las hipotecas, y para recapitalizar a los bancos, lo cual ayudó a la supervivencia del sistema financiero, pero no a que reasumieran su rol de intermediarios financieros eficientes en esa economía, permaneciendo como zombis, muertos en vida, sin generar utilidades ni captar ahorros y, mucho menos, realizar colocaciones, a pesar de la tasa de interés cero vigente hasta ahora. La tibia reactivación económica del Japón, en años recientes, más se debe al impacto de la demanda de productos por parte del mercado chino, que al resurgimiento de la demanda interna, que aún hoy día se encuentra deprimida.

Han transcurrido casi 4 años desde que se inició el desinfle de la burbuja inmobiliaria en Estados Unidos, en 2007, y 3 años desde la quiebra de Lehman Brothers, que marca el inicio de la crisis financiera que afectó al sistema financiero norteamericano, y recién en agosto de 2011, algún economista nos da la pista de que, lo que hasta ahora han hecho la Administración Bush, primero, y luego la Administración Obama, no es la receta correcta a aplicarse, a una situación similar a la japonesa. La mayor parte de los economistas de "agua salada", que son los que han estado al frente de la política económica de Obama, nos convencieron a todos que la Gran Recesión tenia características muy similares a las de la Gran Depresión, y que por tanto las recetas keynesianas eran las más adecuadas para combatirla, dado el éxito obtenido por Franklin D. Roosevelt.

Más importante aún, ahora, es saber que la receta keynesiana aplicada en Japón, dio origen a un *"doble dip"*, donde su PBI se contrajo una segunda vez y el déficit fiscal se expandió notablemente hasta convertir a esa nación en la más endeudada de la tierra, y cuyos bonos soberanos se encuentran calificados, aún ahora, al nivel de los países menos desarrollados del mundo.

Sin especular que ese desenlace sea el mismo para un problema como el que vivimos en Estados Unidos, sí es obvio que el diagnóstico inicial del problema no ha sido el correcto y, por ello, las medidas tomadas no han dado ni darán los resultados esperados. Richard C. Koo, Jefe de Economistas del Instituto de Investigaciones Nomura, ha sido el primero en dar el campanazo de alerta[19]. Dice él que la Gran Recesión, desencadenada por la crisis financiera, tiene sus origenes en el excesivo endeudamiento de los hogares norteamericanos, que incentivados por las politicas gubernamentales del sueño de la casa propia, generaron, con el apoyo del sistema financiero y la falta de regulaciones adecuadas, la formación de una burbuja inmobiliaria, cuyo desinfle ha ocasionado el terrible desenlace. Aun cuando pudiera parecer que se trata de un trabalenguas, es importante diferenciar los causantes originales, los desencadenantes de la crisis, y los aspectos accesorios, coadyuvantes, o que contribuyen a profundizar la crisis.

De acuerdo a Koo, la causa fundamental de la Gran Recesión es el "endeudamiento de los hogares", que ha generado que estos, hoy día, se encuentren en un proceso claro de desendeudamiento, es decir, ahorro, que les impide retomar su rol de consumidores, al ritmo de épocas anteriores, lo que

19 Richard Koo; America failed to learn from Japan's experience with balance-sheet recession; The Economist; August 5th, 2011

determina que la principal locomotora de la economía norteamericana, que es la demanda, se encuentre poco menos que paralizada. Este proceso de desendeudamiento apenas ha comenzado. La deuda de los hogares, que llegó a su pico en 2007, cuando llegó a representar el 130 % del ingreso disponible, apenas ha caído al 115 %, y ello debido fundamentalmente a los *foreclosures*.

El disminuir la presión financiera sobre los hogares, no ha sido, ni de cerca, el objetivo central de la política económica desde que se desencadenó la crisis, y ello podría deberse a uno de dos factores, si no a los dos: (a) los economistas y políticos a cargo del gobierno, no evaluaron adecuadamente el origen de la crisis; y/o (b) las presiones políticas de los lobbies orientaron las acciones de política económica a solucionar el problema financiero de los intermediarios, es decir, el sistema financiero, en lugar de actuar sobre la causa real.

Mientras que las políticas económicas puestas en acción impactaron favorablemente en el sistema financiero, el cual fue salvado del colapso en 2008, con los *bailouts* implementados por las administraciones de Bush y Obama, los deudores, quienes realmente están causando la recesión económica, no sólo no fueron ayudados, sino, lo que es peor, siguen siendo perjudicados por un desinfle de la burbuja inmobiliaria que no tiene cuándo acabar. No sólo el gobierno, a través del Tesoro, se equivocó en el diagnóstico, sino, además, la FED tampoco atinó a auxiliar al real moribundo, sino que, con sus operaciones de *Quantitive Easing*, proporcionó aún más liquidez al sistema financiero que ya estaba convaleciente.

De nada le ha servido a Norteamérica la lección del Japón, y tarde nos damos cuenta que, sin atacar el mal originario de raíz, lo único que estamos haciendo es postergar la solución del problema, que cada vez se pone peor.

La correlación de fuerzas políticas a fines de agosto de 2011, con los republicanos maniatando a la Administración Obama, y las mínimas expectativas sobre lo que puede lograr la Super Comisión nombrada para proponer las medidas de recorte del déficit fiscal, permiten suponer que en los próximos meses y hasta que se defina el nuevo gobierno, es decir, en noviembre de 2012, pocas son las medidas de estímulo a la economía que podrían ser emitidas por las autoridades económicas en Estados Unidos.

A diferencia de la crisis de 2008, cuando la mayor parte de los gobiernos de los países industrializados mayormente coincidieron en la necesidad de emitir medidas fiscales de estímulo a sus respectivas economías, en agosto de 2011 es casi igualmente unánime la actitud contraria, en la medida en que el temor fundamental de los políticos es la magnitud de la deuda y los déficit fiscales de todos los países desarrollados. Queda claro, entonces, que resulta prácticamente imposible que la Administración Obama pueda lograr estimular la economía norteamericana con medidas keynesianas a la imagen de las de Roosevelt.

Ante esa parálisis, por parte del gobierno, ya se empieza a escuchar ciertas voces sobre medidas poco ortodoxas orientadas a generar efectos estimulantes a la economía, sin hacer uso de las tradicionales medidas fiscales.

Nos referimos a medidas monetarias que deben emanar de la FED y que, según ciertos economistas, podrían ayudar a reactivar la economía. Scott Summer, de la Bentley University, considera que la FED debería cambiar el objetivo a controlar. En lugar de controlar la inflación, estableciendo metas de crecimiento del PBI Real, debería establecer como meta el crecimiento del PBI Nominal, dejando su inflexibilidad sobre el control de la inflación, a efectos de que ciertos precios puedan crecer por encima del 2 % establecido como meta anual desde hace más de 20 años. Sostiene Summer que el mismo objetivo establecido podría cambiar las expectativas de los inversionistas y consumidores, y que si ello no sucede, existe la posibilidad adicional de emitir dinero, vía más medidas de *"Quantitative Easing"*, que podrían poner más dinero en manos de los consumidores.

Si bien para la mayor parte de los políticos y economistas, una propuesta como la arriba descrita sucintamente podría incubar las condiciones necesarias para la reaparición de una inflación descontrolada, como la que afectó Norteamérica en los 70, para Ben Bernanke la estrategia descrita no debería sonar a herejía, si recordamos su posición hace 10 años, como profesor de Economía en Princeton, cuando reclamaba a las autoridades económicas japonesas la implementación de soluciones al estilo de las de Roosevelt para estimular el crecimiento de la demanda, que "crecía demasiado lentamente para la salud del paciente".

Es obvio que ahora que, en calidad de actor principal, y no de espectador, Bernanke no se encuentra en posición de realizar experimentos, y menos aún cuando sobre su cabeza pende como espada de Damocles la amenaza de Rick Perry, postulante a candidato republicano a la presidencia en las elecciones de noviembre de 2012, de declarar que debería ser considerado traidor si transita por la senda de emitir moneda que sea destinada a estimular la economía.

7.3. Una posición política poco solidaria

En teoría, y en general, los impuestos han sido concebidos y estructurados por todas las sociedades con el objeto recolectar ingresos de los ciudadanos y empresas con el fin de destinarlos a obras o servicios de interés común, tales como infraestructura de transporte, educación, salud etc., así como para destinarlos a la seguridad interna y defensa nacional. El impuesto a la renta, en especial, ha sido concebido como una herramienta para ayudar a incrementar el nivel de vida de los menos favorecidos por la fortuna, con los ingresos que se derivan de acotar a los más favorecidos. Se trata pues de una herramienta de redistribución de la riqueza, de los más a los menos favorecidos por la fortuna.

Desde el punto de vista macroeconómico, la recolección de impuestos es la manera como se financia el estado para hacer frente a los gastos que son presupuestados anualmente, los cuales, en teoría, deberían ser cubiertos, en su totalidad, por aquéllos. Cuando no se da el equilibrio fiscal, y los gastos son mayores a los ingresos por concepto de impuestos, se produce el déficit, que debe ser cubierto con financiamiento o préstamos.

El problema económico de Estados Unidos se deriva de la generación continua de déficit anuales que han debido ser cubiertos con endeudamiento, vía emisión de Bonos de Tesoro. La solución racional a ese problema estructural debe pasar tanto por recortar los gastos, como por incrementar los ingresos.

Durante la discusión, a finales de julio de 2011, para incrementar el techo de la deuda pública y disminuir el déficit fiscal, mientras que los demócratas estuvieron reacios a disminuir los gastos de Medicare y Seguro Social, los republicanos se opusieron a incrementar los impuestos, en el entendido que de lo que se trataba era de retomar los niveles de acotación tributaria vigentes antes de que la anterior Administración Bush los disminuyera para favorecer a los ricos.

El 15 de agosto de 2011, es decir, sólo quince días después de la aprobación del nuevo techo de la deuda, cuando los republicanos habían triunfado en toda la línea, imponiendo sus puntos de vista de modo que no se incrementaran los impuestos a los ricos, Warren Buffet, el más importante y respetado inversionista, así como el tercer hombre más rico del mundo, mediante un artículo en el *The New York Times*, propuso que la tasa de Impuesto a la Renta aplicable a aquellos que declararan ingresos anuales mayores de $ 1 millón sea incrementada al 35 %, y que la tasa de impuesto a la ganancia de capital y dividendos retorne a sus niveles originales, en lugar de la tasa del 15 % vigente en estos momentos. Dijo él que estaba realmente sorprendido cómo la tasa promedio resultante de su *Income Tax* había sido de sólo 16,7 %, mientras que muchas personas que trabajaban en su oficina, para él y sus empresas, tenían tasas promedio mucho mayores, que alcanzaban incluso al 30 %.

Los estadísticas muestran que los *top* 1 % en cuanto a ingresos tuvieron en Estados Unidos en 2010, de acuerdo al IRS, tasas efectivas del orden de 23,3 %, mientras que en 1986 dicha tasa fue del 33,1 %. De acuerdo a la Oficina de Presupuesto del Congreso, en 2010 la participación de los ingresos como porcentaje del PBI, de los cuales el Impuesto a la Renta es el más importante, fue del 14,4 %, el más bajo en 50 años.

Ante la avalancha de críticas a los republicanos en general y a los del Tea Party en particular, por oponerse al incremento de impuestos a los ricos, y ante la propuesta de Warren Buffet para hacer más solidaria la participación de los ricos en el financiamiento de presupuesto, importantes figuras de dichos movimientos salieron a la palestra para hacerse eco de la necesidad de incrementar los impuestos. El *Wall Street Journal*, encabezando la cruzada para incrementar los impuestos, propuso atacar los beneficios de los denominados "patos suertudos" (*lucky duckies*), en referencia a aquellos que tienen la suerte de no pagar impuestos o de aprovecharse de normas tributarias que los favorecen.

Para sorpresa de todos, la campaña del *Wall Street Journal* no estaba orientada a incrementar los impuestos a los ricos, en respuesta a la propuesta de Warren Buffet, sino a los estratos más pobres de la sociedad norteamericana que se benefician del denominado *"Earn Income Credit"* y de las denominadas *"Child Tax Credit"* y *"Aditional Child Tax Credit"*, y que no son otra cosa que beneficios tributarios establecidos para que los contribuyentes de menores ingresos puedan pagar menos impuestos como consecuencia de tener ingresos anuales menores de $ 25 mil y tener cargas de familia constituidas por hijos menores de 18 años.

El argumento esgrimido es que la mitad de los contribuyentes hacen uso de esos beneficios tributarios y no pagan ningún impuesto. El *Earn Income Credit*, es un crédito fiscal instituido por Ronald Regan en 1974, y ampliado posteriormente por George H.W Bush (padre), al cual se acogió inicialmente el 25,2 % de los contribuyentes que presentaron *Income Tax* en ese año. Con la adición del *Child Tax Credit* por George W. Bush (hijo) en el 2000, el porcentaje de beneficiados que no pagaban impuestos se incrementó a 36 % en el 2008. De acuerdo al Centro de Política Tributaria, en 2011 el 46,4 % de los que presentan declaraciones del *Income Tax* se acogió a estos beneficios y no pagaron impuestos. Es obvio que el incremento experimentado entre el 2008 y el 2011 es consecuencia de la crisis económica que ha afectado mayormente a los contribuyentes de bajos ingresos. Todos aquellos contribuyentes, con ingresos anuales menores a $ 16 812, no pagan el *Income Tax*. A ellos apuntan los republicanos y el Tea Party para cerrar la brecha fiscal. Aunque usted no lo crea.

Tanto el *Earn Income Credit* como el *Tax Child Credit* fueron instituidos por administraciones republicanas con el fin de ayudar a la gente pobre trabajadora y he aquí que ahora, bajo la dirección de orquesta del *Wall Street Journal*, que llama a los beneficiarios de ellas "patos suertudos", los políticos republicanos, como el senador Orrin Hatch, por Utah, sostienen que "es horroroso que casi la mitad de aquellos que presentan *Income Tax* no paguen nada"; o que el senador Marco Rubio diga: "Nosotros no tenemos suficiente gente pagando impuestos". Más aún, de acuerdo a la denominada Nueva Ortodoxia Republicana, Rick Perry declaró que "nosotros estamos consternados por la injusticia de que casi la mitad de todos los estadounidenses no pagan ningún impuesto a la renta", y Michele

Bachman: "Nosotros necesitamos ampliar la base de manera que todos paguen algo, aunque sea un dólar. Todos deberían pagar algo, pues eso nos beneficia a todos".

Mientras los republicanos claman porque todos los más pobres paguen impuestos, las estadísticas del IRS establecen que hay 78 mil contribuyentes con ingresos anuales entre $ 211 mil y $ 533 mil que tampoco pagan impuestos, así como otros 24 mil con ingresos anuales entre $ 533 mil y $ 2,2 millones que tampoco lo hacen, y otros 3 mil con ingresos anuales encima de $ 2,2 millones en la misma situación. Obviamente, todos ellos se acogen a beneficios tributarios legales, pero ningún republicano clama por eliminarles esos beneficios. No cabe en la mente de una persona, con un mínimo de sentido común, las razones esgrimidas por los republicanos para incorporar a unos contribuyentes pobres y oponerse a que los contribuyentes ricos participen en el "sacrificio" que la nación demanda para salir del problema económico.

No contentos con hacer caer sobre las espaldas de los más pobres la solución de la crisis económica que ellos realmente han creado, los republicanos están llevando a discusión por parte de la Súper Comisión, establecida para dar solución definitiva al tema del excesivo endeudamiento, el incremento de la tasa de impuestos aplicables a las planillas, a fin de reponer la tasa vigente antes de la crisis (6,2 %) que fuera rebajada a 4,2 % en diciembre de 2010, a propuesta de Obama, para mitigar los efectos de la crisis económica en los asalariados, principalmente de clase media y baja. De acuerdo al representante Paul Ryan, republicano por Wisconsin, el no hacerlo simplemente "exacerbaría nuestros problemas de la deuda". Una propuesta del representante Norquis para no extender la vigencia de la nueva tasa, que vence en diciembre de 2011, ha sido ya aprobada informalmente por los republicanos miembros de la Cámara de Representantes, por lo que es de esperarse sea próximamente aprobada también por la Súper Comisión.

Si bien de acuerdo al Instituto Peterson, que ardientemente aboga por cortar gastos, el 58 % de los norteamericanos encuestados favorecen incrementar el impuesto a los ricos, los oponentes de dicha política argumentan que ella "es injusta, ineficiente o políticamente imposible" de aceptarse. Ello a pesar de que el *top* 1 % de la población ha duplicado su participación en los ingresos totales del país, pasando de representar el 10 % en los 60's al 20 % en la actualidad.

Es claro que los republicanos buscan utilizar los recursos de los más pobres y de la clase media para incrementar los ingresos del presupuesto y disminuir el déficit fiscal futuro. Los más ricos, mientras tanto, seguirán gozando de sus exoneraciones fiscales, mantendrán bajas sus tasas impositivas por concepto del impuesto a la renta en general y a las ganancias de capital y dividendos. Es decir, seguirán acumulando fortunas dedicadas a inversiones especulativas, que generan burbujas financieras, dentro y fuera del país, e incrementando irracionalmente su participación porcentual en la riqueza nacional generada.

Tal posición, poco solidaria con los más necesitados, no se condice, sin embargo, con la clara tendencia, casi obsesiva, de los candidatos republicanos más importantes a la presidencia, quienes basan sus argumentos económicos y políticos en las enseñanzas evangélicas cristianas y sustentan su apoyo en grupos religiosos casi extremistas, en la medida en que no sólo defienden a los ricos, sino que además niegan la verdad científica realizando antojadizas declaraciones con el claro objeto de lograr el apoyo de comunidades ultraconservadoras.

Los más claros ejemplos de ello son las declaraciones de Rick Perry, negando la evidencia científica de la evolución, cuando manifestó "es sólo una teoría", y, acusando a los científicos que combaten el calentamiento global como la causa de los cambios climáticos, manifestando "pienso que hay un sustancial número de científicos que han manipulado los datos de manera que ellos obtengan dólares para sus proyectos".

Aún más significativo sobre el pensamiento de Rick Perry, como base de su posición en materia de política económica, es la frase contenida en su segundo libro "Fed Up! Nuestro derecho a salvar América de Washington", dado a conocimiento público en 2010, cuando aún declaraba que no sería candidato a la presidencia, en el que sostiene que es necesario anular la 16th Enmienda Constitucional, mediante la cual se crea el Impuesto a la Renta (*Federal Income Tax*), el cual considera que es "el gran hito en el camino a la servidumbre, porque fue el nacimiento de la redistribución de la riqueza en Estados Unidos". Por ello, debe entenderse claramente que detrás de la defensa de los republicanos a reponer el impuesto a los más ricos, está la irreductible posición ideológica de la ultraderecha norteamericana, que defiende la riqueza acumulada privadamente como un derecho inalienable que no debe ser redistribuido por Washington, en favor de los que menos tienen.

A pesar de ello, a mediados de septiembre de 2011 el Presidente Obama propuso el establecimiento de la denominada "Regla de Buffett", mediante la cual ningún contribuyente individual con ingresos anuales mayores de $ 1 millón podría tener una tasa marginal de impuesto a la renta menor que la tasa aplicable a una familia de medianos ingresos. Aun cuando la propuesta no tiene ninguna posibilidad de convertirse en ley, es obvio que el Presidente Obama está planteando al electorado norteamericano las posiciones contrastantes entre ambos partidos, con miras a las elecciones presidenciales de 2012.

Los republicanos reaccionaron inmediatamente señalando que la propuesta está dirigida a generar una "lucha de clases", obviamente usando una palabra que igualmente tipifica a los defensores de medidas de corte socialista, a fin de estigmatizar la posición política de los demócratas. Sin embargo, en Norteamérica del siglo XXI dicha "guerra de clases" se centraría entre la "clase media" y los ricos, con lo que los demócratas podrían cosechar éxitos electorales en la defensa de los de "abajo".

Junto a la posición irreductible de los republicanos de que la riqueza acumulada es un derecho inalienable que no debe ser redistribuido por el gobierno mediante el uso del Impuesto a la Renta, los conservadores enfatizan su derecho a decidir a quiénes pueden beneficiar, con parte de su riqueza, a través de la entrega de donaciones. El testimonio brindado por Frank J. Sammartino, de la Oficina de Presupuesto del Congreso, es muy revelador al respecto. Dice él que los contribuyentes con ingresos mayores a $ 500 mil al año entregaron el 3,8 % de esos ingresos para donaciones en 2008, y que ello representó el 24 % del total de donaciones efectuadas ese año, que fueron destinadas mayormente a organizaciones dedicadas a la educación (25 %) y salud (25 %).

No se piense, sin embargo, que dicha donaciones fueron totalmente desinteresadas, sino que ellas beneficiaron también a los donantes en la medida en que son consideradas deducibles para el cálculo del Impuesto a la Renta; y la misma Oficina de Presupuesto del Congreso estima que el subsidio implícito del gobierno, derivado de esas donaciones, fue de $ 40,9 billones en 2006. En otras palabras, la mitad de esas donaciones fueron hechas con dinero del resto de contribuyentes de menores ingresos, que parcialmente subsidian las donaciones de los ricos a los más pobres.

A inicios de noviembre de 2011, mientras que en el Congreso el Presidente Obama presentaba su propuesta para invertir $ 60 billones en un programa de reparación de obras viales y de infraestructura en general, los republicanos en bloque votaron contra la propuesta que debía ser financiada aplicando un incremento en la tasas del Impuesto a la Renta del 0,7 %, aplicable a los contribuyentes con ingresos mayores de $ 1 millón al año. Dicho incremento, que significaría un pago promedio de un poco más de $ 13 mil al año por parte de los más ricos, y que permitiría crear trabajos para beneficio de los más pobres, fue desestimado por los republicanos por cuanto significaba un incremento de impuestos.

7.4. Nuevamente tiemblan los gigantes financieros

La estrecha interacción financiera entre los bancos norteamericanos y los bancos europeos, y el flujo de capitales entre ambas economías, hace que la crisis financiera de Europa tenga repercusión en el sistema financiero de Estados Unidos y viceversa. Muchos inversionistas norteamericanos tienen invertidos fondos en bancos europeos, así como directamente también, pero en menor medida, son acreedores de "deuda soberana". Por otro lado, la crisis de liquidez que en algún momento deberán sufrir los bancos europeos puede afectar en alguna medida a sus sucursales en Norteamérica, requiriéndoles la transferencia de fondos para paliar parte de sus problemas, incluso "*overnigth*", lo que ya alertó a las autoridades reguladoras de Estados Unidos. Por otro lado, Estados Unidos necesita afinar sus mecanismos de cooperación internacional, no sólo para ayudar a solucionar los problemas coyunturales de liquidez del sistema financiero europeo, sino que debe incrementar la cooperación para supervisar activamente al sistema financiero internacional, perfeccionando las nuevas reglas de Basilea 3.

A mediados de agosto de 2011 la crisis financiera europea empezó a extender sus efectos al otro lado del Atlántico, donde los principales bancos norteamericanos y las filiales de los bancos europeos en territorio de Estados Unidos empezaron a mostrar signos de estar siendo afectados. Entiéndase que los bancos norteamericanos están dentro de los principales acreedores de la banca europea, la misma que detenta la mayor parte de los bonos soberanos de Grecia, Portugal, Irlanda, cuya refinanciación aún no se concreta por parte de la Unión Europea, así como de España e Italia, que también ya se han incorporado al mercado de bonos en problemas debido a su alto endeudamiento nacional.

Mientras que en Europa la prohibición de operaciones de *short selling* ha impedido una debacle en las cotizaciones bancarias, la ausencia de tal regulación en Estados Unidos impulsa los temores de que tales operaciones pudieran agudizar las ya profundas caídas sufridas por ellas en la bolsa de valores de Wall Street desde inicios de 2011. Aun cuando los bancos americanos estuvieron en el 2011, en teoría, en mejor situación de como estaban en la etapa previa a la caída de Lemanh Brothers, los temores de que ellos puedan afectarse por la crisis europea alertaron a la Reserva Federal de New York, responsable de su supervisión, para que fortaleciera su función a fin de impedir la repetición de la crisis financiera de 2007-08, que precipitó posteriormente el inicio de la Gran Recesión. Recuérdese que la falta de liquidez de los bancos es un activo detonante que daña la demanda interna y el crecimiento económico.

Las preocupaciones de los inversionistas se reflejan en las cotizaciones de las acciones de los bancos. En Estados Unidos las acciones de los bancos, a mediados de 2011, habían caído en 30 % respecto a sus valores a inicios de ese año. En la semana del 14 de agosto de 2001 las acciones de los bancos europeos cayeron estrepitosamente: Societe Generale de Italia cayó 14,7 % y Credit Agricole de Francia lo hizo en 10 %. En Estados Unidos las cotizaciones del Bank of America se encontraban en caída en el mes de agosto de 2011, y las acciones de Goldman Sachs en ese mes se cotizaban a $ 110 cuando en octubre de 2009 habían llegado a $ 192. De acuerdo al Bank of International Settlements, los bancos franceses deben a los acreedores norteamericanos más de $ 160 billones. Claramente el valor de las acciones de los bancos en ambos lados del Atlántico muestra las preocupaciones de los inversionistas en relación a la salud financiera de esas instituciones.

Pero además de eso, los ingresos y utilidades del sistema financiero están retrocediendo a los niveles de 2004 y 2005, antes del inicio de la crisis financiera. Los directivos y ejecutivos de las instituciones bancarias están tratando de enfrentar la recesión disminuyendo los gastos, ya que no pueden incrementar los ingresos, y por ello los despidos han empezado a ser la noticia. UBS anunció a fines de agosto de 2011 el despido de 3 500 trabajadores, mientras que el Bank of America cortará 10 mil puestos de trabajo.

El Bank of America ha sido el más afectado por los temores de los inversionistas, y ello es consecuencia no sólo de la crisis que afecta al resto de instituciones financieras, sino que además, en su caso, arrastra el grave problema que significa el haber absorbido a Country Wide y Merril Lynch, que lo convierten en la institución financiera más afectada por la crisis *subprime* que no tiene cuando acabar. Analistas independientes estiman que este banco deberá enfrentar, en el corto plazo, pérdidas estimadas entre $ 16,4 y $ 36,1 billones derivadas de juicios y demandas vinculadas a estos problemas.

A pesar de ello, Warren Buffet ha acudido en su auxilio, inyectándole $ 5 mil millones a efectos de proporcionarle liquidez, a la par que realiza una inversión inmejorable comprando acciones a la mitad de su valor de hace 6 meses. La apuesta es calculada, pues nadie en el gobierno de Estados Unidos dejará que esa institución quiebre, pues arrastraría a todo el resto del sistema financiero a un lado y otro del Atlántico, con consecuencias irreparables para la economía mundial.

La inversión realizada por Buffet, si bien contiene algo de riesgo, es altamente rentable para él, en la medida en que se trata de acciones preferentes, y por lo tanto con mucho menor riesgo que las acciones comunes, y, además, el acuerdo establece una serie de condiciones favorables a Buffet, que ningún otro inversionista hubiera podido obtener.

Por otro lado, es obvio que el Bank of America se encuentra en una delicada situación de liquidez en la medida en que, a pesar de haber manifestado días antes, por boca de su presidente, Bryan Moynihan, que no necesitaba dinero, no sólo acepta el dinero de Buffet, sino que además, en la misma época, vende el 50 % de sus acciones en el China Construction Bank por más de $ 8 mil millones. El paso de haber pretendido elevar el pago de dividendos el año pasado, lo que fue impedido por las autoridades, por no pasar el *Stress Test* en esa oportunidad, a las múltiples operaciones realizadas para agenciarse de liquidez realizadas este año, muestran una transición hacia problemas de liquidez que los inversionistas deben haber ya detectado. Es obvio que el banco necesita una inyección de capital, más que financiamientos como el de Buffet. Más aún, el alto costo pagado por ese financiamiento demuestra que el banco se encuentra en graves problemas de liquidez, por más que sus directivos nos digan lo contrario.

Peor aún, las agencias federales y los fiscales generales de todos los estados, además de la SEC, se encuentran abocados en la preparación de querellas contra el Bank of America, por las actividades poco claras realizadas por Contrywide y Merrill Lynch, antes de que fueran incorporadas a esa institución, y cuyo desenlace puede significar el pago de sumas considerables, de las cuales obviamente carece en la actualidad.

Pero es claro que el Bank of America no caerá en bancarrota, ya que siendo ahora la primera institución bancaria de Estados Unidos, con activos por más de $ 2,24 trillones, su caída repercutiría terriblemente en los otros bancos del sistema, todos los cuales de alguna manera también enfrentan graves problemas. Wells Fargo tiene 19 % de sus *mortgages* con calificación de incobrables y JP Morgan Chase tiene una cartera pesada de 24 % de sus *mortgages*.

Pero si sus problemas con sus balances son críticos, la generación de ingresos se muestra aún más problemática, en la medida en que ella debería ser consecuencia de un mercado financiero en expansión con clientes a quienes colocar créditos, mientras que la realidad nos presenta un mercado de inversiones recesivo que no genera las condiciones para ello. Si no hay ingresos, la necesidad de cortar gastos se vuelve imperiosa y ello explica la disminución de personal.

La percepción equivocada de las autoridades, de que los *bailout* implementados hace dos años surtieron efecto y que los bancos salieron de sus problemas, se refleja en la poca o nula actividad desarrollada por el Financial Stability Oversight Council, más conocido como FSOC, creado en 2010 al amparo de la legislación financiera conocida como Dodd-Frank. Este consejo, presidido por el Secretario del Tesoro, no ha tomado, desde que fue creado, ninguna acción conocida para asegurar la solvencia de los bancos, y mucho menos los presionó para que incrementaran sus ratios de solvencia, en la época en que ello era factible, es decir, cuando la cotización de sus acciones se recuperó.

A mediados de octubre de 2011, cuando la situación económica y financiera de los bancos empieza a ser notoriamente problemática para poder enfrentar una nueva recesión, los bancos se ven obligados a crear nuevas fuentes de ingresos de dudosa legalidad, como la decisión del Bank of America de cobrar $ 5 mensuales a los clientes que usan tarjetas de debito para pagar sus transacciones.

Mientras tanto, las autoridades federales que los regulan, y que deberían ya haber emitido los reglamentos de los dispositivos legales que fueron aprobados mediante la denominada Ley Dodd-Frank o Acta de Reforma de Wall Street y de Protección al Consumidor, se demoran en anunciar las reformas, especialmente en aquellas referidas a la aplicación de la denominada “Regla de Volker”, tanto debido a la oposición creciente de los lobbies que presionan al Congreso, como a lo poco conveniente de ajustar a los bancos precisamente en una situación en la cual ya de por sí se encuentran en problemas.

Recuérdese que la Regla de Volker pretende que los bancos se inhiban de usar los recursos de que disponen para realizar operaciones de compra y venta de valores (acciones, bonos, derivados, *commodities*, etc.), bajo el supuesto de que todas ellas son riesgosas y ponen en peligro a los mismo bancos que, si bien son privados, gozan de estatus especial, debido a la protección del gobierno, ya que son "demasiado grandes para caer", y de que el dinero proveniente de los depositantes está protegido por el seguro de depósitos, además de que ese tipo de operaciones constituye una competencia desleal para con sus propios clientes.

Sobre este último tema, y más precisamente sobre cómo el sistema financiero se aprovechó de sus propios clientes, sin el menor pudor, a mediados de octubre de 2011, la SEC llegó a un acuerdo con el Citi para que éste pague $ 285 millones a una serie de inversionistas, clientes de ese banco, que en febrero de 2007 adquirieron un paquete de inversiones compuesto de *mortgages,* previamente empaquetados por el banco, valorizado inicialmente en $ 1 billón, los que 9 meses después perdieron el 80 % de su valor, gracias a que el propio banco apostó contra esas inversiones. La sanción incluye multas por $ 95 millones, que se supone castigan la mentira, la estafa, la premeditación, la alevosía, el engaño, la especulación criminal y algunos crímenes obvios que nos eximimos de seguir mencionando, sin que tal acuerdo los mencione, ni el Citi los reconozca. Es una sanción acordada entre las partes, la SEC y el Citi, que no significa ningún castigo relevante económicamente para el banco, ni incluye ninguna sanción para las personas directamente involucradas en el tema.

Bajo el mismo tibio tratamiento, la SEC llegó a acuerdos similares con Goldman Sachs y JP Morgan Chase en 2010. Por tratarse de acuerdos privados, que no castigan crímenes verdaderos, el juez del distrito de New York, Jed S. Rakoff, manifestó a fines de noviembre de 2011 que se oponía a su suscripción, ya que se reafirman los precedentes que garantizan que este tipo de crímenes se sigan cometiendo por parte de funcionarios de bancos, con la anuencia de sus más altas autoridades, sin que ninguno de los implicados sea procesado y menos sancionado. De acuerdo a la decisión del juez, las dos partes deben prepararse para enfrentarse en un tribunal, ya que no se trata de negligencia sino que hubo intención de fraude por parte del Citi y sus funcionarios, indicando además que el acuerdo presentado "no es ni justo, ni razonable, ni adecuado, ni va en el interés público", añadiendo además que "la SEC, y todas la agencias" tiene el deber, inherente a su misión estatutaria, de ver que la verdad emerja". Rackoff añadió que, dado que se trata de un delito repetitivo, la penalidad establecida por la SEC es mínima para el tamaño del Citigroup.

De acuerdo al *New York Times*, más de 51 acuerdos similares con 19 empresas financieras establecen los precedentes que curiosamente, de acuerdo a Robert Khuzami, funcionario de la SEC, razonablemente reflejan el tipo de acuerdo que puede ser obtenido en un tribunal, y que por ello la decisión del juez "ignora décadas de prácticas establecidas por las agencias federales y decisiones de las cortes".

Para Harvey Pitt, antiguo presidente de la SEC, se trata de un caso que no tiene directo precedente, ya que las cortes han estado aprobando acuerdos de este tipo por años, mientras que para Bárbara Black, profesora de la escuela de Leyes de la Universidad de Cincinnati, el juez Rakoff ha establecido claramente que las cortes no están únicamente para formalizar la aprobación de los acuerdos y mucho menos aprobarlos automáticamente estampando su sello.

En su último mensaje a la nación, en enero de 2012 ante el Congreso, el Presidente Obama anunció la formación de una nueva unidad de investigación de los fraudes bancarios, que probablemente estaría comandada por Eric Schneiderman, Fiscal General del Estado de New York, más conocido como el sheriff de Wall Street, quien ha sido uno de los fiscales estatales más críticos de la inacción de la junta de fiscales establecida por el mismo Obama en 2009 bajo la denominación de Financial Fraud Enforcement Task Force, bajo la presidencia del mismo Fiscal General de Estados Unidos, que no ha llevado a los tribunales a ningún banquero hasta inicios de 2012.

El más crudo ejemplo de la inefectividad de esas investigaciones es la de investigación de los fraudes cometidos por Country Wide y su ex CEO, Angelo R. Mozilo, cuyo proceso fue cerrado en febrero de 2011, después que la SEC llegara a un acuerdo con los involucrados mediante el cual se les impuso una ridícula multa de $ 67,5 millones, un tercio de los cuales fueron pagados por Mozilo y el resto por el Bank of America, que finalmente adquirió Country Wide.

7.5. Realidad económica, inversionistas y consumidores

A inicios de septiembre de 2011 se dio el informe sobre la situación de empleos en Estados Unidos, y ante la intransigente posición de los republicanos por aprobar las nuevas medidas de estímulo propuestas por el Presidente Obama para reactivar la economía en su último discurso ante el Congreso, la opinión pública se encuentra postrada en los más bajos niveles de confianza.

Bernanke, en un discurso ofrecido en Minneapolis, a las tradicionales explicaciones de dicha actitud agregó que los consumidores se encuentran deprimidos más allá de cualquier razón o expectativa. Bernanke manifestó que "aun tomando en cuenta las muchas presiones financieras que ellos enfrentan, los hogares parecen excepcionalmente prudentes", lo que bien interpretado significaba que los consumidores se comportaban como si la economía estuviera aún peor de lo que realmente estaba.

Una encuesta encontró que el 62 % de los hogares esperaba que sus ingresos permanezcan igual o disminuyan el próximo año, lo que configuraba la peor perspectiva medida en los últimas tres décadas. Eric Sims, profesor de Economía de la Universidad de Notre Dame, manifestaba al respecto que la única forma de animar a las personas es "darles una razón para tener confianza". El problema, en estos momentos, sin embargo, es que todas las señales políticas, económicas y financieras son negativas y ello explicaría en parte el comportamiento conservador de los consumidores.

Por el lado de los inversionistas, las señales, si bien van por el mismo sentido, la caída en sus expectativas no es tan aguda, si nos concentramos en el análisis de la relación precio/ganancia de las acciones en la bolsa de valores como la medida de sus expectativas. De acuerdo a Robert Shiller, usar las ganancias de los 10 o 50 años anteriores y relacionarlas con sus actuales cotizaciones lleva esta relación para las S&P 500 a un valor de 20,7, mientras que el promedio de los últimos 50 años ha sido 19,5, lo que implica que las acciones están sólo 6 % elevadas en relación al promedio de las anteriores 5 décadas. Obviamente las expectativas de los inversionistas no son tan pesimistas como las de los consumidores, y ello es evidentemente es el resultado de que los inversionistas no tienen alternativas de dónde colocar su dinero.

La medida de Shiller de usar las ganancias de los años anteriores, como denominador en la relación indicada, tiene su explicación en la dificultad de proyectar las ganancias futuras, que es el real valor que habría que usar como denominador en la medida en que las cotizaciones reflejan las expectativas del futuro comportamiento de una empresa y no el pasado que todos conocemos. Siendo obvio que cualquier pronóstico de futuras ganancias de ese conjunto de empresas S&P 500 va a ser una fracción de las obtenidas en el pasado, debido a la Gran Depresión que nos seguirá afectando por algunos años, el denominador del ratio debería disminuir lo que incrementaría el resultado de dicho ratio.

Bajo el supuesto de que el denominador fuera sólo el 80 % del calculado por Shiller, el ratio se incrementaría un 25 %, lo que implicaría que a fines de agosto de 2011 dicha razón habría estado en 25 % por encima del ratio promedio de los últimos 50 años y no 6 %.

7.6. Creación de empleos

Después de superar un desagradable desplante del Speaker de la Cámara de Representantes, quien le postergó la fecha solicitada para dar su mensaje a la nación por el Labor Day, a pesar de las coordinaciones previas realizadas, el Presidente Obama se dirigió al pleno de Congreso el 8 de septiembre de 2011, en el que delineó su nuevo plan de estimulo a la economía, orientado a atacar el problema del creciente desempleo.

El plan, denominado American Job Act, incluía la extensión del recorte de impuestos a las planillas con un costo estimado de $ 240 billones, que permitiría disminuir las tasas aplicables a los empleados por concepto de retenciones para el Social Security y Medicare de 4,5 % a 3,1 %, es decir al 50 % de las vigentes hasta hace un año en que fueron reducidas del 6,2 % y que estuvieran vigentes desde 1990. Y $ 140 billones para gastos en infraestructura como la modernización de centros escolares y la reparación de carreteras y puentes, así como $ 35 billones en ayuda a los estados para prevenir el despido de 280 mil profesores, oficiales de policía y bomberos.

Incluso los más fervientes partidarios del Presidente Obama consideraron que ese era un muy tímido intento para estimular la economía y, aun cuando se trataba de un plan muy moderado, se estimaba que el Congreso, especialmente la Cámara de Representantes, no le daría luz verde, por cuanto significaba mayores gastos y por tanto mayor déficit fiscal. Contra esa posición que implicaba la completa parálisis del gobierno para atacar el problema del desempleo, que abarcaba a 14 millones de trabajadores y que amenazaba con empujar al país a una nueva recesión, Obama les dijo a los congresistas "...la siguiente elección es dentro de 14 meses y el pueblo que los envió a Ud. acá –el pueblo que nos contrató a nosotros para trabajar por ellos–, ellos no pueden darse el lujo de esperar catorce meses".

Para los republicanos, el plan presentado era más de lo mismo, en el sentido de que el original plan de estimulo que significó, según ellos, el desperdicio de $ 825 billones, no dio ningún resultado, y que más bien constituye la prueba de que al igual que 40 años de políticas liberales, ese desperdicio es precisamente la causa del alto desempleo. Debemos recordar que la posición de los republicanos en cuanto a estimular la economía va más por el camino de recortar aún más los impuestos a los ricos, que son, según ellos, los que podrían crear trabajo, más que incrementar los ingresos de los de abajo, para incrementar la demanda, que es lo que establece la teoría keynesiana.

Debido a lo anterior, era de esperar que no se aprobaría el plan de Obama y por lo tanto la única esperanza, según algunos economistas, debía llegar por el lado de la FED, una de cuyas dos funciones principales es la de mantener bajo el desempleo, junto a mantener baja la inflación. Sea por cuestiones ideológicas o por temores, lo cierto es que por el lado de Bernanke tampoco podía esperarse mucho, ya que no estaba en la agenda de la FED generar empleo. Es más, a la abierta amenaza de Rick Perry, de que si hace más uso de las herramientas disponibles por la FED, para incrementar la demanda vía emisión de mas liquidez, seria declarado traidor, se sumó la de otro candidato principal de los republicanos, Romney, quien manifestó que, por el mismo motivo, sería tratado "muy mal".

Para hacer más deprimente el asunto, Jeffrey Sachs[20], economista muy reputado a nivel internacional, con postgrado en

20 Jeffrey D. Sachs; A real Jobs Program; Huffington Post; 9 September 2011.

Harvard, pero investigador de la Universidad de Columbia, sostiene que las políticas de Obama no son efectivas, pero no por las razones esgrimidas por los republicanos, sino por otras dos: (a) el problema del desempleo en Estados Unidos no es un problema derivado de la recesión, sino que es un problema estructural, cuya solución transita por otros caminos, y (b) el programa tendrá muy poco efecto y sólo en el corto plazo.

Nos recuerda Sachs que el boom inmobiliario fue ayudado por las políticas del gobierno entre 1998 - 2008 para crear trabajo en el sector construcción a resultas de la pérdida de competitividad de la industria norteamericana, en industrias productoras de bienes de consumo que, en las décadas de 1980 y 1990, trasladaron gran parte de sus instalaciones para captar empleos menos remunerados en China, India y otros países emergentes, a fin de abaratar sus costos e inundar con esos productos el mismo mercado norteamericano. Como resultado de ello, no sólo se perdieron empleos, sino que la balanza comercial agudizó su deterioro y se empezó a recaudar menos impuestos a las ganancias de esas corporaciones.

La industria de la construcción (y la burbuja inmobiliaria consecuente) compensó, momentáneamente, esa pérdida de empleos, lo que permitió mantener alta la demanda agregada y permitió seguir funcionando al aparato productivo, ayudado además por desmesurado crecimiento de los sectores de servicios, llamados no-transables, especialmente el desmesurado crecimiento del sector financiero. Por ello, las medidas de Obama sólo tendrían efectos ligeros y en el corto plazo, pero la sustitución de toda la mano de obra sería prácticamente imposible aun en el mediano plazo.

La economía de Estados Unidos requiere adecuarse a la globalización y retomar su competitividad en otras industrias innovativas y de alta tecnología, pero para lo cual hay que reentrenar a toda una generación de trabajadores y fortalecer el sistema educativo para preparar a la siguiente generación a una nueva estructura productiva más acorde con las ventajas que brinda un mundo en constante progreso.

Si la teoría de Sachs es correcta, como que parece que lo es, la posición republicana podría resultar la más adecuada ya que deja en manos de la inversión privada la generación de esas nuevas industrias. Sin embargo, el tránsito de ahora a ese largo plazo será muy doloroso para la gran mayoría de la población que seguirá sufriendo de las consecuencias del desempleo.

7.7. Protestan los perjudicados

A inicios de 2009, hizo su aparición en la escena política de Estados Unidos un movimiento populista, poco ortodoxo para los cánones establecidos, que tomaría el nombre de Tea Party, en referencia y como remembranza del histórico Boston Tea Party, que en 1773 inició el movimiento de independencia de las 13 Colonias de Inglaterra, protestando contra la imposición de impuestos a la exportación de té.

Además del nombre, el Tea Party tomó como bandera inicial precisamente el tema de oposición a la imposición de más impuestos. Posteriormente, conforme tomaba más fuerza y se definía su composición, este movimiento populista de corte conservador definió sus principios políticos identificándose en el espectro político de la derecha norteamericana endosando y/o imponiendo posiciones políticas de extrema derecha a los candidatos republicanos a la presidencia, tales como reducir el tamaño del gobierno, eliminar el déficit fiscal, reducir el endeudamiento público y oponerse a las políticas de redistribución de los ingresos en favor de las minorías menos favorecidas, favoreciendo en cambio las donaciones de caridad, en el campo económico; y su oposición al aborto, otorgar un mayor rol a la religión en los debates políticos y retornar a la primigenia interpretación de la Constitución de Estados Unidos, en el ámbito de la política.

A pesar de que durante los últimos años la mayoría de los norteamericanos se ha inclinado hacia la derecha dentro del espectro político, la recepción inicial de este movimiento sorprendió a muchos analistas políticos, en la medida en que algunas de sus banderas son claramente retrógradas y poco defendibles desde la perspectiva del pensamiento moderno, científico o social, e incluso desde la perspectiva ampliamente aceptada dentro de Estados Unidos de separar religión y Estado.

Dos años después, a mediados de 2011, hizo su aparición otro movimiento político, "Los Ocupantes de Wall Street" (OWS), movimiento igualmente poco ortodoxo para los cánones políticos norteamericanos, que inició una serie de demostraciones públicas de repudio a la desigualdad económica generada por el ambicioso comportamiento de las corporaciones, principalmente basadas en Wall Street, y a la influencia de los *lobbies* financiados por ellas, exigiendo el inicio de una nueva agenda para Norteamérica, separando economía de política. Las demostraciones iniciales, con base en el Parque de la Libertad, en New York, para el mes de octubre ya se habían esparcido hacia otras 70 ciudades de Estados Unidos. Si bien el llamado original a la Ocupación de Wall Street proviene de los editores de la revista canadiense *Adbusters*, Kalle Lasn y Micah White, es obvio que los vientos que soplan en la escena de la globalización, en países como Egipto, Grecia, Francia, Inglaterra, Italia y España, están avivando hoy día a la juventud, que fue la que en su momento desplegó los primeros esfuerzos por la lucha por los derechos civiles en los 60.

Sin conocerse mayormente de sus demandas especificas, algunos analistas políticos inicialmente sugirieron que el "alivio de deudas a los trabajadores" era el centro de sus demandas, llamando a los intelectuales y políticos, simpatizantes de la causa, a llenar los detalles de las demandas implícitas. En respuesta a ello, los sindicatos y un creciente número de simpatizantes del Partido Demócrata hicieron declaraciones favorables a su causa, en la medida que ellos estaban en su derecho de protestar contra lo que Wall Street representa como causante de la crisis económica que aflige a la inmensa mayoría de los norteamericanos.

Sin mayores definiciones programáticas o ideológicas, ellos destacan que representan al 99 % de los norteamericanos, y que si bien agradecen el apoyo de los políticos, prefieren que ellos y los sindicatos los apoyen en sus posiciones políticas y los ayuden a salir de la cárcel, pero que no interfieran en su organización, manteniéndose aparte.

Mientras que Ben Bernake manifestó: "[ellos] culpan, con alguna justificación, al sector financiero como causante de la crisis, y muestran a Washington como inactivo frente a ello; de alguna manera, yo no los puedo culpar"; la ultraderecha norteamericana reaccionó desproporcionadamente, con Eric Cantor, líder de la mayoría republicana en la Cámara de Representantes, a la cabeza, quien los calificó como "turba"; mientras Mitt Rommey y Herman Cain, precandidatos presidenciales republicanos, los acusaban de incitar a la "guerra de clases" y los llamaban "antiamericanos", respectivamente.

Más destacable aún, para medir la importancia que puede tener este movimiento en el futuro, es la campaña del *Wall Street Journal*, máximo vocero de los conservadores, ricos y beneficiados financieros originadores de la crisis económica mundial, quien los considera sofisticados, desorientados, comunistas y envidiosos de la riqueza. A falta de defensores con manejo de argumentos económicos escolásticos, Jeffrey Sachs publicó, a mediados de octubre de 2011, un artículo[21] en el

21 Jeffrey Sachs; Message to Wall Street; The Huffington Post; Oct 17, 2011

que escribió: "Los manifestantes no son envidiosos de la riqueza, sino enfermos de las mentiras de las corporaciones y de su poco ético comportamiento. Son enfermos de los cabildeos que condujeron a la imprudente desregulación de los mercados financieros; son enfermos de Wall Street y del *Wall Street Journal* pidiendo billones de dólares de préstamos de interés cerca de cero y dinero de rescate para los bancos, para luego luchar contra la cobertura de salud y el seguro de desempleo para aquellos ahogados por la crisis financiera".

Cierto es que los OWS carecen de una percepción elaborada sobre la raíz de los problemas, y por tanto no presentan tampoco ninguna alternativa ideológica y ni siquiera medidas económicas o políticas, aisladas ni concretas, pero sí es claro lo que ellos "no quieren" o consideran simplemente que "está mal". Probablemente para ayudar a llenar ese vacío, Jeffrey Sachs publicó a mediados de noviembre de 2011 un nuevo artículo, esta vez difundido además en el *New York Times*[22], que contribuye a iniciar el bagaje ideológico del nuevo movimiento, alguna de cuyas ideas fundamentales nos permitimos incorporar a continuación. Jeffrey Sachs es director del Instituto Tierra, de la Universidad de Columbia, y cuya obra más reciente es "El precio de la civilización: el nuevo despertar de las virtudes americanas y la prosperidad".

Sostiene Sachs que estamos al final de una tercera "edad dorada" de la desigualdad, que reedita otras dos anteriores que, como la presente, fueron generadas por los políticos conservadores para beneficio de los más ricos. La primera de ellas, que generó la crisis financiera de 1893, fue neutralizada por los gobiernos de Theodore Roosevelt y Woodrow Wilson, cuyas administraciones crearon el Impuesto a la Renta Federal y permitieron el establecimiento de los primeros estándares la-

22 Jeffrey Sachs; The New Progressive Movement; The New York Times; Nov 12, 2011

borales justos, así como el voto de la mujer. Las posteriores administraciones republicanas permitieron la generación de los famosos "exitosos 20's", que dieron paso a la Gran Depresión de los 30's, para cuya recuperación fue menester que Franklin D. R Roosevelt estableciera el "Nuevo Trato" que permitió que la economía norteamericana se recuperara. Fueron nuevamente las políticas conservadoras de los republicanos, con Ronald Regan a la cabeza, las que a partir de los 80's desmantelaron los avances sociales y económicos logrados por los de abajo, especialmente en relación a los servicios públicos y educación, así como la disminución de la presión tributaria a los ricos y la desregulación de las instituciones financieras, lo que permitió la concentración de la riqueza nuevamente en forma extraordinaria en manos del 1 % de la población. Sostiene Sachs que en cada una de las eras mostradas, tomó 20 años para corregir los desbalances generados.

No es claro aún cuánto peso político pueden aportar los "Ocupantes de Wall Street" a la apuesta demócrata por la Casa Blanca en 2012, pero ya empezó, a inicios de octubre de 2011, a decantar el gran peso político del Tea Party, a poco menos que escribir los libretos de los pre candidatos republicanos, a pesar de que las encuestas de opinión muestran una caída en el porcentaje de aprobación de los electores respecto a ese último movimiento .

7.8. Destruyendo las claves del éxito

El "sueño americano" es un concepto abstracto, y a la vez una realidad concreta, para millones de inmigrantes que abandonaron sus países de origen, desde los inicios de la formación de la nacionalidad americana, en búsqueda de un mejor porvenir para ellos y sus hijos, y que se concreta fundamentalmente en la idea de que Estados Unidos es la tierra de promisión en donde todos los pobladores formaban parte de una "clase media" en constante incremento de su nivel de vida.

Desde los tiempos de los primeros inmigrantes ingleses que abandonaron la servidumbre y la marcada estratificación social en la Gran Bretaña del siglo XVI, pasando por la ola de inmigrantes irlandeses e italianos de principios del siglo XX, y culminando con la invasión de inmigrantes latinoamericanos de fines del mismo siglo XX, mal llamados "hispanos" en Estados Unidos, todos ellos y sus descendientes progresaron al amparo de una Constitución que salvaguardaba los valores democráticos e igualitarios heredados de la Revolución Francesa, conjuntamente con un sistema económico liberal que premiaba el éxito del trabajo y la dedicación de todos aquellos que se acogían a sus reglas de juego.

Una extendida "clase media", y sin grandes diferencias económicas y sociales entre su población, constituyó la clave del éxito económico de Estados Unidos, desde los albores de su formación como país independiente hasta hace solamente 30 años atrás, en que las políticas equivocadas de los sucesivos gobiernos generaron las condiciones para que se iniciara un profundo proceso de polarización mediante el que unos, muy pocos, empezaron a acumular insultantes fortunas, en detrimento de las grandes mayorías cuyos ingresos prácticamente se estancaron, al estilo de las "republicas bananeras" que hace más de 50 años gobernaban a casi todos los países al sur del Río Grande.

No es claro para todos cuáles son la políticas que han generado este desenlace, pero baste mencionar sólo dos de ellas para entender que la reversión de la actual tendencia es tan difícil de conseguirse como que los republicanos y demócratas se pongan de acuerdo en la solución del problema. Según los primeros, la debilidad de la clase media ahora se deriva de la excesiva burocracia existente y de las regulaciones establecidas, mientras que para los demócratas es el resultado precisamente de la falta de regulaciones y de la globalización.

Desde inicios de la década de los 80 la globalización ha puesto en competencia a los trabajadores norteamericanos con otros menos pagados en el resto del mundo, especialmente en los países emergentes, lo que ha ocasionado un proceso de desempleo permanente, que inicialmente fue paliado con el incremento de oportunidades de trabajo en los sectores construcción, *real estate* y financiero. Con el derrumbe de la burbuja inmobiliaria este proceso de desempleo ha quedado en evidencia, así como la falta de una política de capacitación por parte del gobierno, para esa masa de trabajadores desplazados, a fin de que sean capacitados en otras actividades productivas o de servicios.

Por su lado, la misma globalización ha creado nuevas oportunidades de desarrollo a los trabajadores de altos niveles, especialmente los vinculados a los servicios financieros, cuyos ingresos no sólo se incrementaron como resultado del incremento de sus remuneraciones, sino principalmente por su comportamiento abusivo, casi rayando en la inmoralidad, cuyas acciones deshonestas precisamente generaron las condiciones para la casi autodestrucción del sistema financiero que a la postre debió ser salvado con dinero de todos los contribuyentes.

Mientras que algunos sostienen que el avance de la tecnología permite crear nuevos y mejores trabajos, lo cierto es que esos trabajos son altamente especializados y limitados para trabajadores de alto nivel educativo. Esta tendencia determina que la otrora extendida clase media en Estados Unidos esté entrando en un proceso de extinción, en donde pocos de sus ex componentes ascienden en la escala social mientras que la mayor parte desciende. En 1980 las familias de clase media constituían el 52 % de la población, en tanto que en 2010 esa participación ha descendido al 42 %. Algunos estudiosos de este fenómeno, como Erik Brynjolfsson y Andrew McAfee, del MIT, sostienen que debido a que las computadoras son cada vez más capaces de superar la habilidad de los humanos, es previsible que la tecnología pronto se convierta en una neta destructora de trabajo humano.

Mientras la globalización generó la creación de miles de fortunas, las políticas de desregulación de los mercados de trabajo y financiero, iniciadas por Reagan y continuadas por Clinton, ampliaron las desigualdades con la aparición de los paquetes de remuneraciones excesivas y de "opciones" que permitieron la consolidación de los ejecutivos de las grandes corporaciones como los reales beneficiarios de las sociedades públicas, en detrimento de los verdaderos propietarios, los millones de accionistas. La política de Bush de recortar el impuesto a la renta de los ricos acentuó aún más las diferencias.

A diferencia de los países social demócratas de Europa, especialmente Alemania y los países Nórdicos, en donde las políticas de gobierno ayudaron a paliar los efectos negativos de la globalización, las políticas de los sucesivos gobiernos norteamericanos, desregulando los mercados de trabajo y de capital, generaron las condiciones para este desenlace.

Es el mismo sistema político el que ha permitido este desenlace, en la medida en que las políticas de gobierno son fundamentalmente el resultado de acciones de presión por parte de grupos de poder económico, que actúan a través de los *lobbies*. Es igualmente el mismo sistema político el que determina que las candidaturas y campañas electorales sean financiadas por empresas que brindan su apoyo interesadamente y con la certeza de que se trata de una inversión segura.

La misma composición del Congreso refleja cada vez menos la nueva composición de la sociedad norteamericana, en donde más de la mitad de sus miembros son millonarios y defienden obviamente sus propios intereses y no los de la clase media y menos los de los pobres. Son esos congresistas lo que deciden sobre las políticas económicas que han permitido "privatizar las ganancias y socializar las perdidas" de las grandes corporaciones financieras salvadas con dinero de los contribuyentes. Es esa misma composición del Congreso la que explica el porqué de su indiferencia por atacar el problema del desempleo y por qué son renuentes a incrementar la presión tributaria a los ricos.

No de otra manera puede entenderse que el denominado Súper Comité, que debería proponer las medidas concretas que se requiere para disminuir en $ 1 trillón el déficit fiscal de Estados Unidos durante los siguientes 10 años, haya concluido su informe, a fines de noviembre de 2011, indicando que el déficit debe ser cerrado fundamentalmente disminuyendo los gastos, más que incrementando los impuestos a los ricos y a las corporaciones. Mientras que los republicanos claman por no subir ni un dólar en impuestos, los demócratas manejaron la formula de $ 1 de incremento de impuestos por cada $ 3 de disminución de gastos. Bajo estas fórmulas es obvio que los grandes perjudicados por esa decisión serán los pobres y la clase media.

Detrás de esas posiciones está la falsa concepción de que la carga impositiva sobre los ricos es demasiado alta y que no debe ser incrementada. Jeffrey Sachs[23], que ha sido asesor del Secretario General de la ONU, publicó un artículo en el *Huffington Post* en el que destaca que en Estados Unidos no sólo la presión tributaria es más baja que en los países más adelantados de Europa , sino que, probablemente por ello, el "índice de miseria" en Estados Unidos es claramente superior a los correspondientes a dichos países. El "índice de miseria" lo define como la suma de los indicadores que reflejan los problemas macroeconómicos fundamentales de las economías nacionales

23 Jeffrey Sachs; The Super Committees Big Lie; The Huffington Post; Nov 20, 2011

que son: desempleo, déficit de cuenta corriente y déficit fiscal. En el 2010 dicho índice en Estados Unidos fue del 23,4 mientras que Noruega, Suiza, Luxemburgo, Holanda, Suecia, Alemania y Dinamarca tienen índices menores de miseria, a la vez que la presión tributaria en todos ellos, es decir, el total de impuestos recolectados como porcentaje del PBI, superan ampliamente el 33,1 % del PBI de Estados Unidos.

Un estudio conducido por la Universidad de Standord, analizando data de los censos, sobre los ingresos de las familias en los vecindarios de 117 de las más grandes ciudades, muestra que el denominado mapa de la prosperidad en Estados Unidos ha cambiado profundamente entre 1970 y el 2007. Mientras que en 1970 el 65 % de dichas familias eran de clase media, ese porcentaje se redujo a 44 % en 2005; peor aún, un 33 % de dichas familias forman parte de los más pobres, cuando en 1970 ese indicador era de solamente 15 %. Lamentablemente esa tendencia va aparejada con sus efectos en los niveles educativos, y el estudio muestra que la diferencia en los resultados de los test estandarizados entre los estudiantes de zonas más favorecidas con los de zonas menos favorecidas se ha incrementado en 40 % entre ambos años.

Este resultado ha sido consecuencia del continuo proceso de seguir, sin ningún tipo de limitaciones, la receta enunciada por Adam Smith en los orígenes de la economía, tan lejos como el siglo XVIII, y continuada por los políticos seguidores de Milton Friedman desde 1980. Nadie en su sano juicio, ahora, en el hemisferio occidental, sin mayores ataduras ideológicas, podría siguiera discutir que el éxito económico deviene del trabajo, el ahorro y la iniciativa privada. Pero, lamentablemente, el mismo Friedman, en su afán por promover su posición, exageró la importancia de la libertad de mercado, es decir, la libre iniciativa privada sin trabas de ningún tipo especialmente las provenientes del gobierno al que poco menos catalogó como enemigo del mercado. La posición de Friedman desconoce los extremos a los que llega el "espíritu animal" que anida en el "*homus economicus*" y le niega al gobierno la posibilidad de actuar en defensa de la estabilidad de ese mismo mercado.

El gran problema de la economía, ahora, es que se requiere del accionar del gobierno para salvar a la sociedad, en Estados Unidos y Europa, de la crisis en la que la ha metido la actividad privada, mínimamente regulada a consecuencia de seguir a ultranza desde 1980 la receta de Friedman.

La situación actual es el resultado de una larga tendencia en la economía y en la sociedad norteamericana, iniciada hace más de 30 años, cuya solución tropieza con la diferencia en las recetas recomendadas por los dos partidos que a su vez son el resultado de diagnósticos distintos.

Peor aún es que, aun poniéndose de acuerdo ambos partidos sobre el origen del problema y la solución que daría origen a un cambio de rumbo en la economía, los resultados sólo serian observables en el largo plazo, cuando las nuevas políticas empiecen a generar resultados en los ingresos personales.

La percepción de Alexis de Tocqueville, hace más de 150 años, de que la sociedad americana mostraba mayor dinamismo y generaba mayor oportunidad de movilidad social que la sociedad europea, pareciera que ha sido claramente trucada en los últimos 30 años, periodo en el cual los cambios experimentados en ambas economías muestran ahora que la movilidad social en Alemania y los países nórdicos es mayor que en Estados Unidos. Esta modificación de los patrones de comportamiento social no es sólo resultado de las cambiantes condiciones económicas y políticas de esas sociedades, sino fundamentalmente de la importancia de la educación en el contexto de las prioridades nacionales. Basta observar el nivel educativo de las grandes mayorías en Estados Unidos para entender el fenómeno. Adam Lloney y Michael Greenstone, del Proyecto Hamilton, sostienen que la media de ingresos de un estudiante graduado de *high school* ha caído en 47 % en las últimas cuatro décadas.

Un estudio realizado por Emmanuel Saez, economista de la Universidad de Berkeley, que ha realizado un seguimiento permanente a la evolución de los indicadores de la desigualdad, basándose en información procedente del Internal Revenue Service (IRS) desde 1913, sostiene que entre 1993 y el 2010 más de la mitad de los ingresos totales generados en Norteamérica fluyeron al 1 % de más altos ingresos, mientras que entre 2007 y 2009 el ingreso ajustado por inflación del 99 % restante disminuyó en términos reales en 11,6 %, lo que constituye la caída más importante desde la Gran Depresión. Entre 2009 y 2010 la misma data muestra que los ingresos del 1 % crecieron en 11,6 % mientras que los del 99 % restante sólo lo hicieron en 0,2 %

Rick Santorum, que estuvo en la línea de carrera en las primarias republicanas, ha sostenido que "hay desigualdad en América. Siempre ha sido así y espero que siempre sea así". Muy pocos en Norteamérica estarían en desacuerdo con dicha afirmación, porque esa realidad es lógica en una economía que justamente genera movilidad social. El problema es que los republicanos no se percatan que la profundización de las diferencias económicas entre un 1 % que concentra mayormente la riqueza generada y un 99 % de población que baja su nivel de vida, no es precisamente el mejor escenario para una evolución económica favorable, basada en el consumo.

La existencia de un aceptado y admirado proceso de movilidad social fue la clave del éxito económico de Estados Unidos en el pasado, y la evidencia de las profundas desigualdades presentes nos muestra que ellas son el peor caldo de cultivo para las próximas generaciones, por el nivel de ansiedad social que ellas generan y por la caída en el consumo agregado que es el que realmente sustenta el crecimiento económico.

Si la extensión de la clase media garantiza el consumo, la inversión en Investigación y Desarrollo asegura la competitividad de la industria norteamericana en un mundo globalizado, donde la innovación es la clave del éxito y del mantenimiento del liderazgo.

Ya lo mencionamos antes, pero la excesiva importancia de las finanzas ha opacado la importancia de las carreras técnicas y tecnológicas que en el pasado permitieron que Estados Unidos asumiera el liderazgo económico en el mundo.

No debe olvidarse que precisamente por la caída en los costos de producción, debido a las investigaciones y uso de mejores tecnologías que permitieron inundar el mercado mundial con productos de bajo costo, fue posible trasladar a los salarios parte de las utilidades generadas, y que ello permitió incrementar el nivel de vida y de consumo de su población. Ello explica en gran parte el milagro económico norteamericano del siglo XX.

La investigación y desarrollo de nuevas tecnologías por ello no sólo permite mantener el liderazgo científico y tecnológico, sino que es la pieza fundamental del crecimiento económico. Lamentablemente, en los últimos años, dada la importancia que han adquirido las finanzas, la inversión norteamericana ha migrado desde la investigación y desarrollo hacia las bolsas de valores u otras formas de inversión en papeles. Hoy día los inversionistas, y en general la sociedad norteamericana, valoran más la inversión especulativa en papeles de rendimiento inmediato o a corto plazo, que en Investigación y Desarrollo, que lamentablemente toma un mayor periodo en madurar.

Hoy día, la economía está focalizada en remunerar las inversiones en papeles, vía los incentivos fiscales existentes para disminuir los impuestos a renta de los ricos y a las ganancias de capital, con cuyas utilidades se inundan aún más los mercados financieros. Dichos inversionistas no encuentran incentivos en dejar su dinero en las empresas y éstas no encuentran incentivos en destinar parte de sus fondos a investigación y desarrollo.

Corresponde a la Casa Blanca y al Congreso revertir la actual tendencia, creando incentivos para que las empresas inviertan en Investigación y Desarrollo, al mismo tiempo que se restrinja la disponibilidad de liquidez en manos de los inversionistas y ejecutivos en general, incrementando las tasas de impuesto a la renta en las escalas más altas, así como las tasas de los impuestos aplicables a las ganancias de capital

7.9. Optimismo político de Obama

En su "Mensaje sobre el estado de la Unión" el 24 de enero de 2012, el Presidente Obama presentó una visión optimista de la economía norteamericana, y vendió, como todo político que se precie, una perspectiva esperanzadora, no sólo de cara a elevar la expectativas de los consumidores, sino además de cosechar los votos de los indecisos e independientes para las elecciones presidenciales de noviembre.

En el papel que le cabe desempeñar a todo estadista que guía a su pueblo en tiempos difíciles, el mensaje de optimismo de Obama buscaba elevar el alicaído ánimo de los ciudadanos norteamericanos, enormemente golpeados por una crisis económica. En medio de un diagnóstico bastante acertado de la situación económica y de las causas que la han provocado, Obama hizo una defensa de lo actuado por su administración en el terreno económico afirmando que "...nosotros hemos ido bastante lejos para retroceder ahora, trabajaré con cualquiera en esta cámara para aprovechar el *momentum*. Yo intento luchar contra la obstrucción con acción, y me opondré a cualquier esfuerzo para regresar a las mismas políticas que ocasionaron esta crisis económica...".

Además de destacar que la pérdida de empleos es también consecuencia de las inversiones realizadas por las propias empresas norteamericanas en el exterior, fustigó con razón la irracional política tributaria que premia ese comportamiento, invocando la necesidad de modificar el código tributario a fin de impedir que las tasas promedio de impuesto a la renta de los contribuyentes de más altos ingresos sean menores que las de los contribuyentes de bajos ingresos. Dijo Obama: "Washington debería parar de subsidiar a los millonarios".

Fustigando al sistema financiero responsable de haber desencadenado la crisis económica, anuncio el establecimiento de una Unidad de Crímenes Financieros que se enfocará a investigar las acciones dolosas cometidas por los bancos, que sabiéndose que han violado leyes y cometido fraudes, no han sido penalizadas, mientras que hasta ahora los reales perjudicados de esas acciones continúan sin ser atendidos. Más aún, indicó que no habría más *bailouts* y que nunca más se permitiría a los bancos tomar riesgos con dinero de sus clientes. Manifestó que estaba enviando al Congreso próximamente un plan para "darle a cada responsable propietario de vivienda una posibilidad de ahorrar $ 3 mil anuales en el pago de sus *mortgages*, refinanciando sus obligaciones a bajas tasas de interés".

Defendiendo su política de estímulo económico manifestó que en pocas semanas firmaría una Orden Ejecutiva para poner en marcha muchos proyectos de inversión pública que traerían trabajo y generarían pedidos a mucha empresas, en la misma forma que durante la Gran Depresión y después de la Segunda Guerra Mundial se apoyó a la construcción de infraestructura de alcance nacional.

Destacando que mientras en otros países se duplican los recursos para la educación, en Estados Unidos se les recorta fondos y se despide a profesores. "Démosle a ellos los recursos que necesitan para mantener a los buenos profesores y que recompensen a los mejores".

Apelando a los congresistas republicanos, los urgió a cooperar en la financiación de estos proyectos restituyendo las tasas de impuesto a la renta aplicables de los dividendos y ganancias de capital que se supone fueron aprobados por la Administración Bush con carácter temporal, lo mismo que en la eliminación de los *loopholes* y abrigos tributarios que benefician a los más ricos.

Justo al día siguiente del mensaje de Obama, el presidente de la FED, Ben Bernanke, declaró que la economía podría necesitar varios años más para recuperarse y que por ello se mantendría baja la tasa de interés en apoyo de la recuperación económica, lo que esperaba ayudaría a que el crecimiento del PBI fuera de 2,7 % en 2012 y de 3,2 % en el año siguiente. Dentro de las metas adicionales de la FED anunció que se mantendría la inflación debajo de 2 % anual y que se esperaba bajar el desempleo a 8,2 % en 2012 y a 7,4 % en el año siguiente.

Obviamente las proyecciones de Bernanke apoyaban lo sostenido por Obama el día anterior en el Congreso, pero ambas perspectivas no están totalmente fundadas en hechos concretos, sino en una visión que pretende irradiar optimismo en los consumidores, en el caso del discurso de Obama, y en los inversionistas, en el caso de las declaraciones de Bernanke.

Lamentablemente, a pesar de que algunos indicadores económicos han mejorado ligeramente en los últimos meses de 2011, mostrando además una tendencia positiva, la persistencia en caída del sector inmobiliario, el enorme número de desempleados, el peligro de repercusión de la crisis económica europea y, sobre todo, la falta de soporte político de los republicanos para solucionar el tema del déficit presupuestal proyectado para los siguiente 10 años, cambiando la política tributaria de modo que los más ricos tributen mas, es difícil pensar que la salida de la crisis esté cerca.

Los buenos deseos de Obama de que se retome con fuerza las investigaciones sobre las actividades fraudulentas realizadas en el sistema financiero difícilmente culminarán en acciones punitivas sobre las mismas instituciones de modo que reparen en términos proporcionales el mal causado, ya que ello repercutiría en su real recuperación y en la economía como un todo, porque ellas aun son "demasiado grandes para caer". Es de esperarse, sin embargo, que los responsables individuales sí sean castigados, y que se restablezca aquello de que "nadie está por encima de la ley", por muy poderoso que sea económicamente y por muy protegido que se crea políticamente gracias a los *lobbies*.

Lamentablemente, en este tema, pocos avances han sido logrados por la Administración Obama, la que, a pesar de haber formado la Financial Fraud Enforcement Task Forfe en el 2009, no ha logrado hasta inicios de 2011 llevar a juicio a nadie, debido probablemente al inmenso peso político de las instituciones financieras, sus gremios representativos y los *lobbies* que ellos efectúan con los políticos en Washington.

VIII. Endeudamiento y desintegración europea

8.1. Amenazas de recesión en Europa

Algunos economistas sostienen que la Gran Recesión que empezó a afectar a Estados Unidos en el 2008 no fue consecuencia del fin de un ciclo económico, sino que sus raíces están en el colapso del sistema financiero norteamericano, como resultado del desinfle de la burbuja inmobiliaria, cuyo colapso afectó al sistema financiero formal y al denominado sistema financiero en las sombras, como consecuencia de los endeudamientos entretejidos entre ellos para potenciar la cantidad de dinero disponible en las operaciones de *mortgage* y de los derivados que posteriormente surgieron utilizando el empaquetamiento de los primeros.

La recesión que empezó a afectar seriamente a algunos países de Europa a partir del 2010, igualmente tiene sus raíces en problemas económicos derivados del desinfle de sus burbujas inmobiliarias, especialmente en España e Inglaterra, que al igual que en Estados Unidos dieron paso al colapso de la industria de la construcción y a partir de allí a la generación del desempleo y de la caída de la demanda agregada. El sistema financiero en ambos países fue duramente golpeado por el endeudamiento bancario generado para financiar ese crecimiento anómalo en el sector construcción y por las pérdidas ocasionadas como consecuencia de los problemas de recuperación de los préstamos y la caída del valor de las viviendas.

Pero hubo además otro proceso de endeudamiento masivo en toda Europa, principalmente en los países mediterráneos, cuyos gobiernos, ante la avalancha de dinero disponible en los mercados financieros, endeudaron irresponsablemente a sus respectivos países para financiar los déficit que los políticos de turno generaron para acelerar, en teoría, el proceso de acercamiento del nivel de vida de sus ciudadanos con los de los países del norte, más desarrollados. Es este proceso, de incremento de las denominadas "deudas soberanas" el que hizo eclosión posteriormente en esos países, y que ha generado la actual recesión generalizada a resultas de la necesidad de que esos países realicen ajustes estructurales que viabilicen el repago de esas deudas.

El caso más conocido, por lo largo de su tratamiento, es el de Grecia. No obstante, hay otros países mediterráneos con deudas bastante mayores, que próximamente entrarán en el mismo proceso de ajuste recesivo, como Portugal, Italia y España, que conjuntamente con Grecia forman parte de los despectivamente denominados países PIGS por algún economista del norte de Europa.

El problema de fondo para Europa es que, dada la existencia de una Unión Europea como sistema político integrador, y de una moneda común, el euro, la solución integral del problema de endeudamiento generalizado de esas economías pasa por la intervención directa de los gobiernos de los países fuertes económicamente, especialmente los de Europa del norte, encabezados por Alemania.

Pese a la oposición de la mayoría de ciudadanos alemanes y nórdicos, los gobiernos de esos países se verán obligados a usar dinero de sus contribuyentes para salvar a la Unión Europea y al euro del colapso. Sólo la refinanciación de las exageradas deudas públicas de los países mediterráneos, con el aval de sus socios políticos y económicos del norte, salvará del colapso a esas economías.

Pero no se trata de sólo un gesto político, y de la firma de los acuerdos necesarios. Debe recordarse que esas deudas fueron financiadas, principalmente, por los bancos de los países del norte, con dinero de inversionistas alemanes, franceses, nórdicos y norteamericanos, y que el refinanciamiento de las obligaciones en problemas debe implicar necesariamente el perdón de un porcentaje significativo de las mismas, para que las posibilidades de repago de las refinanciaciones sean factibles, aun en el largo plazo.

Pero eso lleva a otro problema mayor. Y es que esas operaciones de refinanciamiento afectarán a los bancos e inversionistas que, directa o indirectamente, proporcionaron originalmente el dinero. Ya los alemanes han sostenido que los bancos e inversionistas tienen también que afectarse, en la medida en que ellos son copartícipes de la responsabilidad de haber financiado "deudas soberanas" que, ya en su momento, obviamente tenían alto riesgo.

Las pérdidas de los bancos deberán generar en el sistema financiero de Europa un problema similar al que afrontó el sistema financiero de Estados Unidos con la caída de Leman Brothers. Lo anterior nos remite a la necesidad de que en Europa se tenga que generar un *"bailout"*, u operación de salvataje financiero, a los bancos en mayores problemas, similar al implementado primero por Bush y después por Obama en Norteamérica.

Allí entra el sacrificio de los contribuyentes alemanes y nórdicos, que deberán financiar con su dinero el problema generado por los políticos mediterráneos. Es entendible su posición de no querer participar en la solución de un problema que ellos no crearon.

Queda claro entonces que la Gran Recesión que afecta aún a Estados Unidos, y que ahora afecta también a Europa, tiene sus raíces en los problemas financieros derivados del exceso de créditos otorgados por el sistema bancario y de la imposibilidad práctica de que los beneficiarios los devuelvan íntegramente.

Aun cuando hay evidencias de que en los países emergentes, y en algunos países en vías de desarrollo, se han venido desarrollando burbujas inmobiliarias y financieras, a resultas de que los capitales internacionales, parcialmente de salida de Estados Unidos y de Europa, están invadiéndolos, no es claro todavía si la magnitud de esas burbujas financieras puede terminar desencadenando problemas similares en estas economías. La diferencia, sin embargo, es saltante en la medida en que esas economías no están endeudadas como las europeas.

La crisis económica generada por la crisis financiera originalmente está afectando a los países mediterráneos, pero es claro que esa crisis tendrá repercusiones económicas también en los países del norte, en la medida en que esas economías están íntimamente entrelazadas. Recordemos que Alemania tiene uno de sus mayores mercados de exportación precisamente en sus socios de la Unión Europea, y que un debilitamiento en la demanda en esas economías disminuirá sus exportaciones, afectando su aparato productivo, primero, para luego afectar a su mercado laboral, y posteriormente impactar en el consumo interno.

Si Alemania, que es el motor de Europa en general, se ve amenazado por la recesión, es indudable que las consecuencias de la crisis financiera serian catastróficas para toda Europa, y, en especial, para la Unión Europea y el euro.

A mediados de setiembre de 2011, el FMI hizo públicas sus proyecciones sobre el crecimiento del PBI, proyectando crecimientos muy por debajo de proyecciones anteriores, y señalando que la economía mundial estaba entrando en una "nueva fase peligrosa", dado que "la actividad Global se estaba debilitando y convirtiéndose en más escabrosa; la confianza estaba cayendo fuertemente y estaban creciendo los riesgos de la recesión". A inicios de octubre de 2011, el

FMI corrigió sus anteriores proyecciones, a la luz del deterioro de los indicadores económicos, no sólo en los países en problemas financieros, sino, lo que es más grave, también en Francia y Alemania.

Al día siguiente que Ben Bernanke, Presidente de la Reserva Federal, alertara a un panel de su Congreso que "la recuperación (económica norteamericana) estaba cerca de flaquear", el Presidente del Banco Central Europeo, Jean-Claude Trichet, manifestaba al Parlamento Europeo: "Nosotros estamos en el epicentro de esta crisis global", como consecuencia del deterioro de los indicadores económicos, en todos los países de la Unión, después de más de 18 meses de crisis financiera que afecta a los países periféricos, y cuyas recetas para superarla están precipitando a esos países y al resto de países de la Unión a una nueva recaída en la recesión.

Aun cuando ya es absolutamente claro que los países PIGS (Portugal, Italia, Grecia y España) sufren ya una severa recesión, Jens Weidmann, Presidente del Banco Central de Alemania, considera que si bien esa nación se encuentra golpeada, ella escaparía a la recesión.

La opinión de la mayor parte de los analistas es notoriamente diferente. Y las proyecciones de los bancos Goldman Sachs y del Commerzbank más reflejan los temores de que la crisis soberana haya afectado al sistema económico europeo en su conjunto, incorporando a Francia y Alemania, como consecuencia de la caída de sus exportaciones a sus socios europeos.

A mediados de octubre de 2011 tanto Moody's como Fitch Ratings y Standard & Poor's habían ya degradado la deuda soberana española a AA- por el pobre crecimiento económico del país y sus problemas bancarios. A pesar de las declaraciones optimistas de su Ministra de Finanzas, Elena Salgado, se estima que el crecimiento económico no debe exceder del 0,7 % en 2011 y, de acuerdo a Goldman Sachs, España entraría en recesión en 2012.

Más aún, por esa misma fecha las proyecciones del FMI anunciaban para Italia un crecimiento del PBI de sólo 0,3 % para 2012. Y con tasas de interés para su deuda del 6 %, no es difícil imaginar cómo se incrementará el monto de su deuda (que a fines del 2010 ascendía a 1,84 trillones de euros como porcentaje de su PBI), en los años por venir.

8.2. Crisis del sistema financiero europeo

A inicios de septiembre de 2011, mientras el Banco Central Europeo estaba comprando bonos soberanos de Italia y de España, tratando de mantener a flote a los bancos europeos, muchos miembros de su consejo directivo, incluido Jens Weidmann, Presidente del Bundesbank de Alemania, expresaban su desacuerdo con ello por cuanto manifestaban que ello excedía sus atribuciones.

En un discurso pronunciado ante la reunión de los G-7 en Marsella, el 9 de septiembre, la flamante nueva Presidente del Fondo Monetario Internacional, la francesa Christine Lagarde, urgió a los políticos de la Unión Europea a tomar medidas audaces e imaginativas para superar la crisis financiera y política de Europa.

A diferencia de los norteamericanos y británicos, hasta esa fecha los europeos no habían tomado acciones, con dinero de sus gobiernos, para incrementar el capital de sus bancos, ya en obvios problemas de liquidez y de solvencia. El G-7, ante el problema, emitió una simple declaración de que sus miembros estaban "comprometidos en la causa de una fuerte y coordinada respuesta internacional", que los entendidos interpretaron como dejarle la solución del problema al Grupo de los 20, que incluye a los gobiernos de los países emergentes, incluido China.

Esperar que China contribuya directamente con parte de sus reservas internacionales en la solución del problema bancario europeo, equivale a poco menos que esperar que Alemania renuncie a su soberanía para salvar a Grecia. Martin N. Baily, anterior jefe del Consejo de Asesores Económicos de la Administración Clinton, manifestó que "Estados Unidos debería prepararse para lo que podría pasar si la crisis europea no se soluciona pronto"; mientras que el economista chino Yu Yonding indicó que China está en disposición a ayudar a solucionar el problema, pero "los países europeos primero deberían mostrar que ellos tienen una hoja de ruta clara y convincentes políticas para preservar el euro y resolver sus problemas, así como la voluntad política de hacer los sacrificios necesarios".

La renuncia de Jurgen Stark, representante de Alemania en el directorio del Banco Central Europeo, en las mismas fechas, contribuyó a caldear aún más los temores de los inversionistas, respecto a la posibilidad de lograr una salida al problema de fondo. Es bien conocida la posición de Stark respecto a la compra de bonos soberanos por parte de ese banco. El ambiente político en Europa se encontraba enrarecido además por las declaraciones de Kurt Lauk, Presidente del Consejo Económico de la Democracia Cristiana, el partido político a cargo del gobierno alemán, de que "la renuncia debería ser considerada como un dramático campanazo de alarma a fin de que el BCE sea conducido por el camino correcto". La renuncia de Stark se une a la anterior de Axel Weber, quien fue presidente del Bundesbank, y quien renunció en febrero, también al directorio del BCE. Es unánime la oposición de los alemanes a las operaciones de compra de bonos soberanos por parte del BCE, lo que deja muy poco margen de maniobra para el salvataje del sistema financiero europeo con dinero alemán.

El gran problema de viabilidad de la Unión Europea es que para solucionar sus problemas, en cualquier tema, se requiere unanimidad, y ello es prácticamente imposible de lograrse cuando la solución de un problema de uno de sus miembros pasa por el sacrificio de otros, sin responsabilidad en el tema.

Después de más de 18 meses, y a pesar de los esfuerzos de coordinación, es imposible llegar a una solución que satisfaga a todos y que además sea aprobado por cada país en su instancia constitucional más alta.

A mediados de septiembre de 2011, las acciones de los tres más importantes bancos franceses, BNP Paribas, Sociteé Generale y Credit Agricole cayeron cada uno más del 10 % dentro de rumores de que serian severamente afectados en el caso de un *default* por parte de Grecia. Dichos bancos, sobre todo los dos primeros, son considerados "demasiado grandes para caer", y en caso de problemas el gobierno francés deberá intervenir, aun cuando Eric Besson, ministro francés de Industria, manifestó que hablar de cualquier nacionalización parcial era muy prematuro. Los funcionarios franceses, sin embargo, a esas alturas, todavía consideraban que esos bancos estaban adecuadamente capitalizados, a pesar de los obvios problemas de liquidez por los que ya atravesaban, por la retirada de dinero norteamericano y el alto costo que significaba conseguirlo.

Mientras que los políticos europeos seguían deliberando sobre la salida real al problema financiero de Grecia, los inversionistas ya cotizaban esa deuda al 40 %, lo que implícitamente señalaba ya el costo del anunciado *default* griego. Si la deuda pública de Grecia se estimaba en $ 500 billones, era ya obvio que el problema de los acreedores griegos, es decir, el sistema financiero europeo, podría alcanzar a $ 300 billones. Esta cifra ya era muy superior al 21 % que se sabía inicialmente se había ofrecido como sacrificio a esos acreedores, pero cuya aceptación debía primero pasar por las instancias políticas que debían aprobar ese segundo programa de restructuración de la deuda griega, pendiente desde junio.

La alternativa de retirar a Grecia de la Unión podría, sin embargo, resultar más costosa en la medida en que el *default* seria del 100 %, y sus efectos adicionales sobre el mercado financiero podrían ser mayores, a la par que más dolorosos para el pueblo griego.

De acuerdo al FMI, un *default* de la deuda soberana de Grecia debería requerir un incremento de más de $ 400 billones en el capital y reservas de los bancos europeos. En teoría, cualquier necesidad de incrementar el capital de los bancos debería ser cubierta con aportes privados, sin embargo, bajo las circunstancias de fines de septiembre de 2011, muy pocos inversionistas invertirían en ellos. La misma actitud de los bancos para apoyar a los otros bancos con líneas de corto plazo, evidencia la desconfianza en la solvencia de la industria en su conjunto. El acceso a recursos de corto plazo está cerrado y los bancos están en un continuo proceso de refinanciamiento de sus obligaciones de largo plazo. Es obvio para todos que la única fuente de recursos para salvar al sistema financiero europeo son los recursos de los contribuyentes.

Acciones coordinadas entre la FED de Estados Unido, el Banco de Inglaterra, el Banco del Japón, el Banco Nacional Suizo y el Banco Central Europeo están siendo tomadas para permitir que los bancos tomen créditos por hasta tres meses en lugar de sólo uno, a fin darles un mayor respiro hasta fin de año, dado el retiro de fondos del mercado de *money market* de Estados Unidos.

8.3. La duda existencial alemana

Mientras que las autoridades económicas griegas tratan de vender a su parlamento las mayores medidas de austeridad impuestas por sus socios en la Unión Europea, Ángela Merkel se resigna a no poder vender fácilmente a sus connacionales y a su parlamento el apoyo alemán a un *default* ordenado de Grecia.

Las medidas adicionales impuestas a Grecia incluyen, entre otras, el despido de 30 mil trabajadores estatales más, el incremento del impuesto a la renta a los pensionistas que ganan más de 1 200 euros al mes y para aquellos retirados con menos de 55 años. La última medida mencionada es obviamente impuesta por los alemanes y finlandeses que se retiran después de los 65 años. Detrás de esos beneficios, y la fácil forma en que los griegos logran su retiro, está la razón por la cual el Parlamento de Finlandia se ha empecinado en apoyar la reestructuración de la deuda griega, sólo en la medida en que ese apoyo sea garantizado con colaterales o garantías reales.

Mientras subsista la oposición de los contribuyentes, y políticos que los representan, alemanes, finlandeses y connacionales de otros países de la Unión Europea, cualquier medida de apoyo a Grecia estaría condenada al fracaso. Obtener la unanimidad de apoyo a Grecia parecería prácticamente imposible y eso conlleva al fracaso de la Unión.

Es claro, entonces, que la crisis de la deuda soberana europea no será resuelta en las instancias políticas, y que por lo tanto lo más sabio es estar preparado para un *default* lo más ordenado posible, en principio, conservando la Unión. En un escenario global como ese, es difícil establecer "todas" las acciones y herramientas adecuadas para evitar males mayores.

Dentro de las acciones fundamentales, la primera, y más importante, es la de evitar las denominadas "corridas bancarias", es decir el temor de los depositantes por salvar su dinero, las que conducirían irremediablemente a una crisis financiera difícil de controlar. Si bien los dispositivos legales existen en cada país, debe remarcarse la necesidad de las declaraciones políticas que conlleven a evitar tales corridas, y nada más adecuado para ello que garantizar la liquidez de los bancos con los aportes de liquidez que todos ellos requieran por parte del Banco Central Europeo.

Dado que no se trata de salvar a Grecia, sino a todo el sistema financiero europeo, es de suponerse que la oposición política, tanto en Alemania como en el resto de países acreedores, arriará sus banderas y se sumará a las voces de apoyo conjuntas, ya que se trata de que cada país salve a su sistema financiero, mediante las medidas de aporte fiscal que sean necesarias para recapitalizar a sus bancos. El problema reside en los bancos de los países más endeudados, para cuya recapitalización será necesario acudir al FMI, si no se quiere correr el riesgo de que los depositantes italianos o griegos, para salvar su dinero, trasladen sus fondos a bancos alemanes.

Pero salvar al sistema financiero europeo no es la única condición necesaria y suficiente para salvar a la Unión Europea. Tanto a los alemanes como a los griegos debe convencérseles que permanecer dentro de la Unión es menos malo que salirse de ella, y allí radica la mayor responsabilidad de los políticos a cargo de los gobiernos respectivos.

Difícil es prever el desenlace en cada uno de los escenarios políticos, pero es razonable anticipar que más fácil será convencer a los alemanes de permanecer en la Unión que a los griegos. Los argumentos a favor de la permanencia de Alemania son casi obvios, por las ventajas económicas que se han derivado de su participación; pero las ventajas para los griegos son mucho menos obvias, aun cuando salirse de la Unión tiene graves desventajas para ellos. En el caso de Alemania, reinstalar un marco "fuerte" tiene grandes desventajas para la competitividad de su industria de exportación, mientras que para los griegos reponer un dracma "débil" debe ayudarle a recuperar competitividad.

Por otro lado, Grecia cuenta con un gran porcentaje de su economía real en las sombras, es decir, en la informalidad, por lo que la economía real es más grande de lo que aparece en números oficiales. Incorporar esa economía a la formalidad, mediante un incremento de la captación de impuestos sobre esa porción de la economía, debe aminorar el incremento de la presión sobre la parte oficial ya severamente afectada con las medidas recientes.

El desenlace más probable es la salida de Grecia y la permanencia de Alemania, pero ello no garantiza que no se vuelva a presentar en el futuro el mismo problema. Alemania habrá aprendido la lección y estará preparándose para implementar vías alternativas de fortalecer su economía y comercio dentro de la Unión, pero sin comprometerse políticamente en la salvación de otra futura Grecia.

Los ciudadanos alemanes en un 93 % no están de acuerdo con la emisión de los "eurobonos", de acuerdo a una encuesta llevada a cabo en septiembre de 2011. Detrás de esa posición está la irreductible posición de los alemanes de no ayudar a aquellos que no se ayudan a sí mismos, por su poca predisposición al trabajo, así como su actitud derrochadora e irresponsable.

Las lecciones de la historia enseñan a los pueblos, y los alemanes tienen una muy larga historia de caídas profundas y resurgimientos notables, como muy pocos pueblos en el mundo, desde los inicios de la civilización occidental hasta nuestros días, y muy especialmente en el siglo XX, cuando sufrieron las debacles posteriores al fin de la primera y segunda guerras mundiales, que demandaron una reconstrucción desde sus raíces, no sólo de su economía sino hasta de su sociedad. La reunificación alemana igualmente significó un tremendo reto mediante el cual Alemania Occidental se solidarizó con sus connacionales orientales, y el sacrificio conjunto de más de treinta años de arduo trabajo dio como fruto la actual Alemania, a la que los otros países de Europa quisieran imitar.

Si Alemania y los alemanes han aprendido de la historia, sus socios en la Unión obviamente no lo han hecho y siguen repitiendo su persistente comportamiento de hace dos mil años, y por eso es entendible que los alemanes no los perdonen.

Técnicamente, la autorización por parte de Alemania para que el Banco Central Europeo emita los eurobonos necesarios para refinanciar a los países endeudados, ya fue dada en el momento en que el Banco Central Alemán (Bundestag) cedió al Banco Central Europeo la posta en el manejo de la política monetaria de la Unión, en el momento de creación del euro.

La discusión en curso es más, por tanto, la de aceptar la casi inorgánica emisión de bonos por parte del BCE, que constituiría un primer paso hacia la pérdida de manejo adecuado de las finanzas del euro, que a la postre podría conducir a desatar la temida inflación.

Si a la mayor parte de los ciudadanos alemanes no les agrada la idea de apoyar a Grecia, a la mayor parte de sus políticos la alternativa de salirse de la Unión Europea les resulta el peor de los males. La permanencia en la Unión es casi la garantía real de no más guerras y diferencias nacionales irreconciliables, como en el pasado, y aun cuando muchos de ellos coinciden en que el sistema no provee de la suficiente estabilidad en el largo plazo, la alternativa va en contra de la historia y del legado de Konrad Adenauer y Helmut Kohl.

Y así lo entendieron los parlamentarios alemanes, quienes el 29 de septiembre de 2011 aprobaron, por 523 votos a favor y sólo 85 en contra, las nuevas medidas de apoyo a Grecia, las que, según declaró Wolfang Schauble, el Ministro de Finanzas, no constituyen un cheque en blanco, ya que futuros apoyos deberán igualmente ser solicitados y aprobados por la misma vía.

Aun cuando la aprobación incrementa la participación alemana desde 123 billones de euros a 211 billones de euros, no es claro hasta qué límite habría que llegar para solucionar el problema griego, y así lo entienden algunos críticos a la participación alemana cuando califican al European Financial Stability Facility (EFSF) como Europe Finance Suicide Fund en un *graffiti* en el mismo Reichstag.

8.4. Los eurobonos

En Europa, al igual que en Estados Unidos, las tasas de interés están cercanas a cero, lo cual es una obvia indicación de que existe un exceso de liquidez. El sistema financiero, fundamentalmente el sistema bancario, se supone es el intermediario eficaz encargado de canalizar los recursos de los ahorristas a los que necesitan usar ese dinero. En tiempos pretéritos, no muy lejanos, los países del norte de Europa ahorraban y ese dinero era canalizado a colocaciones en los países del sur, que se supone lo invertían, pero que mayormente, como se ha demostrado, lo gastaban.

El ahorro de los países del norte era depositado en sus bancos locales, los que lo invertían en la compra de bonos soberanos de los países del sur. Desde el momento en que la percepción del riesgo de tales colocaciones o inversiones se ha incrementado notablemente, los ahorristas e inversionistas en el norte han modificado su comportamiento, exigiendo tasas de interés cada vez más altas conforme se incrementa la percepción de que el riesgo de tales colocaciones se incrementa. Desde el momento en que tales inversiones se vuelven precarias o ya han sido clasificadas como riesgosas, los bancos del norte se encuentran impedidos de vender tales valores a los inversionistas privados.

Se presenta entonces un problema de exceso de liquidez en el norte, que no puede seguir siendo colocado en los países del sur. El costo cercano a cero de tales recursos para los clientes del norte no es suficiente para crear demanda por ellos y en tales condiciones el exceso de liquidez no tiene dónde colocarse.

La forma de romper ese entrampamiento es la emisión de los eurobonos, garantizados por todos y cada uno de los países conformantes de la zona del euro, en las proporciones establecidas en función de su importancia macroeconómica. Es obvio que más que la garantía de cualquier otro miembro de la zona del euro, la garantía más importante es la de Alemania, y ello obviamente convencería a cualquier inversionista para invertir en su adquisición, independientemente de que eso sea el resultado de convertir deuda soberana griega en eurobonos.

Si bien la emisión de los eurobonos soluciona parcialmente el problema de exceso de liquidez, ello puede incubar las condiciones para que los países del sur sigan con la fiesta del endeudamiento, si es que previamente no se establecen los mecanismos de control del déficit público y del endeudamiento privado agregado.

Aun cuando Alemania y los alemanes decidieran apoyar a la Unión Europea garantizando los nuevos bonos a ser emitidos, en reemplazo de los bonos soberanos, de modo de reprogramar o refinanciar a los países altamente endeudados (Portugal, Irlanda, Italia, Grecia y España), en teoría la cantidad de bonos a emitirse excede la propia capacidad de endeudamiento de los países garantes (Alemania, Holanda, Francia) lo que lleva a evaluar la necesidad de acudir a otras fuentes de financiamiento externas a Europa.

No basta con la aprobación de los parlamentos de Finlandia y Alemania para ampliar los fondos disponibles por el European Financial Stability Facility a la autorización lograda tres meses antes por los representantes de los 17 países de la zona del euro, por hasta $ 600 billones en préstamos y $ 1,060 billones en garantías, los que muchos analistas consideran insuficientes para enfrentar la reprogramación de deudas de los países endeudados, incluyendo España e Italia.

Es importante destacar que, a diferencia de la FED de Estados Unidos, el Banco Central Europeo carece de autoridad para adquirir bonos a discreción para proveer de liquidez a los bancos, y mucho menos inundar el sistema financiero con operaciones similares a las "*quantitative easing*" , y que no dispone de autoridad para emitir moneda a su antojo. Debido a esas limitaciones, en mayo de 2010 las autoridades de la Unión Europea crearon el denominado Fondo de Estabilización Financiera Europeo, el cual puede actuar como prestamista de último recurso, pero por montos limitados a los fondos de los que dispone, que, como ya hemos señalado, no son suficientes para enfrentar la posibilidad de un *default* de España o Italia, después de solucionado el problema de Grecia.

Es obvio que tampoco Estados Unidos dispone de los fondos necesarios, ni sus políticos permitirían incrementar su deuda pública con avales a terceros países en crisis. Por ello la única fuente disponible de recursos para complementar los recursos necesarios es China, que cuenta con ingentes reservas internacionales, mayormente colocadas en Bonos del Tesoro de Estados Unidos, con la alternativa de diversificar su actual riesgo adquiriendo bonos europeos de más o menos igual riesgo.

La opción planteada, sin embargo, tropieza con graves problemas de tipo geopolítico, vinculados, por parte de Occidente, a ceder poder al coloso del Oriente. La escena no sería sino la repetición del vacío de poder dejado por Gran Bretaña en 1930, cuando ese poder hegemónico debió ceder su liderazgo económico a Estados Unidos, la nueva potencia emergente en aquel entonces.

Hoy día, ni la Unión Europea, ni Estados Unidos se encuentran en capacidad de ejercer su liderazgo para rescatar a los países europeos altamente endeudados, y por ello esta oportunidad podría ser aprovechada por China para extender y fortalecer su presencia económica en el mundo, incrementando su cartera de inversiones y diversificando su riesgo.

Mientras los alemanes se debatían en la indecisión, los chinos lanzaron sus redes para pescar en "rio revuelto". El mismo Premier Wen Jiabao, desde China, tendió su mano para ayudar a los países europeos en problemas. Eso sí, con la condición de que los europeos renuncien a sus demandas de que las mercaderías chinas se venden por debajo de sus costos.

Wen, en una conferencia en el norte de China, demandó a los europeos a clasificar a China como una "economía de mercado", al mismo tiempo que anunciaba subsidios por $ 1 billón a los países del Caribe. Bajo los términos de la Organización de Comercio Mundial, China debería acceder a calificar como "economía de mercado" recién en el 2016, pero Wen aprovechó la oportunidad para exhortar a las naciones europeas a "mirar valientemente el tema desde un punto de vista estratégico", para agregar que "si la Unión Europea puede demostrar su sinceridad adelantando algunos años la decisión, eso podría demostrar nuestra amistad". Recuérdese que desde el 2003 China está esperando que sea declarada "economía de mercado" para que sus productos tengan libre acceso al mercado europeo.

Ante el embate de China, Estados Unidos no se quedó quieto y envió a su Secretario del Tesoro, Timothy Geithner, a Europa, precisamente a Polonia, donde los miembros de la Unión Europea se reunían, en paralelo con los miembros de la zona del euro, para alertarlos de que un fracaso de sus acciones podría dejar el destino de Europa en manos de *"outsiders"*.

Su aparición, sin precedentes, en una reunión de ministros europeos reunidos para analizar las posibilidades de incrementar los fondos de apoyo a los países en problemas, demostraba la preocupación de Estados Unidos de que los países de la Unión Europea aceptaran las ofertas chinas. Ante la preocupación norteamericana, Jean-Claude Junker, Presidente del grupo de ministros de finanzas de los 17 países de la zona del euro, manifestó que "él (Geithner) planteó el tema, pero no hizo presión sobre él". Agregando, "el grupo no estaba estudiando la expansión del monto de los *bailouts*, con quienes no eran miembros del grupo", en directa referencia a China, pero también a Estados Unidos.

8.5. Las alternativas de Grecia

A fines de septiembre de 2011 el Parlamento griego aprobó un nuevo paquete de medidas exigidas por la Unión Europea y el FMI para proseguir con su apoyo en el segundo *bailout* a Grecia. Dentro de las medidas impuestas está la reinstalación de un Impuesto a la Propiedad, que fuera derogado anteriormente ante la protesta de sus ciudadanos y la debilidad de sus políticos. Dicha medida, estiman los analistas, podría permitir recaudar $ 2,7 billones el primer año, si se aplica sobre 5,5 millones de hogares que constituyen el 80 % del total de hogares griegos, para pagar entre $ 1 045 y $ 2 041 dependiendo de la localización y tamaño de la propiedad.

Los políticos griegos deben haber evaluado las alternativas de que disponen, ante la presión de los políticos europeos y los técnicos del FMI, ya que su Ministro de Finanzas le habría confirmado a Christina Lagarde, cabeza del FMI, la suscripción de garantías de que las exigencias serían cumplidas dentro de un determinado cronograma.

Los políticos de la Unión Europea, reunidos en el Parlamente en Strasburgo, son conscientes de que las exigencias son duras para el pueblo griego, y que se estaba tratando de "encontrar un punto de coincidencia entre lo que se esperaba que el gobierno griego haga y lo que era posible de hacerse", en palabras de Jean-Claude Juncker, presidente del grupo de ministros de finanzas de la zona del euro.

La férrea posición de los políticos europeos, especialmente de los alemanes y franceses, es entendible en la medida en que se está estableciendo un precedente para desalentar a cualquier otro país que sienta la tentación de transitar por la misma vía facilista de los anteriores gobiernos griegos. Pero, salvar a Grecia, dentro de la Unión, además garantiza que un *default* ordenado no arrastrará a los bancos alemanes y franceses a problemas, que serian inmanejables si a ello se agregan posteriores y más temidos *defaults* de Portugal, España e Italia.

Las condiciones impuestas por sus socios de la Unión Europea permitirían reducir en casi 20 % las deudas de Grecia y refinanciar el resto con garantía del resto de sus socios, posiblemente mediante la emisión de los eurobonos. El problema para Grecia es, sin embargo, mucho más grande y probablemente requeriría de reestructurar más del 80 % de sus deudas en un momento en que el mercado ya valoriza en sólo 14 euros, un préstamo de 100 euros a 10 años.

El gobierno griego necesita evaluar otra alternativa a una situación por demás imposible de sostenerse en el futuro inmediato. El alto desempleo, depresión de la demanda, déficit fiscal y déficit de balanza de pagos no pueden ser superados con medidas altamente recesivas como las impuestas por el FMI y sus socios de la Unión. Tomar el camino impuesto garantiza algunas decenas de años de estancamiento económico y crisis social. Dado que el problema griego reside fundamentalmente en la pérdida de competitividad de su economía, la mejor y más rápida forma de lograr ello es a través de una devaluación de su moneda, al estilo de otras economías nacionales. Y, la única forma de lograrlo es salirse de la Unión Europea.

Legalmente, sin embargo, no es fácil tomar este camino ya que las formalidades legales suscritas para la formación de la zona del euro no contienen ninguna provisión que viabilice la salida legal de alguno de sus miembros. No significa eso que Grecia no pueda, como se dice en lenguaje coloquial, patear el tablero y salirse de la unión sin esperar la anuencia de sus socios.

En términos prácticos, tal decisión podría desencadenar una serie de situaciones, muchas de ellas de imprevisibles consecuencias para todos los involucrados. El problema es que cuanto más arrinconen al pueblo griego con imposiciones excesivas que con seguridad conducirán a una larga etapa de recesión muy dolorosa, y que podría ser evitada, pueden generarse las condiciones para que algún gobierno, legal o de facto, decida separarse de sus socios.

Tal desenlace no sólo sería nefasto para Grecia, sino también de efectos devastadores para el resto de socios, especialmente por las consecuencias que ello acarraría sobre el sistema financiero europeo en su conjunto, y peor aún si el ejemplo es seguido después por el resto de países periféricos en problemas.

La experiencia de Gran Bretaña en su lucha contra la recesión, con su Primer Ministro David Cameron enarbolando las banderas de la austeridad, muestran dos años después que las medidas tomadas no sólo no han sido efectivas, sino que han profundizados sus problemas, aun cuando los políticos no reconocen esa realidad ni menos estudian algún curso de acción alternativo. A mediados de octubre de 2011 las cifras macroeconómicas muestran un crecimiento de apenas 0,1 % en el segundo trimestre del año, con un nivel de desempleo de 8,1 %, que es el más alto en 15 años, después de despedir a mas de 100 mil empleados públicos en los meses anteriores. A pesar de ello, o quizás por ello, sus políticas de reducción del déficit público no sólo no han tenido mayor efecto, sino lo más importante es que no ha revivido la confianza necesaria para que el sector privado los contrate, como el gobierno esperaba.

Este es el mejor ejemplo de lo que le esperaría a Grecia, pero probablemente con mayor gravedad, si se siguen las políticas recomendadas por el FMI y sus socios de la Unión Europea.

8.6. Peligro de desintegración de la Unión Europea

A fines de septiembre de 2011, con la aprobación del Parlamento de Alemania al segundo programa de apoyo a Grecia, y habiendo días antes el Parlamento griego aprobado el nuevo paquete de medidas exigidas por la Unión Europea, parecía que el camino se encontraba despejado para que el resto de naciones que faltan aprobarlo lo haga en los días siguientes.

Aun cuando, por el momento, la permanencia de la Unión Europea parecería asegurada, y que José Manuel Barroso, Presidente de la Comisión Europea, piensa que "lo que ahora necesitamos es un nuevo impulso unificador", era claro que se acababa de saltar la primera valla en el camino, pero sólo la primera y la más baja.

No son pocos los analistas que sugieren que la deuda en problemas en Europa pudiera ascender a 1,5 trillones de euros, y hasta algunos especulan que ella alcanzaría hasta 4 trillones de euros. Compárese esas cifras con el PBI de Alemania que alcanza a 2,5 trillones de euros, o con el PBI conjunto de la zona del euro que asciende a 9,0 trillones de euros y podrá apreciarse que el paso dado es sólo el principio de un camino muy largo y tortuoso, aún por recorrerse.

La creación del euro fue el resultado de un sueño político de unidad europea, concebido por los políticos idealistas, mientras que la amenaza de su destrucción proviene de la tangible realidad económica derivada de los políticos ineptos y deshonestos, que tratando de obtener la prosperidad para sus pueblos en el corto plazo, endeudaron a sus países con la complicidad de un sistema financiero inundado de liquidez y de economistas incapaces de poner coto a una realidad visible a los ojos de cualquiera.

Recuérdese que el origen del actual problema es que en el sistema del euro se incluye a países del norte altamente desarrollados y con excedentes financieros y países del sur de muy baja productividad y con estructurales déficit financieros. Se juntaron "tirios y troyanos" en el mismo saco con la visión idealista de que el buen ejemplo cundiría, cuando en la realidad, ni las personas, ni las naciones, cambian su comportamiento estructural, por sólo el ejemplo. Sólo las leyes y su exigido cumplimiento, durante siglos, forjan el comportamiento de las naciones.

Los principios económicos básicos del establecimiento del euro, dentro de ellos, el límite al endeudamiento, no fueron más que enunciados para los países mediterráneos, sin que haya existido ningún mecanismo de control, seguimiento y sanción que previniera se llegara a los extremos actuales.

A mediados de octubre de 2011, los líderes políticos y las autoridades económicas de la Unión Europea que asistieron, en Frankfurt, al traspaso de la Presidencia del Banco Central Europeo, de Jean-Clause Trichet a Mario Draghi, tuvieron la oportunidad de reencontrase con uno de los símbolos de la fundación de la Unión Europea, Helmut Schmidt, ex Canciller de Alemania que, a sus 92 años, dio lectura a un discurso que representa la esencia de lo que hoy día Europa requiere como liderazgo por parte de un Canciller Alemán. Dijo él: "Cualquiera que considere a su propia nación mas importante que la Europa común, daña los intereses fundamentales de su propio país", añadiendo después que "los fuertes deben ayudar a los débiles" en clara alusión a que Grecia necesita de la ayuda de Alemania. Todos los presentes, así como los que después leímos esas expresiones, deben haber pensado correctamente que constituyen una reminiscencia y un recordatorio de los valores fundamentales que guiaron a los fundadores del proyecto de unidad política y económica de europea, así como un claro mensaje a los actuales políticos, especialmente Ángela Merkel, para que suavice la intransigente posición alemana al tratamiento de la deuda griega. Más tarde, la actual Canciller alemana manifestaría en su defensa "nosotros vivimos en democracia y tenemos que operar de acuerdo a sus reglas fundamentales", en el sentido de que la posición alemana depende del consenso democrático dentro de ese país.

Como todos los grandes proyectos, el proyecto del euro necesita un claro liderazgo político y moral, que ni Ángela Merkel ni Nicolás Sarkozy han estado en capacidad de asumir, ni mucho menos Sergio Berlusconi representar.

La falta de liderazgo de talla continental de los alemanes deriva de sus propios temores de crear anticuerpos en sus socios actuales, en donde la igualdad de poderes nacionales está adecuadamente balanceada, y que cualquier mayor injerencia alemana sea interpretada como una pretensión de hegemonía continental.

Además, tomar el liderazgo para los alemanes implica, en la práctica, imponer a sus socios su estilo de vida, frugal, trabajador y ahorrativo, como condiciones para el progreso, lo que difícilmente será aceptado por los políticos mediterráneos. Peor aún, si esa visión, además, está complementada con la ejecución de políticas restrictivas para solucionar el problema económico europeo, que casi todos los economistas occidentales, incluido el FMI, consideran recesivas. Bajo ese escenario es entendible que no existan candidatos para un liderazgo, que toda Europa demanda.

Sorprendió a todos, sin embargo, que a fines de octubre de 2011, en un histórico discurso ante el Bundestag, Ángela Merkel haya logrado la aprobación por parte del Parlamento de Alemania, por 503 votos a favor 89 en contra y 4 abstenciones, de las líneas matrices de lo que dos días después en Bruselas se consagraría como el inicio del fin de la crisis en Europa. "El mundo está mirando a Alemania, a ver si somos lo suficientemente fuertes para aceptar la responsabilidad por la más grande crisis después de la Segunda Guerra Mundial", añadiendo después: "Sería irresponsable no asumir el riesgo". El discurso y la actitud de la Canciller de Alemania borraron de un plumazo su actitud anterior (de cortas miras nacionalistas), para jugársela por entero en apoyo a la Unión Europea.

Cuatro líneas de política implícitas en su discurso no dejan dudas de las condiciones del apoyo alemán: (a) Revisión de los tratados para fortalecer la disciplina fiscal; (b) Línea dura en el trato al sistema financiero, reforzando la regulación bancaria, incremento de la fortaleza financiera de los bancos, hacerlos participes de las pérdidas (50 %) de sus colocaciones en Grecia y hacerlos sujetos de impuestos a las transacciones financieras; (c) Reconocimiento de que Grecia no puede salir del problema sin una reducción efectiva de su endeudamiento, y; (d) Incremento sustancial del fondo de emergencia, de hasta $ 1,4 trillones, para apoyar al sistema financiero, es decir, más del doble del aprobado anteriormente.

8.7. Impuesto a las transacciones financieras

A inicios de octubre de 2011 la Comisión Europea propuso el establecimiento de un impuesto a las transacciones financieras (Financial Transacction Tax o FTT) con tasa del 0,1 % sobre los montos de transacciones en bonos o acciones y 0,01 % sobre los montos vinculados a transacciones de derivados. La idea es la de disminuir la especulación en los mercados financieros. Paradójicamente los alemanes y franceses denominan este impuesto como el "Impuesto de Robin Hood", al que férreamente se ha opuesto Gran Bretaña

Los analistas inmediatamente arremetieron contra tal decisión, insistiendo que se trata de una decisión emocional y apresurada para obtener mayores ingresos, que se estiman en 50 billones de euros al año, con los cuales hacer frente, después, a las demandas de capitalización de los bancos.

Ello, sin embargo, además de ayudar a combatir la especulación y disminuir la volatilidad de los mercados financieros, es una forma de restringir el acceso de los enormes excedentes de capitales a operaciones financieras que incrementan el riesgo del sistema financiero en su conjunto, como ha sido demostrado con la formación de la burbuja inmobiliaria en Estados Unidos y la burbuja de deudas soberanas en Europa.

Un sobrecosto a estas inversiones especulativas debe hacer evaluar mejor a los inversionistas sobre la conveniencia de efectuar esas transacciones en lugar de estacionar sus fondos en inversiones reales o en depósitos bancarios menos rentables pero más seguros. Obviamente una forma adicional de apoyar este desvío masivo de fondos es incrementando la tasa de interés que pagan las instituciones financieras por estos depósitos.

No sólo James Tobin, ganador del Premio Nobel de Economía en 1981, sino también John M. Keynes, desarrollaron la idea de establecer estos impuestos como una forma de reducir la especulación y la volatilidad que ellos vieron como peligrosas e improductivas.

A pesar de la oposición intransigente de muchos economistas, especialmente aquellos de corte liberal, en el sentido de que violan el principio de que es ineficiente poner impuestos a los factores intermedios de producción, este tipo de impuestos han sido exitosos en países emergentes como Brasil, en donde fueron recientemente incorporados para evitar la afluencia de capitales especulativos, sin que se haya demostrado que han frenado el crecimiento del país.

La denominación de "Tobin Tax", para este tipo de impuesto a las transacciones financieras, fue propuesta por Adair Turner, quien desde septiembre de 2008 es Presidente de la Financial Services Authority de Inglaterra, la entidad responsable de regular la actividad financiera en la City, el segundo centro financiero mundial en importancia, después de Wall Street.

La propuesta para que este tipo de impuesto sea de aplicación universal sería defendida por Ángela Merkel y Nicolás Sarkozy en la reunión del G20 a celebrarse en Cannes a inicios de Noviembre 2011. Es de preverse que Barak Obama, a pesar de su sintonía intelectual con los Ocupantes de Wall Street, no la avale, ya que más pesará su cercanía ideológica con Wall Street y la banca, quienes hace muchos años han resistido la idea de crear un impuesto similar. En tales condiciones Europa estará en desventaja a partir de Enero 2014 cuando empezara a ser aplicado en ese continente, ya que muchas transacciones de este tipo serán efectuadas, entonces, en Norteamérica. Si algún incauto piensa que eso favorecería a Estados Unidos, ello es poco probable ya que con la inundación de capitales existentes en el mundo, ello agudizaría la concentración de ese excedente en sus plazas bursátiles, con el consecuente mantenimiento de tasas de interés cercanas a cero.

A inicios de noviembre de 2011, el senador demócrata Tom Harkin (Iowa) y el representante Peter DeFazio (Oregón), presentaron un proyecto de ley en el Congreso de Estados Unidos para imponer una tasa de 0,03 % a todas las transacciones financieras, lo que permitiría levantar más de $ 350 billones en 10 años, según cálculos del Comité Conjunto de Impuestos. Se estima que esa tasa tendría un mínimo impacto en los inversionistas de acciones y bonos, pero sería sumamente importante para los *traders*, por lo reiterativo de sus operaciones, lo que permitiría disminuir el volumen de las transacciones especulativas.

8.8. Reforzando el sistema financiero

Los bancos europeos mantienen $ 2,2 trillones de deudas soberanas de España, Grecia, Irlanda, Italia y Portugal, de acuerdo a cifras del Bank for International Settlements, y dado el peligro de incumplimiento de sus deudores es imprescindible que incrementen sus niveles de capitalización. Sin embargo, muchos de ellos arguyen que direccionar sus actuales fondos a ello podría dañar a sus clientes y a la economía en general, lo cual es cierto, pero también despierta las sospechas de que quieran aprovecharse del dinero de los contribuyentes europeos en general y de los alemanes en especial, al estilo de los bancos americanos durante su crisis financiera.

De acuerdo a regulaciones existentes, el capital adicional necesario debe conseguirse primero de inversionistas del sector privado; después, si no es suficiente, de su propio gobierno; y sólo después utilizándose recursos comunes de la zona del euro, es decir, de otros países socios con disponibilidad para ello. Obviamente Alemania frontalmente se opone al uso de los fondos comunes para recapitalizar a bancos de otros países que compiten con sus propios bancos.

La calificación de riesgo de los bancos franceses como BNP, Paribas, Credit Agricole y Societe Generale, que están profundamente expuestos con deudas soberanas de los otros países mediterráneos, fueron degradadas a mediados de octubre de 2011 por Standard & Poor's.

Se supone que los requerimientos de capital mínimos son del 9 % del total de activos, es decir, se requeriría un incremento del 50 % sobre los vigentes del 6 %, de acuerdo a propuestas en circulación en las entidades burocráticas de la Unión Europea. Aun cuando oficialmente no ha habido, a mediados de octubre de 2011, una propuesta concreta al respecto, de hacerse, ello significaría adelantar la decisión recientemente aprobada norma de Basilea III, que exige dichos niveles de capitalización recién en el 2019.

De acuerdo a Goldman Sachs, al menos 50 de los 91 bancos europeos analizados por las autoridades incumplen con esos niveles de capitalización, y reponerlos demandaría una inversión de 298 billones de euros. Pero detrás de estas estadísticas subyace el principal problema que es la diferencia en magnitud de los problemas de los bancos franceses con los alemanes, que pondrá en evidencia el real peso económico de cada una de esas naciones en el contexto del sueño en la unidad europea.

Mientras la Canciller alemana Angela Merkel y el Presidente francés Nicolás Sarkozy enfatizaron la necesidad de actuar juntos en el liderazgo para sacar adelante la Unión Europea, la realidad en el tema de la necesaria capitalización de los bancos debe mostrar la incómoda fortaleza alemana frente a la obvia debilidad francesa, que no ha logrado tener un superávit fiscal desde 1974, y cuyos bancos han sido los primeros en Europa en ser degradados por las calificadoras de riesgos. Esta delicada situación da pie a que sea prácticamente imposible que ambos países actúen a la par en la contribución de fondos para salvar al sistema financiero europeo.

Un buen ejemplo de los problemas que se avecinan cuando haya que enfrentar el *bailout* del sistema financiero es el caso del banco Dexia, propiedad de accionistas belgas y franceses, y cuyo rescate ya ha sido aprobado por las máximas autoridades de ambos países a mediados de octubre de 2011.

Este banco ya tiene el antecedente de un *bailout* realizado en el 2008, cuando las autoridades francesas y belgas debieron inyectarle un aporte de capital para solucionar sus problemas financieros que se derivaron fundamentalmente de las pérdidas que tuvo a raíz del colapso del sistema bancario norteamericano con quien estaba enredado en una serie de operaciones financieras. En esa oportunidad, la operación de rescate de los bancos norteamericanos permitió que Dexia recibiera indirectamente $ 58,5 billones de la FED, como el resto de bancos extranjeros, principalmente europeos, entrelazados con operaciones con AIG, que igualmente recibieron dinero de las autoridades norteamericanas.

Si bien el problema del Dexia es poco significativo en cuanto la magnitud de las pérdidas, la forma como sea tratado en su rescate trazará las líneas maestras de lo que sería la política de rescate del sistema financiero europeo, es decir, de qué operaciones y en qué proporción de las pérdidas originadas se apoyaría el rescate. Las autoridades francesas y belgas deberán evaluar hasta dónde llega su apoyo, en la medida en que las pérdidas no se deben al incumplimiento aún de las deudas soberanas. El tema de fondo es si se llegara a pagar por todas las pérdidas, sean de cualquier origen que sean y si el pago también beneficiará a los bancos extranjeros con los cuales se encuentra relacionado en operaciones tradicionales bancarias y otras, más novedosas, como los derivados.

Estas operaciones de rescate que usan dinero de los contribuyentes para solucionar problemas creados por empresas privadas, no sólo recompensan la ineficiencia, sino además premian la osadía de apostadores financieros que emplean los dineros del público, y de los inversionistas, en operaciones claramente riesgosas.

Si los lobbies y los intereses económicos de las grandes corporaciones financieras lograron que el gobierno de Estados Unidos eligiera el camino del "daño moral" para rescatar a su sistema financiero, no es claro que ese poder sea capaz de actuar con la misma eficiencia en Europa, especialmente en Alemania.

La alta exposición de la banca francesa, y el orgullo francés, es posible que terminen por realizar un rescate bancario de Dexia al estilo norteamericano, es decir, incluyendo a todos los acreedores, a todos los tipos de operaciones bancarias y a todos los extranjeros, sin ninguna excepción. Ello no sería mayormente problemático en la medida que se tratara sólo de un banco mediano, pero sí establecería el precedente de cómo actuará el gobierno francés con todos sus otros grandes bancos en problemas cuando estalle el *default* griego o deban refinanciarse las deudas soberanas de Italia y España.

El análisis del rescate del Dexia muestra que existen relaciones indirectas, poco conocidas y que no son generalmente reportadas en detalle, las cuales esconden complejas transacciones entre este banco y bancos americanos que hacen temer que ellas se han replicado en escala mucho mayor en el resto de bancos europeos, especialmente franceses.

El más peligroso precedente que se estaría estableciendo con el rescate de Dexia es incluir en el *bailout* dinero para resarcir a los inversionistas de operaciones de derivados que perdieron sus fondos como consecuencia de la aventura en Grecia, ya que ello sería como devolverle su dinero a aquellos que lo pierden en una noche de diversión en un casino.

Finalmente, al concluir octubre de 2011, los máximos representantes de la Unión Europea (27 Paises) y de la zona del euro (17 paises), reunidos en Bruselas, acordaron las líneas maestras del programa de reforzamiento del sistema financiero europeo:

(1) Los bancos tomarán obligatoriamente un 50 % de pérdidas en su exposición total con Grecia.

(2) Para compensar esa perdida en sus estados financieros, los bancos deberán captar nuevo capital de fuentes privadas por hasta un estimado de $ 150 billones antes de junio de 2012, a fin de que su capital alcance al 9 % del total de sus activos, lo cual representa un esfuerzo extraordinario dado que el nivel previo es de sólo el 6 %.

(3) Las deficiencias de capital que pudieran producirse, si los bancos individualmente no levantan el capital requerido, deberán ser suplidas posteriormente por cada país sede del banco.

El tránsito desde los buenos deseos a la implementación exitosa de estas decisiones depende fundamentalmente de la actitud de los inversionistas que detentan las obligaciones soberanas de los países en problemas.

Un punto importante a ser resaltado es que pareciera haberse impuesto la posición de Alemania de que el Banco Central Europeo no participe en el rescate de los bancos, dado que su intervención implica un riesgo de que la emisión monetaria incremente los riesgos de la inflación.

En abril de 2009, una anterior reunión del G-20 en Londres fue coronada con el éxito cuando se aprobaron las medidas coordinadas que deberían permitir enfrentar la propagación de la crisis financiera norteamericana hacia el resto del mundo. Pero se teme que la reunión G-20 en Cannes, a inicios de noviembre de 2011 no se vería coronada con los mismos gratos resultados. Para Abril del 2009 ya el gobierno norteamericano había logrado enfrentar con éxito su problema, pero en esta ocasión la Comunidad Europea, no sólo no ha logrado capear el temporal de Grecia, sino que ni siquiera ha establecido las bases para lidiar con el huracán italiano que se avecina.

Peor aún, la denominada Iniciativa de Viena, tomada en marzo de 2009, para reforzar al sistema bancario europeo, sacudido por los problemas de endeudamiento de sus subsidiarias en los países del Este de Europa, y que diera como resultado una acción conjunta de los bancos, los gobiernos y el FMI para evitar el colapso del sistema financiero de esos países, como consecuencia de la devaluación de sus divisas y de que las acreencias bancarias en esos países estuvieran fijadas en euros y francos suizos, no ha sido reeditada aun, a pesar de que los problemas de esos países son ahora similares. Todo ello conlleva a que las necesidades de capitalización de los bancos ahora sean mucho mayores de lo que a simple vista pareciera son consecuencia de la crisis de la deuda soberana.

8.9. Los bancos: ¿castigados por su mal comportamiento?

Los grandes perjudicados de las medidas aprobadas en Bruselas son sin duda los inversionistas, tanto los que detentan los bonos soberanos de Grecia, como los que detentan las acciones de los bancos expuestos a las deudas soberanas en general de los países en problemas.

A diferencia de los griegos, españoles o portugueses sin trabajo (por culpa de la recesión generada por la excesiva deuda soberana concertada por sus inescrupulosos o ineptos gobernantes), que no tienen la culpa del problema que aflige a sus países, los inversionistas sí son directos responsables de las decisiones que tomaron invirtiendo en valores que, debían haber sabido a ciencia cierta, eran riesgosos. Ellos decidieron tomar el riesgo y este es el resultado: una pérdida del 50 % de su inversión original por su aventura en Grecia.

El porcentaje de pérdida que deban enfrentar a futuro los inversionistas, como consecuencia del desarrollo de los acontecimientos respecto a la deuda soberana del resto de países, especialmente España e Italia, depende de cómo esos inversionistas reaccionen en los meses subsiguientes, como respuesta a las nuevas reglas de juego establecidas por las autoridades en Bruselas.

Nadie puede decir que las medidas aprobadas en Bruselas sean una panacea para salvar el euro y a la Unión Europea, pero sí constituyen un avance importante en la medida en que el reconocimiento de la incapacidad de Grecia para afrontar el pago del total de su deuda, más la aprobación de los alemanes a las medidas de apoyo a Grecia, constituyen un hito importantísimo para el fortalecimiento de la Unión Europea y el inicio del rescate del sistema financiero.

Notable diferencia con la solución dada en Norteamérica a la crisis financiera en 2008, en la que los que cargaron con el peso del rescate fueron los contribuyentes, mientras que los bancos y los inversionistas fueron los grandes protegidos. Está claro que los *lobbies* en Alemania no tienen el mismo peso que los existentes en Estados Unidos. Queda pendiente, sin embargo, la duda de en qué medida las autoridades que supervisan el sistema financiero europeo cumplirán a cabalidad con el encargo que emana del espíritu y la letra de los acuerdos de Bruselas.

Ante el embate de las decisiones tomadas en Bruselas, los bancos podrían optar por vender activos y restringir sus operaciones crediticias, para agenciarse los medios de alcanzar el 9 % de capitalización, en lugar de conseguir capital fresco, lo que profundizaría el proceso recesivo. He ahí donde las autoridades reguladoras europeas deberán mostrar que están muy por encima de sus pares norteamericanos.

El gran riesgo de la propuesta subyace precisamente en asumir que podría haber inversionistas interesados en invertir en acciones de bancos, que se sabe están en problemas. Los bancos, por su lado, también podrían intentar vender sus bonos soberanos, a precios de mercado, para agenciarse de liquidez, lo que precipitaría aún más el precio real de tales inversiones. Bajo tal escenario, los fondos del European Financial Stability Facility serian fundamentales en la medida en que podrían servir para garantizar tales inversiones, o por lo menos un porcentaje importante de su valor nominal.

El uso de sofisticadas herramientas financieras para multiplicar los recursos financieros disponibles es una alternativa teórica, pero ello implica un problema de carácter ético, ya que se estaría usando para solucionar el problema financiero las mismas herramientas que lo han generado. Una tercera alternativa es la de incrementar los fondos disponibles con dinero chino, directamente, o, indirectamente, a través de mayores aportes del FMI. La oportunidad se muestra única para China, la que con su apoyo puede negociar dos de las cosas que más desea: mayor peso en las decisiones del FMI (mayor poder de voto), y el estatus de economía de mercado en Europa, con lo que podría inundar el mercado europeo con sus bienes de costos bajos gracias al manejo de su tipo de cambio.

La elección de cualquiera de dichas alternativas, indeseables, podría ser evitada si al Banco Central Europeo tuviera la posibilidad de emitir dinero, comprando bonos soberanos, al igual que el resto de bancos centrales del mundo. Sin embargo, esta posibilidad no cuenta con la aprobación de Alemania, la que por encima de todo tiene pavor a la inflación que podría generarse y que le hace recordar la hiperinflación desatada en la década de los 20, en la denominada Republica de Weimar, y que precisamente dio pie a la ascensión al poder de los nazis en los años posteriores.

La aceptación formal de los bancos al "*haircut*" del 50 % en la deuda griega estuvo refrendada por Charles Dallara, Director Gerente del Instituto Internacional de Finanzas, representante de los bancos, en la reunión sostenida en las oficinas de Herman Van Rompuy, Presidente del Consejo Europeo, y en presencia de Merkel y Sarkozy. Dallara, sin embargo, mantuvo la posición de que la aceptación de los bancos debería seguir siendo "voluntaria". Por su parte, las acreencias del FMI y del BCE no estarían sujetas a "*haircut*". Debe destacarse que la deuda soberana griega se transa en el mercado a un 40 % de su valor nominal, lo que explica la fácil aceptación de los bancos al "*haircut*" anunciado y la seguridad de que la voluntaria aceptación sería masiva por parte de los bancos.

8.10. Democracia griega y unidad europea

A inicios de noviembre de 2011, sólo al día siguiente de que fuera aprobado el segundo *bailout* a Grecia, en Bruselas, George Papandreou, Primer Ministro griego, sorprendió a sus colegas de la Unión Europea, cuando se enteraron, por los noticieros, que la operación de rescate, en su esencia, sería sometida a un referéndum a fin de que el pueblo griego se pronuncie al respecto. La propuesta sorprendió también a los políticos griegos y a sus propios colegas, los otros ministros griegos, lo que implica que fue una decisión personal, probablemente de último minuto y no muy bien meditada por las consecuencias que su implementación acarrearía.

A pesar de que las encuestas mostraban que el 66 % de los griegos no estaba de acuerdo con regresar a la moneda anterior, el dracma, nada garantizaba que el acuerdo propuesto en Bruselas fuera aceptado por el pueblo griego. Un rechazo por parte del pueblo griego al acuerdo en cuestión, resultaría claramente la vía directa hacia el *default*, la quiebra griega y la salida de Grecia de la Unión Europea.

Aunque no es completamente claro para nadie si esa es la mejor solución para el pueblo griego, sí| es absolutamente claro que eso no es lo más conveniente para mantener la Unión Europea. Lo que pareciera ser conveniente para el pueblo griego, no lo es definitivamente para la Unión Europea. Muchos analistas griegos y afamados economistas occidentales sostienen que la salida de Grecia de la Unión garantizaría que en pocos años Grecia recupere competitividad y logre obtener un balance en el presupuesto, en ausencia de obligaciones de pago de deuda externa. La exclusión de Grecia de los mercados financieros internacionales, podría no ser tan traumática en el mediano y largo plazo, pero la corrida de capitales que se avecina podría hacer tambalear la democracia en el corto plazo.

A pesar de que el Tratado de Lisboa, que entró en vigencia en 2009, incluye de una manera vaga el procedimiento de una posible retirada de uno de los miembros de la Unión Europea, no son pocos los problemas políticos, administrativos, económicos, judiciales y migratorios que deben contemplarse para viabilizar de una manera ordenada tal contingencia. No es sólo el pedido formal de exclusión, aprobado por el Parlamento de Grecia, y presentado por su máxima autoridad, además de la aprobación unánime de sus socios, la que viabiliza la exclusión, sino que ella además sólo tendría vigencia dos años después de presentada la solicitud. Más aún, las autoridades judiciales europeas deberán posteriormente bregar con multitud de problemas derivados de la inexistencia de dispositivos explícitos y menos de jurisprudencia establecida. Los griegos, por tanto, no deberían contar formalmente con recibir inmediatamente la devolución de los 146 millones de euros que han aportado como capital en el Banco Central Europeo. Este es el mejor ejemplo del más extraordinario apalancamiento jamás logrado por un deudor en el mundo.

La división política en Grecia, no sólo se extiende en el Parlamento y en las masas, sino incluso en el mismo Consejo de Ministros, donde el Ministro de Finanzas, Evangelos Venizelos, unido al coro de los que se oponen al plebiscito, proclamó al día siguiente que “la pertenencia de Grecia a la zona del euro es una conquista que el pueblo griego no puede poner en duda”. En Grecia, la cuna de la democracia occidental, donde los políticos han conducido al pueblo a esta situación desesperada, y donde el pueblo aceptó lleno de gozo las ventajas de muchos años de dispendio, hoy día sus políticos reclaman el endose de la decisión a su pueblo, vía un plebiscito. ¿Quién, en su sano juicio o sin una preconcebida mala intensión, puede someter a plebiscito a un pueblo, una decisión que obviamente la someterá a un claro sufrimiento recesivo por los siguientes 15 años? Sólo los políticos.

La reunión de Cannes del G-20, que fue largamente preparada durante meses por los franceses para mostrar al mundo los progresos logrados por Sarkozy, así como para relanzar la figura de la Grande France, simplemente se vio opacada por los hechos consumados en Grecia, gracias a Papandreou. Ni Ángela Merkel, ni Sarkozy le perdonarán haberles malogrado la fiesta en la que ellos proclamarían al mundo el fin de la crisis europea. En vez de ello, la situación los ha forzado a enfrentar públicamente la debilidad de la Unión Europea y la casi certeza de un *default* griego, más su partida de la zona del euro. Ángela Merkel lo dijo claramente cuando manifestó que “el plebiscito en esencia es sólo si Grecia desea seguir o no en la Unión Europea”, agregando conjuntamente con Sarkozy que ninguna ayuda sería dada a Grecia hasta después de dicho plebiscito.

Este claro mensaje debe haber servido para que al día siguiente, en su propio país, en la sede del Parlamento, Papandreou defendiera su posición y recibiera un estrecho voto de confianza de 153 votos de los 300 asistentes, lo que manifiesta aún más que su gobierno, sus decisiones y los acuerdos a los que él llega no son del agrado de una clara mayoría del Parlamento, que se supone representa la opinión del pueblo griego.

Como casi todos los parlamentos en el mundo, que se supone constituyen la esencia de la democracia, el griego constituye un ejemplo de cómo los grandes intereses nacionales, casi siempre, son puestos de lado por los políticos, poniendo por delante sus intereses personales. No de otra manera puede entenderse la disputa entre Papandreou, socialista, con Samaras, líder de la oposición conservadora, cuyas disputas personales vienen desde que ambos compartieron su habitación en épocas tan lejanas como cuando estudiaban en el Amherst College, uno de las 10 mejores universidades de Estados Unidos.

Una aprobación en Atenas del acuerdo logrado en Bruselas, sólo tendría validez política para los demás conformantes de la Unión Europea, si fuera respaldada por una amplia mayoría del Parlamento griego, lo que sólo sería posible con el consenso de los socialistas y los conservadores, que bajo la actual conformación no es posible, y menos si Papandreou y Samaras permanecen como líderes de ambas facciones. El Presidente de Grecia, Karolos Papoulias, debe evaluar la conveniencia de convocar a elecciones en forma inmediata, dado que en diciembre de 2011 se requieren los primeros aportes del apoyo logrado en Bruselas, que, de no recibirse, significarían el inicio del *default* griego. Con plebiscito o con nuevas elecciones, al final el pueblo griego debe decidir. Esa es la democracia.

8.11. Superávit de democracia en Italia

La salida de Berlusconi, anunciada por él mismo, no cambia la situación financiera de Italia, y probablemente tampoco el problema fundamental de ese país, que podría ser catalogado de "excesiva democracia", donde los políticos de todos los colores claman y reclaman por el pueblo, y, en nombre de él, han conducido al país a la bancarrota.

Las declaraciones de Altero Matteoli, miembro del gabinete de Berlusconi, reflejan el profundo problema italiano: "Pienso que es necesario ir a elecciones", añadiendo después: "No creo que los mercados deben decidir los gobiernos". En otras palabras, gracias acreedores por la fiesta que nos han permitido vivir y ahora evítennos los dolores de tener que devolverles el dinero. Sin embargo, no fueron los mercados, sino los políticos, los que determinaron que entre 2001 y 2010 la economía italiana creciera menos que ningún otro país del mundo, excepto Haití y Zimbawe.

La designación final de Mario Monti, anterior Comisionado de la Unión Europea, en remplazo de Berlusconi, no garantiza que el nuevo gobierno pueda lograr la aprobación de la medidas de austeridad fiscal que se requieren y que han sido propuestas por la Unión Europea. Hacer frente a las obligaciones de la deuda pública de Italia, de $ 2,6 trillones, es una meta poco menos que imposible de lograrse, sin una reducción significativa de la misma, y ello implica dos cosas improbables de lograrse: (a) que los italianos acepten las medidas de ajuste, y (b) que la Unión Europea y los mercados financieros tengan la paciencia suficiente para esperar a que los políticos italianos se pongan de acuerdo.

Después de 17 años dominando la escena política italiana, más de la mitad de los cuales fue Primer Ministro, difícilmente la salida de Berlusconi puede significar su apartamiento de la política en la práctica, y mucho menos si su partido permanece como uno de los elementos claves para darle soporte al nuevo gobierno. Por otro lado, esa permanencia y la responsabilidad que le cabe de haber conducido a Italia a la debacle económica, financiera y política, hace que esa siempre presente figura no sólo sea incomoda para el nuevo gobierno, sino además problemática, si se tiene en cuenta que Berlusconi, además, controla la prensa y la televisión. Desde esa perspectiva , poco es lo que se puede esperar del gobierno encabezado por Mario Monti.

Nuevas elecciones tampoco garantizan que un nuevo gobierno independiente pueda acceder al poder. No sólo porque los medios de comunicación están en manos de Berlusconi, sino además porque los mismos italianos han dado legitimidad con su silencio, aceptación y confianza a las políticas y ejemplos de Berlusconi, un estilo de vida y de hacer política totalmente contrario a lo que la ética representa, no sólo en el comportamiento público, sino incluso privado. Como dice Paolo Flores, un filosofo de izquierda, "él hizo normal un comportamiento, un estilo de ilegalidad, que en otros países no podría ser tolerado ni en pequeñas dosis". Berlusconi por ello representa lo que un excelente político significa para su pueblo, el mejor ejemplo a seguir; y ellos, los italianos, no hay ninguna duda, que lo han seguido. Es más, la mayoría de sus seguidores considera que las acusaciones que a todo lo largo de su carrera política sufrió, no fueron más que casos creados por sus enemigos políticos o por magistrados excesivamente celosos.

Lamentablemente para el mundo, los resultados del estilo de la democracia a la italiana no sólo han dañado a los italianos, sino que afectarán el futuro de Europa y del mundo. Italia no podrá ser salvada porque la democracia italiana no la dejará salvarse, y si no se salva Italia, de nada valen las imposiciones de la Unión Europea a Grecia, y por tanto Grecia tampoco será salvada. Como bien dice Martin Wolf en el *Financial Times* de Londres: "en este momento, la cuestión no es solamente cómo salvar a la zona del euro, sino cómo manejar su disolución".

8.12. Recompensa a la ambición desmedida

Los mismos capitales que fueron afectados por el *"credit crunch"*, o crisis "subprime" en Estados Unidos a fines de 2007, buscando refugio en mejores mercados financieros, acudieron en masa a Europa a comprar los bonos soberanos, confiando esta vez en que por tratarse de países dentro de la Unión Europea, el riesgo estaba minimizado. Debemos recordar que por muchos años todos los bonos soberanos de Europa, tanto los de Alemania como los de Grecia, eran percibidos como del mismo riesgo y ello se reflejaba en sus costos respectivos, los cuales no diferían mayormente los unos de los otros.

Ni los bancos ni los inversionistas que ponían su dinero en esas aventuras, analizaron a fondo los riesgos en que incurrían, a pesar de que, desde muchos años atrás, los problemas fiscales y la irresponsabilidad de los políticos era manifiesta, especialmente en los países periféricos. Mucha responsabilidad en este comportamiento recae en los entes reguladores, quienes desde antes de 1999 permitían que los bancos trataran a las inversiones en bonos de los países de la OECD, es decir Europa y Estados Unidos, como libres de riesgo para efectos de medir su grado de apalancamiento. Recién en 2006, de acuerdo a las llamadas normas de Basilea 2, se permitió que cada banco, haciendo uso de sus propias herramientas de análisis, determinara la calidad de dichas inversiones e incrementara su capital conforme incrementaba sus inversiones en esos instrumentos financieros.

Como en otros momentos y otras circunstancias, los entes reguladores dejaron que las instituciones financieras se auto regularan. Obviamente dicha decisión, más que un buen deseo, fue una irresponsabilidad, ya que, dados los ingresos que les proporcionaba el *underwriting* de tales operaciones a costa de los inversionistas, los bancos cerraron los ojos a los riesgos y participaron gustosamente en las operaciones de compra, primero como asesores y luego a su propio riesgo. De acuerdo a Thompson Reuters y Freeman Consulting Services, desde 2005 los bancos europeos y americanos han ganado más de $ 1,1 billones por concepto de *fees*, por ayudar a colocar bonos soberanos.

Debemos recordar que en la crisis *subprime* en Estados Unidos los que perdieron fueron los inversionistas y los contribuyentes, que debieron salvar después al sistema financiero en crisis, pero que los nunca se perjudicaron fueron los *brokers*, financistas y ejecutivos de los bancos, quienes siguieron ganado dinero a pesar de la obvia evidencia de que ellos habían sido los causantes de la catástrofe. Con esos antecedentes, no tiene porqué sorprender que esos mismos individuos hayan empujado a los inversionistas y sus propias instituciones a la nueva aventura especulativa de invertir en adquirir bonos soberanos de países obviamente de gran riesgo. El "espíritu animal" que anida en todos nosotros nuevamente afloró, ya que la percepción del riesgo había cambiado radicalmente.

8.13. ¿Inviabilidad del euro?

A mediados de noviembre de 2011 parecía claro que el euro es inviable, y que el fin de la Unión Europea está escrito. No es sólo que los inversionistas no tienen fe en Italia ni en sus políticos, sino que tampoco los políticos europeos tienen fe en la economía y finanzas de ese país. Para que el euro sobreviva debe salvarse Italia, y ello es poco probable. Ya no basta la buena voluntad de Francia y fundamentalmente de Alemania, sino que los propios italianos carecen de la suficiente voluntad política para salvarse, y Europa carece de los suficientes recursos financieros para apuntalarla. La una sin la otra no tiene posibilidades de éxito.

Pareciera que ello ya ha sido asimilado en Alemania y Francia, e incluso Merkel y Sarkozy han hablado una Unión Europea sin los países mediterráneos. El euro habría entrado en una suerte de "coma" por la inacción de los políticos.

A pesar de la continua presencia de Sarkozy al lado de Ángela Merkel en los foros, para todos es claro que el destino de la Unión Europea y del euro depende de lo que decida Alemania. Si por un lado la economía alemana y su sistema financiero están intricadamente atados al resto de países de Europa, y la suerte de una repercutirá brutalmente en la otra, las lecciones aprendidas de la frustrada aventura vivida juntos muestra a los alemanes que salvar a Italia y a Grecia, ahora, es el equivalente al "daño moral" norteamericano de haber salvado a su sistema financiero. Indubitablemente, los alemanes saben, y todos lo sabemos, este escenario nuevamente será reeditado en el futuro con consecuencias, probablemente, más desastrosas para todos.

No es sólo el sentirse traicionados por todos los que los empujaron a dejar de lado su orgullo nacional, el marco, sino que el sacrificio fue inútil. Peor aún, la actitud alemana siempre será retratada como la del villano que pretende aprovecharse de la víctima. Basta analizar los comentarios en Grecia, Italia y España, sobre el papel desempeñado por Alemania en el desarrollo de la crisis, para entender que cientos de años de diferencias culturales, casi enraizadas en los genes, no pueden ser cambiados por el simple deseo de los políticos. No bastan sólo algunas generaciones de convivencia pacífica para cambiar lo que miles de años de conflictos y diferencias filosóficas y religiosas han creado.

En la búsqueda de opiniones controversiales sobre el problema nos dimos con la opinión vertida en el diario *El País* de Madrid[24], por Enrique Gil Calvo, catedrático de sociología de la Universidad Complutense de Madrid, en la que manifiesta

24 Enrique Gil Calvo; La crisis, el sirviente y la cinta blanca; El Pais; Nov 16, 2011

que "por una compleja coincidencia de múltiples causas, todas ellas contingentes y fortuitas (...) las relaciones entre los estados europeos han dejado de estar presididas por el principio soberano de no injerencia (...) para pasar a regirse por el derecho de intervención que se arroga la potencia financiera hegemónica, que hoy es la Alemania de Merkel", para concluir más adelante en su extenso artículo que Alemania está tratando de imponer una "arbitraria disciplina y un régimen de espartana austeridad fiscal que los banqueros protestantes de Fráncfort están imponiendo a las clases populares europeas".

Es posible que este artículo esté reflejando el punto de vista de una gran cantidad de españoles, pero también es indudable que él trasunta ataduras ideológicas y percepciones históricas de los problemas nacionales de España que alcanzan incluso al tema religioso. Dado el tipo de análisis presentado, me permito asumir que si ese señor hubiera escrito sobre el tema de la inflación europea del siglo XVII, les hubiera echado la culpa a Atahualpa y a Moctezuma por haber dejado que la plata y el oro de los incas y aztecas, respectivamente, hubiera ido a parar a manos de los españoles.

Debe entenderse que España y los países mediterráneos del sur de Europa se encuentran en la actual situación no por "una compleja coincidencia de causas contingentes y fortuitas", sino por problemas estructurales, culturales y económicos que se originaron en la noche de los tiempos, y que no han logrado ser superados, debido precisamente a los políticos que les esconden a sus pueblos la verdad: que el progreso se logra con el sacrificio y el ahorro y no con la fiesta perpetua del gasto y menos con dinero ajeno.

Peor aún y más peligrosa es la campaña que recién se inicia con un artículo aparecido en el *Daily Mail*[25] de Londres, en

25 *Simon Heffer;* ***How Germany will use the financial crisis to conquer Europe****; Daily Mail; 17th August 2011*

donde junto a una foto de Ángela Merkel, modificada, aparecida con los bigotes de Hitler, el analista político Simon Heffer acusa a Alemania de pretender editar el IV Reich.

A partir de la posición alemana de querer que los países de la Unión Europea firmen nuevos tratados, para evitar que vuelva a repetirse la actual crisis en un futuro, así como de que los países de la UE se sometan a la Corte Internacional de Justicia para dirimir diferencias sobre dichos tratados, que desde el punto de vista del analista significaría ceder poder político de Londres a Bruselas, Simon Heffer elucubra que detrás de esa posición está el deseo de las autoridades de Berlín de someter al resto de los países conformantes de la Unión Europea, dentro de los cuales está Gran Bretaña. Recuérdese que si bien Gran Bretaña no pertenece a la eurozona, constituida por 17 países, sí forma parte de la UE constituida por 27 países.

Detrás de dicha opinión extrema, sin embargo, están los problemas económicos y financieros ingleses, muy similares a los norteamericanos en relación al déficit fiscal, endeudamiento público y debilidad de su sistema financiero, los cuales obviamente son muy distintos a lo que ocurre en Alemania. Asimismo, están detrás, los intereses disímiles en donde resalta el papel preponderante de la City de Londres, en la medida en que acciones como el establecimiento del Impuesto a las Transacciones Financieras aprobado para la zona del euro, puede ser vetado por Gran Bretaña, en calidad de miembro de la Unión Europea, pero no lo podría ser si fuera miembro de la zona del euro.

Mas en el corazón de la crítica y de los temores desatados por la fortaleza económica y financiera alemana, están los temores de que el otrora poderoso imperio económico, militar y político representado por la Commonwealth, podría devenir dependiente de decisiones tomadas en Bruselas, que a la postre significarían dependencia de Berlín. De allí surgen precisamente las iniciales apelaciones a generar temor al surgimiento del IV Reich. Esa posición, de la mayor parte de los políticos ingleses actuales, genera el peligro de dejar aislada a Gran Bretaña del continente europeo, y es contraria a la visión de Winston Churchill, en un discurso en Zurich, cuando ya había dejado de ser Primer Ministro al finalizar la Segunda Guerra Mundial.

Lamentablemente para los británicos, cualquiera sea el desenlace de la crisis del euro, ellos pierden. Si las fuerzas contrarias a la propuesta alemana consiguen que Francia y el resto de países mediterráneos se opongan al establecimiento de una autoridad común en materia económica y fiscal, el euro desaparecerá y se generará una crisis financiera que derivará en una Gran Recesión que impactará en todo el mundo, pero de manera directa y frontal en la economía británica, que ya de por sí se encuentra muy debilitada.

Por otro lado, si triunfa la posición alemana, los británicos se verán totalmente marginados y sin ninguna posibilidad de influir en el acontecer político y económico de Europa. La Unión Europea, como conjunto de los 27 países que la integran y que incluyen a Gran Bretaña, quedará como un proyecto político sin base económica, mientras que la zona del euro, constituida por 17 países, se convertirá en una gran potencia económica con posibilidades de convertirse en una unión política al estilo de Estados Unidos de Europa, como algún día Víctor Hugo lo soñó y dijo: "Un día vendrá cuando las naciones de este continente, sin perder su gloriosa individualidad, se unirán en una superior unidad y formarán una fraternidad …", añadiendo 20 años después: "Permítanos ser la Republica misma, seamos Estados Unidos de Europa".

8.14. Tecnocracia, plutocracia o democracia

No sólo la política económica y financiera de Estados Unidos es regida por Wall Street, vía la conocida cantera de Secretarios del Tesoro que constituye Goldman Sachs. Sino que ahora también Grecia e Italia están gobernados por tecnócratas de la misma cantera. Tanto Lucas Papademos como Mario Monti, recientemente nombrados Primeros Ministros en dichos países, han trabajado antes en esa banca. Más aún, Mario Draghi, Presidente del Banco Central Europeo, también proviene de esas ligas. Pareciera como si la más rancia plutocracia, representante de los súper ricos del planeta, hubiera tomado las riendas del mundo entero.

Sin embargo, sin caer en la ingenuidad, considero que el nombramiento de esos gobernantes debe interpretarse más que como el triunfo de una plutocracia organizada y maquiavélica, como la derrota de los políticos tradicionales de esas democracias, del estilo de Berlusconi, a quienes poco les ha importado el pueblo que gobernaban.

Aun cuando el legado de dichos políticos tradicionales es inconsistente con los frutos que una real democracia debía dejar a sus pueblos, lamentablemente la misma formación estrictamente tecnocrática, de la nueva plutocracia, no es el mejor marco de referencia para un gobernante que debe conciliar los intereses de largo plazo de un país con los sufrimientos de corto plazo de su población. Los políticos son los únicos que con su cercanía al pueblo pueden tratar de recrear una verdadera democracia, que, con todos sus defectos, es mejor que cualquier otro sistema de gobierno dirigido por intereses particulares.

Si los políticos son necesarios para recrear la democracia en Europa, el único político que ha demostrado estar a la altura de las circunstancias es precisamente Ángela Merkel, quien no sólo se jugó su futuro político en Alemania, apostando a la eurozona, sino que es la única política que ha entendido, defendido y promovido la Unión Europea. Hay por ello algunos rayos de esperanza, aun cuando con muy pocas probabilidades de concretarse.

Es claro que la zona del euro sólo es viable al "modo alemán", les duela a los mediterráneos, les cele a los francos y lo teman los anglos. Ninguna unidad económica puede funcionar eficientemente sin una autoridad central, y mucho menos si las partes son absolutamente heterogéneas y con visiones de futuro totalmente disímiles. Además, ningún ciudadano mediterráneo puede sostener que su modelo de democracia ha dado mejores resultados que el modelo germano. Tienen los alemanes además otra virtud, que podría ser la más importante para la unión, y es su mayor independencia de los poderes económicos y financieros que dominan la escena política mundial ahora.

Por todo ello, la alternativa alemana es sin ninguna duda la vía necesaria para consolidar la Unión Europea y viabilizar la eurozona. Ella representa la democracia y es la mejor vía para impedir la consolidación de un poder financiero mundial dirigido desde Wall Street.

Consciente, o inconscientemente, los economistas norteamericanos y anglosajones, de todas las tendencias, cuestionan la posición alemana debido a que en las mentes de todos ellos subyacen los dogmas de las políticas económicas derivadas de las posiciones conservadoras de Friedman, cuando los republicanos están en el poder, o las más liberales, cuando los demócratas están en el gobierno, pero todas ellas atadas a la existencia de un libre mercado, sin mayor tipo de restricciones en su accionar por parte del gobierno.

Contrariamente a ello, la moderna economía alemana ha estado continuamente influenciada por el ordoliberalismo, una variante germana del neoliberalismo, que es una doctrina originada en la Universidad de Freiburgo , en la década de los 30 , sobre la base de las investigaciones realizadas por Walter Eucken, que si bien reconoce la importancia de la libertad de mercados, también defiende la existencia de un estado fuerte que regule ese mercado para lograr el máximo potencial.

Mientras los políticos norteamericanos apelan a las políticas de Friedman como el modelo a seguir en determinadas épocas en que la economía avanza desbocada hasta terminar en una recesión, para luego apelar a las políticas de Keynes para salir de la recesión vía el restablecimiento de regulaciones y la creación de empleo con herramientas de estímulo a la economía, los alemanes mantienen continua y uniformemente una política coherente de balance entre el libre mercado y la existencia de regulaciones. Más aún, es comprobable que todas las crisis económicas sufridas en Occidente han tenido sus orígenes en la falta de regulaciones y controles sobre el sector financiero, y la política alemana ha demostrado que sus regulaciones y controles son los más efectivos en Occidente para evitar un deterioro significativo del sistema financiero.

8.15. ¿El fin del euro?

A inicios de diciembre de 2011, a pesar de las declaraciones de Nicolás Sarkozy y de Ángela Merkel, en sus respectivos países, de que era necesario salvar al euro, esas mismas declaraciones mostraban las insalvables diferencias entre los dos países que trataban de salvarlo.

El Presidente de Francia manifestó el 1 de diciembre que "la desaparición del euro, podría hacer nuestra deuda inmanejable", añadiendo luego que ello generaría "una pérdida de confianza que podría llevar a la parálisis y al empobrecimiento de Francia". Dicha reflexión muestra claramente el problema de Francia, que es salvar a su sistema financiero del desastre. Es por eso que Francia está urgida y presiona por hacer que el BCE funcione como el prestamista de "último recurso" o, lo que es lo mismo, como emisor de euros con el fin de adquirir bonos soberanos en poder de los bancos en problemas.

Para clarificar la magnitud del problema baste decir que, entre Grecia e Italia, los bancos acreedores disponen de bonos por más de $ 1 060 billones, de los cuales el 50 % está en manos de bancos franceses, el 20 % en manos de bancos alemanes y el resto en manos de bancos de otros países. Estas cifras muestran que el problema mayor está en el sistema financiero francés, y es totalmente inmanejable para el gobierno. He ahí el problema francés, ya que ellos necesitan del concurso del BCE o, mejor dicho, de la aceptación de Alemania, para que dicho banco emita euros.

El día siguiente, 2 de diciembre, Ángela Merkel retrucó muy evasivamente que la única solución para la crisis de la deuda implicaba un largo proceso de modificación y creación de nuevos tratados, que tomará años. Reiteró además la posición alemana de oponerse a la solución demandada de emitir "eurobonos" o, lo que es lo mismo, y como está dicho, a autorizar al BCE a que emita euros para comprar deuda.

No es sólo la denominada obsesión con el "daño moral" de salvar a un sistema financiero que solo se metió en problemas, que muchos analistas achacan a las autoridades alemanes, ni el temor a reeditar la hiperinflación de los 20's, que está clavada en las mentes y corazones de todos los alemanes, sino que la propia naturaleza de la economía alemana está peligrosamente estructurada de modo que la inflación es una permanente espada de Damocles sobre ella.

Debe entenderse que, a diferencia del 66,3 % de los norteamericanos, que tienen casa propia, sólo el 41,6 % de los alemanes la tienen, lo que implica que una gran mayoría de los germanos alquilan viviendas y la inflación perjudica a los que alquilan vivienda, en tanto que esa misma inflación beneficia a los que han adquirido casas con prestamos hipotecarios, cuyo pago es licuado por la inflación. Más aún, los alemanes ahorran en depósitos bancarios o en seguros de vida, y carecen de la cultura de la inversión en bolsas, con lo que sus ahorros están más expuestos a la inflación. Todo esto es mostrado diariamente en los periódicos y revistas alemanes, que destacan las estadísticas de incremento de precios desde que fue instalado el euro hace más de una década.

Pero hay un tema adicional y más importante para la economía, las finanzas y los políticos alemanes. La inflación es un mecanismo por medio del cual los acreedores se perjudican en beneficio de los deudores. Si en la economía norteamericana se hubiera producido un proceso inflacionario como consecuencia de las medidas de *bailout* de su sistema bancario, los beneficiados indirectos habrían sido los deudores de *mortgages*, y los perjudicados, el sistema financiero norteamericano. Dicha transferencia de riqueza hubiera sido poco objetada por los políticos, ya que mal que bien el dinero quedaba en casa. En el caso de la crisis de la deuda europea, un proceso inflacionario beneficiaría a los países deudores mediterráneos y perjudicaría a los países acreedores, especialmente Alemania, es decir, a los ahorristas alemanes. Es obvio que los intereses del pueblo alemán son, para los políticos alemanes, más importantes que los intereses del pueblo griego o italiano. Bajo un escenario como el descrito, es poco probable que las autoridades alemanas den luz verde a la emisión inorgánica de euros por parte del BCE, a pesar de todas las declaraciones que puedan efectuar las partes involucradas.

A pesar de todo ello los técnicos y las autoridades europeas seguían a inicios de diciembre preparando la cumbre a realizarse en Bruselas, programada para el fin de semana, en donde las máximas autoridades de la zona del euro debían discutir y aprobar un conjunto de medidas que permitirían viabilizar la permanencia del euro. En el corazón de ellas estaba el conjunto de medidas que deberían ser aprobadas, a solicitud de Alemania, para evitar que se presentaran futuras crisis originadas por las mismas causas. Es decir, el cambio de la estructura fundamental de creación y supervisión de los presupuestos nacionales, creando una autoridad económica central, con poder para monitorear e imponer cambios, si los países rompen o incumplen las reglas establecidas. Alemania, además, desea que los nuevos estándares de cumplimiento obligatorio estén respaldados por acuerdos y tratados que sean sujetos de respaldo legal ante la Corte Europea de Justicia.

Esta posición, sin embargo, tiene dos escollos políticos muy importantes que hacen que probablemente sea muy difícil de implementarse. El primero es el de la política externa francesa, heredera de la posición de De Gaulle, de preeminencia de Francia en Europa, que Sarkozy difícilmente iba a dejar de lado, y mucho menos a seis meses de las elecciones en donde él pretendía ser reelegido, precisamente bajo las banderas del partido político heredero de De Gaulle. Ya lo ha dicho, "Europa debe ser refundada y repensada (…) pero la reforma de Europa no es una marcha a través de la supranacionalidad". La segunda gran barrera es que todos los acuerdos y nuevos tratados que se aprueben deben ser, además, convalidados por convenciones constitucionales especiales o referéndums en casi todos los países, dado que se trata de temas en los cuales se cede parte de la soberanía nacional.

La posición de Ángela Merkel, que implica refundar la zona del euro, descansa en la aceptación de que un ente supranacional dirija la economía de los países, es decir, ceder parte de su "soberanía nacional", lo que a los ojos de los puristas políticos que observan el pasado, sin vislumbrar el porvenir, constituye una blasfemia.

Si la zona del euro sobrevive tal como lo pretenden los alemanes, y el futuro corona con el éxito esta opción, Ángela Merkel será recordada como la artífice del éxito, gracias a su indoblegable persistencia en su modelo, al estilo de uno de sus históricos predecesores en el cargo, Otto von Bismarck, llamado el Canciller de Hierro. Si el euro desaparece, ella será recordada por su intransigencia.

IX. La gran esperanza europea

9.1. Un nuevo tratado

El 9 de diciembre de 2011, después de maratónicas negociaciones en Bruselas, con la sola excepción de Gran Bretaña, los líderes de 26 países de la Unión Europea, incluidos los 17 países de la eurozona, acordaron firmar un nuevo tratado, en reemplazo del Tratado de Lisboa. Los representantes de Suecia, Eslovaquia y Hungría, aun cuando firmaron el acuerdo previo, lo hicieron con la condición de que el mismo debería ser ratificado previas consultas con sus respectivos parlamentos.

En esencia, el nuevo tratado, que debía quedar suscrito por esos 26 países antes de marzo de 2012, después de que sea ratificado por los Parlamentos o las instancias correspondientes en cada país, recoge todas las demandas alemanas relacionadas con imponer una autoridad central de supervisión y control de los presupuestos nacionales, a efectos de evitar los endeudamientos públicos que han colocado a la Unión Europea cerca del colapso. Dentro de los acuerdos incluidos está el de lograr que, en 20 años, todos los países reduzcan sus deudas a menos del 60 % de sus PBI respectivos, dejando a la administración por crearse en Bruselas el diseño de los mecanismos y metas para reducirlo, y sobre la base del análisis de caso por caso, a cero en un periodo posterior.

El nuevo tratado, en realidad, debe crear una nueva Unión Europea, sin Gran Bretaña, en la medida en que el Tratado de

Lisboa, firmado en 2007, le daba a ese país la capacidad de veto para enmendarlo. Debe recordarse que el Tratado de Lisboa constituyó la segunda enmienda al denominado Tratado de Maastricht (2004) y al original Tratado de la Unión Europea suscrito en 1993. De ratificarse el nuevo tratado, Gran Bretaña quedará aislada políticamente de la nueva Unión Europea, debido a que no se aceptaron sus planteamientos fundamentalmente referidos a que no le sea aplicable la legislación impositiva que gravará las transacciones financieras recientemente aprobada y que de acuerdo a los británicos ha sido concebida para disminuir la importancia de Londres como la más importante plaza financiera de Europa, lo que podría constituir un fuerte golpe a su economía. De acuerdo a los británicos, como resultado del nuevo tratado las transacciones denominadas en euros podrían ser forzadas a realizarse en Paris o Frankfort.

Es probable que el aislacionismo británico, que le brindó múltiples satisfacciones históricas en el pasado, resulte esta vez un error estratégico de proporciones, vista la correlación de fuerzas económicas y políticas en el mundo. A Gran Bretaña no le quedará más que ser el furgón de cola de Estados Unidos en todas las decisiones globales que demanden la toma de posiciones. Los políticos británicos, de todas las tendencias, tradicionalmente euro-escépticos, se han quedado anclados en su "glorioso" pasado sin atreverse a apostar por el futuro de pertenecer a una Unión Europea solidificada. No debe olvidarse, sin embargo, que éste es un comportamiento político estructural desde la fundación de la Unión Europea, dentro de la cual Gran Bretaña siempre solicitó y gozó de excepciones en asuntos como migraciones, cooperación en temas judiciales, crear una defensa común y en asuntos de política exterior.

No puede dejar de mencionarse, además, los obvios errores de táctica, acercamiento y falta de diplomacia del Primer Ministro británico, David Cameron, quien acudió a Bruselas sin importarle la opinión de los demás y seguro de ejercer su derecho a veto sobre todos los temas en discusión, convencido de imponer sus criterios, lo que quedó ampliamente demostrado con su negativa actitud frente a la propuesta conciliadora presentada por el Presidente del Consejo Europeo, Herman Van Rompuy, anterior Primer Ministro de Bélgica, de hacer uso del denominado Protocolo 12 para acordar sobre la aceptación de las nuevas reglas y mecanismos propuestos. Gran Bretaña se enajenó la solidaridad del resto de miembros de la Unión Europea,

Si bien el nuevo tratado modificará la esencia del accionar político irresponsable de los países mediterráneos, que constituye la causa original de la crisis financiera que agobia a la Unión Europea, y que ha puesto en peligro de desaparecer al euro como moneda común de 17 países, su aprobación y posterior ratificación no solucionara el problema financiero ya generado, pero si evita que en el futuro se vuelva a repetir, lo que en esencia era la demanda alemana. Debemos agregar que la oportunidad ha sido aprovechada por los alemanes y franceses para actuar sobre lo que ellos consideran la causa primigenia de la crisis, que no es otra que el modelo anglo-sajón y norteamericano de hacer negocios, en el que se privilegia las finanzas y no la economía.

Queda por verse cuáles medidas adicionales podrán ser aprobadas para solucionar la crisis financiera que agobia al sistema financiero europeo y qué otras medidas podrían ser acordadas para refinanciar las deudas de los países en problemas. Recuérdese que la aprobación a la propuesta alemana trae aparejada la esperanza de que Alemania contribuya a solucionar los problemas financieros de los países mediterráneos endeudados y de las instituciones financieras de los países acreedores del norte de Europa.

Está claro, sin embargo, que el Banco Central Europeo podrá actuar como "prestamista de última instancia" de los bancos, mas no de los gobiernos. La búsqueda de soluciones a la crisis financiera de los países mediterráneos, es decir, a su excesivo endeudamiento, debe hacerse, incluyendo al FMI, con fondos distintos a los del Banco Central Europeo. Debe entenderse que las nuevas instituciones propuestas, si bien previenen que en el futuro se vuelva a repetir el actual problema de excesivo endeudamiento de los países, no solucionan ni ayudan a solucionar la crisis económica en el corto plazo, cuyas señales de depresión son obvias y amenazan profundizar los problemas sociales derivados del alto nivel de desempleo.

Sin embargo, los acuerdos logrados el 8 de diciembre por el directorio del BCE ayudarán a paliar en algo los problemas financieros de los bancos, en la medida en que la tasa de interés que cobra esta institución por sus préstamos disminuyó de 1,25 % a 1,0 %, que cortó los requerimientos de mantenimiento de las reservas que los bancos mantienen en esa institución de 2 % a 1% de sus activos, y que aceptará como colateral de sus préstamos bonos soberanos calificados de alto riesgo. Quedó claro, sin embargo, que el BCE no comprará bonos soberanos de los países en problemas.

Aun cuando en la reunión se acordó incrementar a $ 270 billones los fondos que la Unión Europea pondría disponibles para que el FMI ayude a los gobiernos endeudados, la cifra se considera muy por debajo de las reales necesidades de los países endeudados, y no servirá para que el mercado financiero se calme y así evitar que las tasas de interés de países como Italia o España se sigan incrementando. Lo exiguo de la cifra acordada, a pesar de que Europa en su conjunto dispone de muchos más recursos para ello, es debido a que esos recursos están concentrados en el norte, especialmente en Alemania, y como ya se ha visto y reafirmado con la aprobación del nuevo tratado, este país no está dispuesto a establecer otro "daño moral" sacándoles las castañas del fuego a los países mediterráneos ahora, para que más adelante cometan los mismos errores con la garantía de que una vez más Alemania los salvará. La alternativa viene para que la operación de rescate de esos países se haga a través del FMI, con dinero de todo el resto mundo.

Será evidente, en el futuro cercano, que el modelo alemán de crecimiento para Europa contrastará notablemente con el norteamericano en la importancia que le darán al sistema financiero, en la medida en que notoriamente los alemanes consideran que un cambio real en la economía es imposible a menos que los inversionistas y prestamistas paguen un alto costo por los errores cometidos. Ningún perdón, ni apoyo, ni operaciones de rescate gratis para las instituciones financieras causantes de los problemas financieros y económicos. No hay mejor mensaje a los inversionistas que aquel de que en Europa no hay "daño moral" y que si quieren nuevamente tomar ventajas, que las tomen en Estados Unidos, donde ya se ha establecido en precedente.

En una evidente acción concertada con las autoridades políticas europeas, y especialmente los gobiernos de Alemania y Francia, Mario Draghi, Presidente del Banco Central Europeo, anunció en la tercera semana de diciembre de 2011 una inyección de liquidez al sistema financiero europeo del orden de 489,2 billones de euros ($ 640 billones), casi medio trillón, mediante el otorgamiento de líneas de crédito a 3 años a una tasa de 1 % anual, la que en forma inmediata fue utilizada por 523 instituciones bancarias sedientas de liquidez.

Como prestamista de último recurso de los bancos, el BCE ha aceptado como colaterales, bonos soberanos, en una forma indirecta de apuntalar las economías nacionales en problemas, ya que al no poner ninguna restricción al uso de esos fondos por parte de los bancos, estos, muy probablemente, después de solucionar sus problemas inmediatos de liquidez, emplearán una parte importante de esos fondos en adquirir tales bonos soberanos, lo que les proporcionará una alta rentabilidad en la medida en que las tasas activas, es decir, que ganan, están por encima del 5 %, mientras que su tasa pasiva a favor el BCE es de sólo 1 %.

Si bien la medida apunta a solucionar los problemas inmediatos de liquidez del sistema financiero, también apunta a mejorar la estructura financiera, proporcionado al sistema financiero la posibilidad de generar utilidades que les permitan mejora su capital y por ende su solvencia. Obviamente, la operación tiene un alto grado de riesgo para el BCE, en la medida en que los colaterales recibidos podrían tornarse en papeles sin valor, o con una gran pérdida, si los países que han emitido esos bonos soberanos entran en *default*. Ese riesgo, bastante alto en el caso de papeles de Grecia, es el costo que Alemania está dispuesta a pagar para intentar solucionar el deterioro del sistema financiero europeo, sin emitir dinero ni proporcionar liquidez directamente a los países en problemas.

Aun cuando es obvio que esa medida no soluciona el problema de fondo, si actúa como un elemento moderador de la crisis en la medida en que ha abastecido con liquidez al sistema financiero. De acuerdo a la concepción de la solución del problema financiero de las economías nacionales en crisis, esta medida debe ser complementada próximamente con el aporte directo del FMI, que en realidad se constituye en el real prestamista de último recursos de las economías nacionales.

En el fondo de la controversia desatada en Europa por la posición discordante de Gran Bretaña con el resto de sus socios de la Unión Europea, sobre la necesidad de establecer un mecanismo único de supervisión y control de las economías nacionales, como medio de lograr una real integración económica que evite que en el futuro se vuelvan a presentar escenarios de endeudamiento descontrolados que pongan en peligro al euro y a la viabilidad de la Unión, subyace la gran divergencia entre las filosofías económicas anglo-sajonas y norteamericana, respecto de las europeas representadas principalmente por Alemania y Francia.

Gran Bretaña no está separada de Europa sólo por el Canal de la Mancha, sino fundamentalmente por la concepción filosófica del funcionamiento del mercado. El Presidente Sarkozy, probablemente sin pretender llegar a las raíces del problema, enunció una muy aproximada explicación cuando manifestó que "existen claramente dos Europas: una que busca la solidaridad y las regulaciones, y otra que se rige con la exclusiva lógica del mercado".

Mientras que los analistas británicos tratan de analizar las causas y consecuencias de la decisión de su Primer Ministro David Cameron, de ejercer su derecho a veto en la reunión de jefes de estado de la Unión Europea, muchos de ellos son conscientes de que la participación de Gran Bretaña en esa aventura es más consecuencia de su afán de hacer uso de un mercado común, con todos los beneficios que con ello trae aparejado para su economía, que de su deseo de participar en una aventura diseñada para lograr una futura unión política y económica en beneficio de todos.

No es sólo que los euroescépticos son mayoría en Gran Bretaña, sino que las diferencias en las concepciones económicas han diseñado en Inglaterra, como en Estados Unidos, una economía totalmente diferente a como ella es concebida en casi todos los países de Europa. He ahí el principal escollo, casi insalvable, en lograr que Gran Bretaña avance en el camino de su unión al resto de sus socios de la Unión Europea.

Mientras que los europeos en conjunto están de acuerdo con el establecimiento de impuestos a las transacciones financieras, los británicos en su totalidad discrepan de esa posibilidad, en la medida en que ello sería nefasto para la City de Londres, como el centro financiero más importante de Europa.

Mientras que los alemanes consideran que ésta no es una crisis económica, sino una crisis de deuda, los británicos consideran que las reglas que pretenden imponerse a los mercados financieros son estúpidas. Mientras los alemanes y franceses quieren una cada vez más fuerte Unión Europea, lo británicos, euroescépticos, quieren una cada vez más débil unión política y sólo han permanecido en ella por intereses comerciales. El simple hecho de que a Gran Bretaña no le interese participar del euro, implícitamente constituye la elección de una opción contraria a los intereses europeos.

9.2. Mercado libre o mercado regulado

Lo cierto es que el futuro de la Unión Europea y del euro más transita por el estilo franco-germano de hacer negocios y conducir la política económica con acento en las regulaciones y la solidaridad. No se trata de un sistema económico distinto del capitalismo neoliberal anglosajón, sino de una concepción filosófica que busca un mayor equilibrio entre la política y la economía, a fin de evitar la profundización de la desigualdad, que bajo el modelo anglosajón incrementa la riqueza de los más ricos a costa de la mayor pobreza de los más pobres. Este sistema, además, trae aparejada la mayor concentración del poder político en manos de los que defienden los intereses de la clase dominante, lo que crea un círculo vicioso de concentración de riqueza y de poder político en los más poderosos. Sin ser Alemania ni Francia un buen ejemplo de la opción alternativa, los países nórdicos, y Suecia especialmente, representan un ejemplo a seguir de cómo lograr el equilibrio entre el crecimiento económico y la distribución de la riqueza.

Pero los británicos y norteamericanos no están solos en sus demandas de salvar a los inversionistas, sino que sus más conspicuos aliados son las agencias de rating, las que, después de permanecer en silencio durante más de 5 años, mientras se cocinaba el actual desenlace, hoy día alertan que las medidas tomadas para proteger al euro no resuelven el peligro de una significativa caída de la actividad económica con sus consecuentes peligros en el sistema financiero. Moody's dice que está poniendo el rating de las deudas soberanas de los países de la Unión Europea en revisión para una posible degradación en los meses que siguen y Standard & Poor's ya previamente había dicho que rebajaría las calificaciones de Alemania y Francia, dado que Europa se encaminaba a una probable recesión el próximo año. Como dicen los medios norteamericanos, los esfuerzos de Alemania y Francia aparentan moverse demasiado lento para satisfacer las "demandas de los inversionistas". He ahí como el modelo anglosajón de crecimiento económico privilegia la "demanda de los inversionistas" por sobre las reales necesidades de las economías nacionales. Debemos hacer énfasis que en la actual coyuntura, los "inversionistas" a los que se refieren la prensa y los analistas económicos anglosajones no son los pretéritos inversionistas que creaban empresas y generaban puestos de trabajo, sino los actuales inversionistas "especuladores" que necesitan seguridades y garantías por parte de los gobiernos para seguir lucrando con la pobreza ajena.

Dentro de las distintas concepciones filosóficas entre los anglo-sajones y los europeos en general, que marcan diferencias notables en la economía y que merecen ser destacados, ya que en ellos descansa gran parte del resultado económico final de ambas sociedades, está el disímil tratamiento que dan esos modelos a la remuneración del factor "trabajo".

Siendo indudable que en términos generales Estados Unidos es más rico en términos económicos, pocas dudas caben también de que Europa es una economía más redistributiva, en donde las leyes protegen mejor a los trabajadores y los beneficios del retiro están asegurados. En unos países de Europa, más que en otros, sin embargo, se han producido excesos que han contribuido a que dichos países pierdan competitividad económica, por el alto costo de la mano de obra debido a los excesivos beneficios, que además han impactado notablemente en los déficit fiscales que han contribuido al alto endeudamiento especialmente de los países mediterráneos.

En el mejor ejemplo de cómo combinar la flexibilidad en el mercado de trabajo con la necesidad de mantener competitividad económica, en 1994 Dinamarca se embarcó en un sistema conocido como "flexicurity", que combinaba la flexibilidad anglosajona con la seguridad europea, tratando de ofrecer un ambiente económico competitivo pero a la vez más humano. Este tipo de enfoque filosófico sobre la economía obviamente ha repercutido en el logro de sociedades más igualitarias, pero como sostienen algunos economistas norteamericanos, sacrifican a las nuevas generaciones para lograr que los más viejos lleven sus últimos años sin sobresaltos. Producto de ello Noruega y Suecia son países con mayor Ingreso per cápita que Estados Unidos.

9.3. La última esperanza griega

A mediados de febrero de 2012 el Primer Ministro griego, Lucas Papademus, presentó en el Parlamento griego, para su aprobación, el plan de austeridad exigido por la "troika" constituida por la Comisión Europea, el Banco Central Europeo y el Fondo Monetario Internacional. Dicha propuesta fue aprobada inmediatamente, el domingo 12 de febrero, con lo cual se allanó el camino para la reestructuración de la deuda con vencimientos en marzo del 2012, que asciende a $ 170 billones y que, de acuerdo a las conversaciones previas, se estima deberá permitir que los prestamistas involucrados, "voluntariamente" acepten una pérdida del 70 % del valor nominal de sus acreencias.

La aprobación por parte del parlamento griego allanó el camino para que las instancias políticas de la Unión Europea y las técnicas del Banco Central Europeo y del FMI, dieran luz verde a la recomendación para que los acreedores acepten "voluntariamente" la reducción de sus acreencias, a cambio de "restaurar la estabilidad fiscal y la competitividad económica", lo que es más un buen deseo que una posible realidad en el corto plazo.

Finalmente, en la madrugada del domingo 19 de febrero, después de una maratónica reunión, los negociadores del gobierno de Grecia y de la "troika" llegaron a un acuerdo que allana el camino a la reestructuración de la deuda griega, evitando, por el momento, el temido *default*. Los representantes de los bancos acreedores aceptaron una pérdida del 53,3 % del valor nominal o facial de sus acreencias, en tanto que el gobierno griego, además de las medidas de austeridad impuestas, aceptó incorporar un funcionario designado por la troika para que apruebe y convalide todas y cada una de las acciones que las autoridades griegas efectúen y que tenga que ver con el manejo económico acordado, es decir, para que actúe de comisario con todo los poderes y prerrogativas necesarias, lo que poco menos constituye el primer caso en que un gobierno cede a terceros parte de su soberanía económica. Los recursos aprobados de 130 mil millones de euros serán utilizados, sólo para repagar deudas, y con el visto bueno de la citada autoridad. Adicionalmente, los firmantes del acuerdo por parte de Grecia acordaron que, quien fuera que ganase las elecciones de inminente realización, el acuerdo sería mantenido por el próximo gobierno.

Se supone que el acuerdo, y las proyecciones económicas que lo sustentan, debe permitir que para el 2020 la deuda pública, como porcentaje del PBI, se reduzca del 160 % actual, totalmente inmanejable, a un 120,5 %, menos dramático, pero igualmente muy difícil de manejar.

Con una tasa de desempleo del 18 %, un déficit en cuenta corriente del 10 % del PBI, con una caída del PBI del 6 % en 2011, y con la depresión rondando a sus vecinos, poco es lo que se puede esperar en el corto y mediano plazo. Es más, las medidas extraordinarias de incremento de la recaudación tributaria, como la de elevar la tasa del impuesto al consumo en los restaurantes del 11% al 23 %, no sólo no están dando los frutos deseados, sino que más bien están haciendo aflorar el problema estructural de la evasión e inmoralidad.

La inversión privada se ve golpeada por la falta de liquidez de los bancos, que han visto evaporarse una cuarta parte de los depósitos en el último año, mientras que las inversiones en la bolsa han colapsado de modo que cualquier empresa cotizada se encuentra valorizada al mínimo. Las estimaciones del FMI indican que se requerirá más de una década para lograr una posición saludable fiscalmente y competitiva económicamente.

A pesar de todo, lo anterior constituye la opción menos negativa del desarrollo de los acontecimientos a partir de la aprobación del acuerdo para reestructurar orgánicamente la deuda con vencimiento de marzo de 2012. La alternativa es aún más problemática, y podría desencadenarse, en la medida en que cualquier circunstancia determine que el acuerdo no entre en vigencia. Con ello se generaría el caos al interior de Grecia y su salida de la Unión Europea y de la zona del euro.

9.4. Crisis financiera y recesión económica

Cualquiera que sea el desenlace final del drama griego, el sistema financiero europeo se verá perjudicado. El Banco Central Europeo tiene claro que no debe repetirse la experiencia de los 90's en el Japón, donde, por no actuarse rápido y adecuadamente, se generaron las condiciones para la aparición y mantenimiento de bancos "zombies", los cuales, por no mostrar sus reales pérdidas, siguieron prestando a empresas "zombies", todo lo cual dio como resultado una economía enferma con empresas técnicamente quebradas que seguían siendo financiadas por bancos quebrados.

Mario Draghi, Presidente del BCE, inundó el sistema financiero en diciembre de 2011, con créditos bancarios por $ 647 billones, a efectos de evitar que la falta de liquidez del sistema repercutiera en la economía real, y se espera que a fines de febrero ponga a disposición del sistema financiero otra línea de financiamiento.

Aun cuando la medida era necesaria desde la perspectiva de la economía global, ella encierra grandes riesgos en la medida en que los bancos puedan utilizar ese dinero para sus propios intereses en lugar de ponerlos a disposición del aparato productivo que los requiere. Dos son los "negocios" que los bancos podrían perseguir y que serían contraproducentes con la intención original: (a) utilizar los fondos para adquirir bonos soberanos (a fin de lucrar con la diferencia entre la tasa activa que le generarían ellos en relación con la tasa pasiva del 1 % que les cobra el BCE), y (b) repetir el error del Japón y seguirle prestando a empresas quebradas, a fin de que sus balances no se vean perjudicados con el reconocimiento oficial de la pérdida. Dadas las difíciles condiciones financieras de muchos de los bancos europeos, no debería esperarse que sus ejecutivos tomen decisiones prudentes sino que sigan el camino de las decisiones arriesgadas, con la esperanza de resucitar a sus instituciones.

La participación de las autoridades competentes para supervisar más estrechamente el uso de esos recursos y para lograr los ratios aprobados en Basilea III debería minimizar los peligros a que se ha hecho referencia. Sin embargo, el anuncio de la Autoridad Bancaria Europea de que no impondría un "*stress test*" en 2012, a fin de reducir la presión a los bancos, podría implicar otorgar "patente de corso" a todo el sistema para caer en el juego riesgoso que podría devenir en convertir a los bancos en instituciones "zombies".

Pero el otro riesgo implícito y evidente del desenlace de la crisis financiera europea es la recesión que la mayor parte de los economistas vislumbran como inevitable consecuencia de las medidas de austeridad impuestas por Alemania al resto de sus socios de la Unión Europea. Tales temores no son sin embargo compartidos por algunos economistas, como Alberto Alesina, de Harvard, quien ha sostenido que "algunas veces, aun frecuentemente, las economías prosperan después de que los déficit del gobierno son reducidos drásticamente", agregando luego que "los programas de austeridad aumentan la confianza que inicia la recuperación".

Sin embargo, un estudio realizado por economistas del Fondo Monetario Internacional, sobre los planes de austeridad implementados por 17 países durante los últimos 30 años, concluye que "la tendencia clara de los problemas de austeridad es la de reducir el consumo y debilitar la economía"[26].

9.5. Democracia y unidad europea

La crisis financiera europea ha puesto al descubierto no sólo la precariedad de los acuerdos económicos iniciales que dieron origen a la Unión Europea, sino, además, ha puesto al descubierto el enfrentamiento entre las instituciones políticas nacionales, de cada uno de sus países miembros, con las decisiones políticas tomadas por sus líderes para implantar un esquema político y económico supranacional, aceptado por todos y cada uno de sus componentes nacionales.

La primera y más importante decisión tomada por los miembros de la UE ha sido la ratificación del nuevo tratado para establecer disciplina fiscal entre sus miembros. Si bien el

26 Jaime Guajardo, Daniel Leigh, and Andrea Pescatori; Expansionary Austerity: New International Evidence

nuevo tratado no fue suscrito por Gran Bretaña y Eslovaquia, ello no inhabilita el acuerdo por cuanto sólo se requiere que 12 de los 17 estados miembros lo suscriban para su entrada en vigencia, sí muestra el primer signo grave de resquebrajamiento de una, hasta entonces, teórica unión monolítica. Debe entenderse que la ratificación de este nuevo tratado, por parte de las instancias pertinentes de cada país, implica el cambio de sus constituciones o leyes equivalentes en cada caso.

Sin ser de tan dramáticos resultados, porque ello no impidió la firma de Alemania, es pertinente recordar que la Corte Constitucional de ese país manifestó que la ratificación del nuevo tratado debía darse con la aprobación por parte del Parlamento y no, como previamente se había hecho, por parte de un comité de nueve de sus miembros. A pesar de que las encuestas internas mostraban que la gran mayoría de los alemanes pensaban que los esfuerzos de salvar a Grecia eran pérdida de tiempo y de dinero, finalmente el Parlamento aprobó el nuevo tratado por una amplia mayoría.

Irlanda deberá realizar un referéndum para ratificar el nuevo tratado, y es difícil vaticinar el resultado dado el historial de rechazo a las medidas emanadas por la Unión Europea. Sin embargo, dada la perentoria necesidad de que ese país sea salvado al estilo de Grecia, existe la esperanza de que el referéndum ratifique el nuevo tratado.

La prueba de fuego, sin embargo, se pasará tras la llegada al poder de Francia de Francoise Hollande, socialista y opositor de las medidas acordadas por Sarkozy y Merkel, las que considera son recesivas.

9.6. España, aparta de mí esta deuda

Finalmente, a inicios de junio de 2012, las autoridades políticas europeas aprobaron una operación de salvataje del sistema financiero español, mediante un crédito de 100 mil millones de euros ($ 125 mil millones), destinados a recapitalizarlo. Aún cuando el crédito es al sistema financiero privado español, el Tesoro de España es el responsable de la devolución de dicho financiamiento. El razonamiento es claro: el dinero para el rescate debía salir del gobierno de España, y como éste no dispone de esos recursos, la operación de salvataje (*bailout*) tuvo que venir de sus socios europeos, pero España responde en última instancia

Frente a esa realidad concreta, Mariano Rajoy, Primer Ministro de España, manifestó tangencialmente, antes de irse a Polonia a ver un partido de futbol, que no se trataba de una operación de salvataje a España, sino al sistema financiero español. Esta peregrina teoría fue sostenida, igualmente, por Luis de Guindos, su Ministro de Economía, el mismo día, cuando manifestó, tajantemente y muy suelto de huesos, que "no habrá ninguna condicionalidad macroeconómica o fiscal". Obviamente, tales declaraciones políticas fueron inmediatamente refutadas por las autoridades del Eurogrupo, que manifestaron: "Revisaremos de cerca y regularmente los progresos en estas áreas, en paralelo con la asistencia financiera", según el texto dado a conocimiento público.

La reacción de la clase política española es explicable, pues ella es la única responsable de la crisis económica y financiera que asola la península ibérica. El colapso del sistema financiero es el resultado del desinfle de la burbuja inmobiliaria española, que se formó, desarrolló y consolidó, durante los primeros 8 años del siglo XXI, en medio de un triunfalismo político, compartido por igual por los dos principales movimientos políticos que se sucedieron en el poder en ese periodo. El título del presente acápite constituye una reminiscencia, injusta por cierto, de un poema escrito por el poeta peruano César Vallejo en 1936, en relación a sus vivencias en la Guerra Civil Española: *España, aparta de mí este cáliz.*

El financiamiento, es más del doble de los 40 billones de euros en que estimaba el FMI, unos días antes, las necesidades de capitalización de los bancos, pero concuerda con el monto que Fitch, la agencia de rating, estimaba se requerirían, si la situación del sector financiero fuera realmente muy mala.

La medida tomada en Bruselas, a propuesta de Herman Van Rompuy, Presidente del Consejo Europeo, y respaldada por José Manuel Barroso, Presidente de la Comisión Europea, Mario Draghi, Presidente del Banco Central Europeo, y Jean-Claude Juncker, Presidente del Eurogroup y cabeza de los Ministros de Finanzas de la zona, fue finalmente aceptada por Ángela Merkel, debido a que se establecen mecanismos y condicionalidades que de alguna manera, en teoría, respetan los planteamiento principistas de Alemania. Aún cuando la medida y el apoyo financiero entrarán en vigencia el 1 de julio de 2012, el Gobierno de Finlandia ha manifestado ya su desacuerdo de forma oficial, mientras que se sabe oficiosamente que Holanda y Austria igualmente discrepan sobre la operación implementada. Para bloquear la medida, en teoría, sin embargo, se requeriría el 85 % del poder de voto de los miembros de las nuevas instancias políticas y técnicas formadas precisamente como consecuencia de la operación de *bailout*.

Si bien las condiciones impuestas a España son menos rígidas y onerosas que las impuestas a Grecia, Portugal e Irlanda, la medida ha permitido la creación de una autoridad supervisora del sistema bancario europeo, así como un sistema de garantía de los depósitos de los ahorristas, a cuenta de contribuciones de los bancos, para financiar futuros *bailouts*.

Un análisis realizado por Simón Samuels, analista del Barclays, establece que se requerirían asegurar 11 trillones de euros de depósitos, lo que se lograría, en teoría, después de destinar un quinto de los ingresos anuales de los bancos durante los siguientes cinco años. Se espera activar el denominado European Stability Mechanism (ESM), con recursos de los países miembros, especialmente de Alemania, en los próximos días, con el encargo específico de respaldar dicho fondo por crearse, lo que le daría la credibilidad necesaria en los primeros tiempos.

Samuels muestra que, si bien la lógica de la unión financiera es obvia, ya que reduce el riesgo de las corridas bancarias, país por país, y refuerza las seguridades a los ahorristas en la medida en que existe un fondo común europeo para solventar las crisis bancarias, individualmente considerada, en los países más problemáticos, encierra una trampa en el caso de que un país decidiera separarse de la zona del euro. Bajo el hipotético caso de que un país decidiera retomar su moneda nacional, sus ciudadanos, en el periodo previo a su separación, podrían endeudarse en euros, depositar esos recursos en el sistema financiero, y posteriormente, una vez consumada la separación, retirar sus ahorros en euros para convertirlos a la nueva moneda nacional obviamente devaluada. Ello simplemente sería la consumación de la transferencia de ahorros de los países centrales a los periféricos, precisamente lo que Alemania, Austria, Finlandia y Holanda tratan de evitar.

De cualquier manera, como comentaba algún periodista, el resultado final nos recuerda el eslogan de los franceses, acerca del pago de las reparaciones finalizada la Primera Guerra Mundial: "Los alemanes pagarán". O como la broma más común en esos días en Europa: "Un griego, un español y un italiano entran a un bar. ¿Quién pagará los tragos? El alemán".

X. La gran recesión mundial

10.1. Europa: entre la Gran Recesión y la Hiperinflación

Como todos los graves problemas, la crisis económica y financiera de la eurozona y la crisis política de la Unión Europea, son consecuencia de problemas estructurales difíciles de solucionar en el corto plazo, debido fundamentalmente a que ellos han sido generados durante largos periodos, sin que sus raíces hayan sido analizadas y se haya logrado el compromiso político de solucionarlas.

La eurozona y la Unión Europea realmente están conformadas por dos tipos de economías que son el resultado a su vez de varios tipos de sociedades distintas. Mientras el norte, conformado por Alemania, Austria, Holanda, Finlandia y Suecia son sociedades frugales, que generan superávit en sus cuentas corrientes, los países periféricos, especialmente los mediterráneos, como Grecia, Italia, España y Portugal, están constituidos por sociedades que gastan más de lo que ganan y por tanto generan grandes déficit en sus cuentas corrientes. El ahorro en los países del norte financió durante más de una década la fiesta de gasto de los países mediterráneos. Mientras que en Grecia, Portugal e Italia el excesivo gasto fue público, generando déficit fiscales significativos, en España el desinfle de la burbuja inmobiliaria pulverizó el ahorro privado. De acuerdo a datos del FMI, a septiembre de 2011, el 44 % de la deuda italiana es mantenida por no residentes, en Grecia el 57,4 %, en Portugal el 60,5 % y en Francia el 62,5 %.

Es obvio que en el caso de un defaul de esas deudas, el principal país afectado será Alemania, pero no sólo en términos financieros, por el daño que se infligirá a su sistema financiero, sino además por que la recesión consecuente en la periferia afectará brutalmente a su sistema productivo vía la disminución de sus exportaciones.

La alternativa a un desarrollo como el indicado es que el BCE sea autorizado para emitir bonos a ser cambiados por los bonos en peligro de default, lo que no es otra cosa que emisión monetaria disfrazada, que incubaría el peligro de un proceso inflacionario general en Europa. Esta alternativa, como ya hemos visto anteriormente, que recuerda las peores épocas para Alemania en la década de los 20 y 30, en donde la hiperinflación generada permitió el acceso al poder de los nazis posteriormente, es obviamente difícil de vender al pueblo y políticos alemanes.

Distinto es el caso de Francia, cuyo presidente, hasta mediados de noviembre de 2011, coincidía plenamente con su equivalente alemán, la canciller Ángela Merkel, en la política y estrategia para salvar al euro y a la Unión Europea. Sin embargo, las declaraciones de Francoise Baroin, Ministro de Finanzas de Francia, por aquellos días, permiten prever que se llegó al punto de inflexión en el que los intereses de ambos países empezaron a divergir, y precisamente porque el premio que separa las tasas de interés de los bonos soberanos de ambos países empezó su inexorable proceso de separación que debe profundizarse conforme pase el tiempo y empiecen a aparecer los primeros problemas en el sistema financiero francés. Baroin declaró a *Les Ethos*, un periódico francés de negocios, que el BCE debía incrementar notablemente sus operaciones de compra de bonos soberanos a fin de calmar a los mercados financieros, lo que él sabe constituye una real blasfemia para los alemanes. La diferencia de premio entre las tasas alemanas e italianas en ese momento ya era 5,2 puntos porcentuales, mientras que la diferencia entre la tasa alemana y la francesa llegaba a casi 1,9 puntos porcentuales.

Como un anuncio de que, conforme pase el tiempo, las declaraciones divergentes entre ambos lados empezarán a ser más altisonantes, Valerie Pecrese, Ministro de Presupuesto de Francia declaró: "Nosotros confiamos que el BCE tomará medidas para asegurar la estabilidad financiera de Europa", en referencia a la reclamada compra de bonos; a lo que Jens Weidmann, Presidente del Bundesbank de Alemania, respondió que "la política monetaria no puede ni debe usarse para resolver los problemas de solvencia de los gobiernos y los bancos". Estas primeras escaramuzas no son otra cosa que los prolegómenos de un futuro enfrentamiento entre ambos países en relación a cómo salvar al euro y conservar la Unión Europea.

Al final, sin embargo, conservar la Unión Europea, como fue concebida inicialmente y como funciona a fines del 2011, es poco menos que un buen deseo muy difícil de alcanzarse. Ni siquiera la unión fiscal puede funcionar, ya que ello implica que, en el fondo, los alemanes controlen los presupuestos y los impuestos de cada país de la Unión, lo que además de ser políticamente imposible, determinaría que tanto Grecia como Italia entrasen en profundas depresiones que enajenarían el favor de los electores de esos países, quienes obviamente forzarían una salida de la Unión, si no ahora, en los años venideros.

Todos somos conscientes, ahora, que el superávit alemán en cuenta corriente es producto del déficit comercial del resto de países de la Unión. Los bancos de Alemania financiaron el déficit fiscal del resto de países de la UE con los excedentes financieros que el comercio exterior les proporcionó vía su superávit comercial, precisamente con esos países. Mientras los países mediterráneos gastaron en exceso para tener un mejor nivel de vida, los alemanes financiaron la fiesta con el dinero que esos mismos países les proporcionaron.

Peor aún, mediante el acceso a una moneda común, los países mediterráneos accedieron a créditos que les permitieron elevar su nivel de vida, con el resultado concomitante de una elevación de sus costos y precios, lo que hoy determina que carezcan de competitividad. Los países mediterráneos necesitan recuperar competitividad, y eso sólo lo lograrían saliéndose de la zona del euro y devaluando sus respectivas monedas.

Pero hay dos problemas adicionales que apuntan a la inviabilidad de la eurozona: (a) falta de movilidad de uno de los factores de producción, específicamente de la mano de obra. Las diferencias idiomáticas y culturales impiden dicha movilidad. (b) para que los desbalances estructurales se corrijan es necesario que exista crecimiento económico en los países mediterráneos, y ello en el corto y mediano plazo es imposible.

El nuevo tratado en marcha y la liquidez proporcionada a los bancos salvan al euro y a la Unión Europea en el corto plazo, pero los problemas sociales derivados de la recesión que se viene podrían constituir el caldo de cultivo para que los políticos populistas de los países mediterráneos retornen al poder, y con ellos el incumplimiento de las estipulaciones del nuevo tratado y finalmente salirse de una sociedad que les resulta demasiado onerosa.

Hay claramente dos Europas, la del norte y la del sur. En el mediano a largo plazo, la Unión Europea y la zona del euro sólo podrán mantenerse para la Europa del Norte en tanto que a todos los países mediterráneos les convendría salirse de la eurozona.

Ya los mismos legisladores de Bruselas están diseñando los mecanismos legales necesarios para que no sea necesario que los 27 miembros aprueben las nuevas normas legales por unanimidad, como estaba estipulado hasta ahora, sino que con la sola aprobación de un grupo de países, una norma podría entrar en vigencia para ese sólo grupo de países que la aprueba. La estrategia legal concebida inicialmente para dar solución al impase generado por la oposición británica a las propuestas de nuevos impuestos aplicables a las transacciones financieras, podría ser el inicio de una nueva legislación en la Unión Europea, orientada a mantener la "forma" aun cuando en el fondo sea imposible mantener la unión.

Y es que el problema de fondo es precisamente un problema de más de $ 1 trillón que deben ser emitidos como nueva deuda por los países mediterráneos en 2012, para reemplazar la deuda existente con vencimiento en ese año, más el financiamiento de los nuevos déficit previstos. Puesto de la manera más simple, la pregunta es: ¿Qué inversionista quisiera atar su dinero durante tres años a un bono que no tiene muchas probabilidades de ser cobrado íntegramente al final de ese periodo? El caso más dramático es el de Italia, que debe emitir el 30 % de esa cifra, cuando todos los indicadores económicos y financieros proyectados para ese periodo muestran la imposibilidad de dar un giro total a las actuales proyecciones.

De acuerdo a Nouriel Roubini, para que la deuda italiana baje a un porcentaje razonable de su PBI (90 %), es decir, que su repago sea posible, los inversionistas deben perder el 25 % de su inversión. Bajo un escenario igual o parecido para España, Portugal y Grecia, es posible inferir que los inversionistas perderán por lo menos el 30 % de sus inversiones con vencimientos en el 2012, es decir, $ 300 billones. Bajo ese escenario, es lógico pensar que el costo de las nuevas deudas soberanas se incrementará notablemente en el 2012.

La degradación de la deuda de nueve países europeos, hecha pública a mediados de enero de 2012 por Standard & Poor's, aun cuando es más simbólica que efectiva, hace recordar a los políticos de esos países que la crisis financiera no ha menguado, y que el problema estructural de fondo de esos países y de sus sistemas financieros sigue entrampado en un muy elevado endeudamiento que no ha sido resuelto en Bruselas en el pasado diciembre. La degradación de las deudas soberanas de España (a A), Italia (a BBB+), Portugal (a BB) y Grecia (a CC) no añade más leña al fuego político en esos países, pero la degradación de la deuda francesa a AA+ sí podría constituir un problema político fundamental para la Unión Europea, en la medida en que el socialista Francois Hollande no tendría los mismos deseos de actuar al unísono con Alemania, como lo hizo Sarkozy, para salvar a la Unión Europea y al euro. Alemania, conjuntamente con Holanda, Finlandia y Luxemburgo son los únicos países de la Unión Europea que aún conservan la calificación AAA.

La ascensión de Christine Lagarde a la Presidencia del FMI ha modificado notablemente la posición históricamente mantenida por ese organismo, en las anteriores crisis de endeudamiento en América Latina y del Sureste de Asia, en relación a las medidas más recomendables para enfrentar la crisis de endeudamiento, hacia una aproximación más cautelosa y menos brutal y con medidas menos recesivas, que la misma Lagarde ha estado tratando de vender a Alemania, en una visita a Berlín realizada en la tercera semana de enero de 2012. La respuesta alemana, sin más diplomacia que la necesaria, provino del Ministro de Hacienda alemán, Wolfang Schauble, quien rechazó de plano las sugerencias planteadas manifestando que "lo primero es aplicar los acuerdos", lo que fue seguido de una declaración de Ángela Merkel, quien manifestó que "no es el momento de incrementar el fondo de rescate", como rechazo al planteamiento de Lagarde de duplicar el Fondo de Estabilidad a un trillón de euros uniéndose al coro de las presiones internacionales.

Fue, precisamente, en el Fórum Económico Mundial de Davos 2012, realizada hacia fines de enero, en donde George Soros manifestó que la solución de los problemas de la Unión Europea y del euro pasa necesariamente por la exclusión de

Grecia, ya que no se trata de sacrificar a todos los países por salvar a sólo uno. Añadiendo, además, que "los países débiles han sido relegados al estatus de países del tercer mundo endeudados en moneda extranjera", y que Alemania está imponiendo disciplina fiscal que genera tensiones que pueden destruir la Unión. Asumiendo una posición distinta a la alemana manifestó igualmente que como consecuencia de las medidas de austeridad impuestas por Alemania, la zona del euro caerá en una espiral de deuda-deflación que agudizaría los desordenes sociales.

Recuérdese que la alternativa para licuar la inmensa deuda soberana de los países europeos es un proceso inflacionario controlado que transfiera riqueza desde los acreedores a los deudores, es decir, del norte al sur, lo que obviamente tendrá una oposición firme de Alemania, no sólo por lo injusto del remedio, sino además porque ello podría degenerar en una hiperinflación generalizada en Europa.

10.2. Estados Unidos: la economía no despega

Aún cuando las principales cifras que reflejan el estado de la economía norteamericana no mostraban ninguna mejoría significativa a fines del 2011, algunos economistas señalan que ya habría signos de que la Gran Recesión, bajo la forma de una *double dip*, podría no retornar. Ellos basan sus aseveraciones en la ligera mejora de los indicadores de desempleo, y predican sus proyecciones optimistas con la esperanza de que esas opiniones influyan en las expectativas, tanto de los consumidores como de los inversionistas, como si bastaran las opiniones positivas para cambiar el curso de los acontecimientos. Gregory Mankin, economista de Harvard y asesor de Mitt Romney en la campaña presidencial, considera que "la clave está en manejar las expectativas" y la tasa de interés de la economía, y ello nos permite suponer que su manejo de la economía en caso de que su asesorado llegara a la presidencia, sería dejar que las fuerzas del mercado libremente condujeran la economía, obviamente a una Gran Recesión.

Parece a ellos no importarles el insostenible déficit fiscal y su consecuencia bajo la forma de un endeudamiento estructural del gobierno, la caída del consumo como consecuencia de la concentración de los ingresos en las capas más ricas de la población, y el alto endeudamiento que afecta a los deudores de *mortgages* que no logran una solución a los problemas que los aquejan, y la necesidad de una significativa reducción en los niveles de desempleo.

Tampoco los economistas liberales son consientes de que la economía norteamericana se encuentra en un proceso de ajuste estructural, como consecuencia de un cambio en la estructura de producción y la demanda por trabajo, como resultado de un largo periodo de inversión en el extranjero que ha dejado a millones de norteamericanos sin capacidad para asumir nuevos trabajos en una economía más orientada a los servicios que a la producción de bienes de bajo valor agregado, que hoy día se fabrican en los países de economía emergente, y principalmente en China.

Los economistas conservadores tampoco son consientes que debido a ello se está produciendo un cambio en la estructura de la demanda, debido a la caída del poder adquisitivo de la clase media, altamente endeudada, sin trabajo y con ingresos reales cada vez menores, como ha demostrado Robert H. Frank, profesor de economía de la Escuela de Graduados de la Universidad de Cornell, creador del "índice de trabajo" que trata de medir cuántas horas debe trabajar un trabajador de "medianos ingresos" para pagar la renta de una casa de "mediano precio"[27]. Según sus cálculos, en 1970 debía trabajar

27 Robert H. Frank; I Just Got Here but I Know Trouble When I See It; The New York Times; December 31, 2011

41 horas, en tanto que para el 2005, antes de la crisis, debía hacerlo más de 100 horas. Es obvio que después de la crisis, a fines de 2011, este índice debe haberse incrementado aún más, como consecuencia fundamentalmente de la crisis inmobiliaria, ya que, de a cuerdo al S&P/Case-Shiller, los precios de las propiedades han caído un 13,3 % adicional entre septiembre de 2008 y fines de 2011[28].

Además de todo eso, a fines de 2011 la muy frágil economía norteamericana se vio también amenazada por las consecuencias de la crisis financiera en Europa, de la cual es el primer socio comercial. Mientras que Timothy Geithner, a mediados de noviembre de 2011, manifestaba en la Cumbre de Cooperación Económica Asia-Pacifico, realizada en Hawái, que "nosotros estamos directamente afectados por la crisis de Europa", por esos mismos días Ben Bernanke, Presidente de la FED, declaraba en Texas: "Yo no creo que seamos capaces de escapar de un *blow-up* en Europa".

Ambos se refieren tanto a las consecuencias económicas derivadas de la recesión que indefectiblemente afectará Europa, como del daño financiero que sufrirá el sistema financiero norteamericano por efecto del no pago de parte de la deuda externa de los países mediterráneos en problemas. Se estima que la exposición norteamericana en bancos alemanes y franceses fácilmente excede $ 1,2 trillones, equivalentes al 10 % del total de activos de esos bancos.

Por otro lado, el retorno de capitales de todo el mundo a Estados Unidos, considerado el refugio más seguro para todos ellos, determinará que el dólar se aprecie con la consecuente pérdida de competitividad para sus exportaciones, lo que agudizaría aún más los problemas depresivos de su economía, mayor desempleo, menor consumo y más problemas finan-

28 Robert J. Shiller; I Just Got Here but I Know Trouble When I See It; The New York Times; December 31, 2011

cieros de los deudores. Dicho retorno de capitales, agudizará aún más la caída de la tasa de interés real, ya que a ellos no les quedará más oportunidades de inversión que, aunque parezca mentira, los Bonos del Tesoro, o volver a la bolsa de valores de New York a crear otra burbuja bursátil.

Si bien a inicios de marzo de 2012 ya se van conociendo las estadísticas de crecimiento de empleo, que son ampliamente difundidas por la Administración Obama como una prueba de que su estrategia económica está funcionando para evitar caer nuevamente en la recesión, es obvio que se trata de datos aislados manejados políticamente para contrarrestar las críticas republicanas en el contexto electoral de 2012. Se trata, sin embargo, de un muy bajo nivel de recuperación económica, para los estándares históricos, a pesar de que las tasas de crecimiento del PBI han sido positivas y crecientes durante los cuatro trimestres de 2011 (0,4%; 1,3%; 1,8% y 3,0%) ya que el nivel de desempleo sigue estando por encima de 8 %.

En un testimonio presentado ante el Comité de Servicios Financieros de la Cámara de Representantes, a fines de febrero de 2012, Ben Bernanke, reconociendo que la tasa de desempleo había bajado más rápido de lo anticipado, sostuvo que será muy difícil bajarla aún más en un plazo corto y que el proceso de la recuperación económica sería muy lento en los siguientes años, ya que "una mejora continua en el mercado de trabajo requiere un mayor crecimiento en la demanda final y en la producción".

A pesar de ello, el incremento de la tasa de los Bonos del Tesoro, que en septiembre de 2011 cayó a 1,67 %, a fines de marzo de 2012 ya está en pleno proceso de recuperación, alcanzado 2,38 %, y con tendencia seguir subiendo, probablemente más por el regreso de los capitales especulativos de sus otras aventuras alrededor del mundo, que por su fe en la recuperación de la economía norteamericana.

10.3. China: enfriamiento de la economía

Debe ser absolutamente claro para los líderes del Partido Comunista Chino que el manejo de la economía china, parcial pero mayoritariamente estatal dentro de sus fronteras, pero inserta en un mundo capitalista y globalizado, es un misterio difícil de entender y mucho menos de dirigir como ellos desearían.

Con un modelo de crecimiento hacia afuera, que les ha permitido capitalizarse con reservas de divisas superiores a $ 3 trillones a fines del 2011, después de más de tres décadas de crecimiento sostenido a tasas alrededor de 10 % anual, se encuentran hoy inmersos en un mundo en una profunda crisis financiera que muy probablemente desemboque en una Gran Recesión Mundial.

Con dos frentes que atender, uno interno y otro externo, y dos esquemas de trabajo económico, uno estatal y el otro capitalista, deben buscar el camino menos escabroso para sortear las difíciles circunstancias con las que deberán lidiar en los años por venir.

Además de su tradicional prudencia para tratar con los extranjeros y con los asuntos externos, el manejo de su frente externo se basa fundamentalmente en cómo implementar su política económica, especialmente la cambiaria, en un momento en que la debilidad de Occidente, Estados Unidos y Europa, hace palpable para todos que está cercano el momento en que estos le cedan la supremacía mundial, que a sus ojos deben recibir más como un "presente griego" que como una recompensa bien ganada, dada la coyuntura internacional, que más bien pareciera se convertirá en un tema estructural, por su gravedad y posible duración.

A fines de 2011 ya se sentían en China los primeros efectos de la crisis mundial, especialmente por la disminución de los pedidos provenientes de Europa y de Estados Unidos, mercados que constituyen más del 50 % de sus exportaciones. Para evitar un colapso de su economía, por una severa disminución de las exportaciones, hace más de tres años el gobierno chino inició un masivo programa de crecimiento de su mercado interno con una gran infusión de recursos financieros, mediante programas de estímulo que permitieron incrementar notablemente la infraestructura de transporte y el sector construcción.

Esta política, conjuntamente con la inmensa masa de dinero proveniente del exterior, que acudió a sus mercados financieros, generó la aparición de una burbuja inmobiliaria, cuyo desinfle ya estaría provocando problemas de desocupación y disminución de consumo, especialmente en los hogares de los trabajadores de construcción que acudieron a las ciudades en un extraordinario proceso de éxodo desde el ámbito rural, patrocinado por las autoridades, en el entendido de que la meta era lograr un incremento sustancial del consumo interno en el largo plazo, que fuera la clave de su futuro crecimiento económico, en reemplazo de la exclusiva dependencia del sector exportador.

Esta política, lamentablemente, generó posteriormente la aparición de los primeros síntomas de la temida inflación que, a mediados de 2011, oficialmente alcanzaba 6,4 % anual, mientras la canasta de alimentos subió 13,4 % en el mismo periodo. Para evitar que ese flagelo llevara a problemas mayores, las autoridades decidieron hacer uso de las herramientas monetarias para controlarla, como el incremento de la tasa de interés y la disminución de la masa monetaria, principalmente controlando la expansión del crédito.

Para complicar más aún el panorama interno, el viejo sector de finanzas informales, que creció de forma extraordinaria en los últimos años, para abastecer a la pequeña empresa en reemplazo del sistema financiero formal (ante la disminución de los recursos financieros de los bancos, por exigencia de las mismas autoridades), ha contribuido a incrementar los temores de que la inflación se vea desbocada. De acuerdo al Credit Suisse, este sector contribuía a junio de 2011 con $1,7 trillones, que representaban casi un 20 % del crédito total disponible en la economía.

Esta realidad, más el cuestionamiento de la seguridad en sus programa de transporte masivo rápido interregional, han detenido o pospuesto programas e inversiones con uso masivo de mano de obra, la que no sólo ha quedado desocupada, sino incluso impaga por muchos meses. El temor de que similares programas de estímulo a la economía contribuyan más a incrementar el peligro de que la inflación pueda volverse inmanejable, más la comprobación de que se ha creado una burbuja inmobiliaria, determinaron que las autoridades de China hayan decidido restringir la masa monetaria disminuyendo el crédito al sistema financiero.

Como consecuencia de ello, los bancos han debido restringir el manejo del crédito, especialmente a las pequeñas y medianas empresas, las cuales han debido de despedir trabajadores o dejar de pagarles, con lo que el ejército de desocupados generado por la interrupción de los programas viales se ha incrementado notablemente, afectando principalmente a los trabajadores migrantes rurales, que se estima en 150 millones han migrado hacia las ciudades en busca de mejores perspectivas, y quienes por tener que mantenerse registrados son considerados ciudadanos de segunda clase.

Ante tal avalancha de problemas generados por tratar de cambiar su modelo de crecimiento hacia afuera, las autoridades chinas están evaluando regresar a dicho modelo que le brinda resultados tangibles, en la generación de superávit en su balanza de pagos y acumulación de reservas, y dejar los problemas del manejo del tipo de cambio para que sean solucionados por el resto del mundo.

El problema de tal alternativa es que sus principales socios comerciales, Estados Unidos y la Unión Europea, están en grave crisis económica el primero y crisis financiera el segundo, lo que puede conducir a una Gran Recesión Mundial, con lo que su modelo de crecimiento hacia afuera entraría en grave contradicción.

Ante esta salida, un problema inminente está en vías de aparición y es el del excesivo endeudamiento de toda la economía privada, formal e informal, así como de los gobiernos locales, cuya deuda, sólo en 2010, creció un 30 %. Debido a que los chinos en general tienen poca predisposición a poner sus ahorros en los bancos, estos carecen de depósitos en el sistema financiero formal en proporciones semejantes a los bancos occidentales, ello y el desinfle de la burbuja inmobiliaria, y los problemas de pago por parte de los industriales como consecuencia de la disminución de exportaciones, deben generar condiciones suficientes para que el sistema financiero chino pueda colapsar al estilo de lo ocurrido en Estados Unidos y Europa. Mientras que entre 1998 y 2005 dichos bancos dieron por perdidos (*write off*) créditos por $ 500 billones, ya se siente la necesidad de realizar otra ronda de limpieza en los estados financieros del sistema bancario, pero esta vez en una cifra muy superior, teniendo en cuenta que, al igual que para el mundo occidental, sus bancos son "demasiado grandes para caer".

A pesar de todo ello, a fines de noviembre de 2011 el Consejo de Estado, con la obvia aprobación del Politburó del Partido Comunista, decidió cambiar radicalmente la política económica anteriormente seguida, de restringir el crédito de los bancos ante los temores de la inflación, para urgir a los bancos a que retomaran una política agresiva de préstamos, disminuyendo las exigencias de mantener encaje en el Banco Central, a fin de dejarles mayor liquidez.

Este cambio de política económica evidencia que hay un cambio fundamental en el enemigo a combatir, el cual habría dejado de ser la inflación, para ser reemplazado por la caída en el ritmo de crecimiento económico, posiblemente a niveles considerados de mayor peligro para esas autoridades. Recuérdese que esta reducción del llamado "ratio de reservas" viene después de que el mismo ratio fuera incrementado seis veces ese mismo año.

Es obvio que las autoridades chinas, que pretenden manejar casi todas las variables de un sistema económico mixto, dentro de un mundo capitalista globalizado, se enfrentan a retos para los cuales no hay recetas teóricas ni experiencias prácticas que los guíen.

Interesante resulta observar que, debido al incremento del costo de la mano de obra en China, algunas empresas internacionales ya están moviendo sus factorías a otros países del Asia, o incluso América Central, es decir, más cerca de Estados Unidos, donde, por ejemplo, Adidas planea incrementar notablemente su producción, disminuyendo la procedente de China.

En otra señal preocupante de un cambio en las condiciones globales, el crecimiento de las importaciones de China cayó a su más bajo nivel en dos años, lo que constituye una mala noticia no sólo para Australia, sino en general para todos los países que exportan materias primas, lo que implica un enfriamiento de la demanda interna y una disminución de las exportaciones, lo que configura el temor de que el crecimiento del PBI de China caiga por debajo de 8 % en 2012.

Después de cerca de tres décadas de casi ininterrumpido alto crecimiento económico, las autoridades chinas enfrentan, a inicios de 2012, la cruda realidad de que el ritmo de crecimiento se ha desacelerado de modo tal que su meta para ese año oficialmente se ha establecido en sólo 7,5 %, la meta más baja en 22 años. No es sólo que el crecimiento de la demanda externa se ha detenido, y con ello la demanda por las exportaciones chinas, sino que la demanda interna también está presentando problemas derivados fundamentalmente de la pérdida de poder adquisitivo de la población como consecuencia de la caída de empleos y disminución significativa de los niveles de inversión interna y de la inversión externa. A diferencia de pocos meses antes, el consumo interno y la sensación de prosperidad están en proceso de retroceso, a la par que los precios de *real estate* aún configuran la cúspide de una burbuja inmobiliaria que no empieza a desinflarse.

10.4. Países emergentes en peligro

La crisis económica mundial, cuyo origen se produjo en el Hemisferio Norte, ya está empezando a afectar a los llamados países emergentes, y a los otros en vías de desarrollo, que comienzan a sufrir un éxodo de capitales golondrinos que en los años anteriores generaron burbujas bursátiles e inmobiliarias, que ya se encuentran en proceso de desinfle. Aunque parezca mentira, esos capitales, en periodos de crisis financiera, optan por regresar a Estados Unidos donde están teóricamente más seguros en términos "legales", aunque igualmente en peligro en términos financieros. Interesante resulta observar el comportamiento de las bolsas de valores de algunos países emblemáticos, en el pasado reciente, como destino de los capitales golondrinos.

Esa primera señal de retirada de los capitales financieros, pronto será seguida por la disminución global de la demanda por los productos primarios, provenientes de la agricultura, ganadería y minería, por parte de los países desarrollados, lo que empezaría a generar las primeras muestras de reacomodo de las variables externas, cambiando los superávit actualmente existentes en las balanzas comercial y de pagos por los tradicionales déficit, en la medida en que esos países no hayan aprovechado los años de bonanza para crear un mercado interno más importante. En la medida en que esos países hayan construido reservas de divisas importantes para aguantar un periodo prolongado de déficit comerciales, podrán soportar de mejor manera los efectos de la Gran Recesión Mundial que se viene.

No debemos olvidar aquella frase conocida de que "cuando Estados Unidos se resfría, América Latina coge una pulmonía", aun cuando en estas circunstancias la bonanza económica vivida y las experiencias pasadas han permitido construir reservas de divisas importantes que ayudarán a sobrellevar la crisis que se avecina.

Lamentablemente, sin embargo, algunos países serán más golpeados que otros, y dentro de ellos estarán aquellos que han tenido un crecimiento económico extraordinario en la etapa previa, y que además han sido sujeto pasivo de un crecimiento extraordinario de la inversión especulativa extrajera en bienes raíces y en actividades bursátiles, y que obviamente han construido burbujas inmobiliarias y burbujas bursátiles, ante los ojos de todos los economistas y autoridades monetarias que no han tomado medidas para prevenir los desastres de su posterior desinfle.

De acuerdo a proyecciones del Banco Mundial, conocidas en enero de 2012, Brasil crecería sólo 3,4 % ese año, lo que constituye menos de la mitad del crecimiento de 2011. Jeffrey Frankel en un artículo publicado por el Proyecto Sindicato sostiene que los países emergentes incuban crisis financieras cada 15 años, si tomamos como precedentes las iniciadas a mediados de 1982 en México, que luego se propagó por toda América Latina, y la del Sudeste del Asia que originalmente sacudió a Tailandia a mediados de 1997. Dice él que 2012 podría ser el año del inicio de otra crisis en los mercados emergentes. Aun cuando él mismo califica la coincidencia como simple tema de numerología, no deja de ser interesante la coincidencia.

10.5. Consecuencias sociales colaterales

Las protestas iniciadas en Canada, que adquirieran importancia a partir de septiembre de 2011 con la "Ocupacion de Wall Street" (OWS), y que se esparcieran a lo largo y ancho de Estados Unidos, en muy pocos meses adquirieron presencia en más de 900 ciudades de 80 paises del mundo. Aun cuando no hay un hilo conductor que vincule a tales manifestaciones, todas las cuales son espontáneas, ellas tiene en común la protesta del ciudadano medio golpeado por el desempleo y la crisis economica contra las minorias beneficiadas y causantes de la crisis. Es, efectivamente como dicen los "Ocupantes de Wall Street", la protesta del 99 % perjudicado contra el 1 % inmoralmente beneficiado y causante del problema.

Entre los OWS en Estados Unidos, los "indignados" de España, los ocupantes de las graderias de la Catedral de San Pablo en Londres, los griegos, los italianos o los australianos en Sidney, existe el común denominador de la protesta contra un sistema que ha devenido exageradamente concentrador de la riqueza y copador del poder politico, y que se perjudica a sí mismo socavando las bases del consumo y del ahorro por parte de las grandes mayorias que han sido precisamente las claves del éxito del sistema capitalista.

No puede ser más paradójico que el día que se aprobó el segundo *bailout* a Grecia en Bruselas, se celebra allí el denominado "Oxy Day" o "Dia del No', con el que los griegos conmemoran la lucha contra la Alemania nazi durante la Segunda Guerra Mundial. Por ese motivo, el rencor histórico contra la Alemania nazi se refleja en la forma como el pueblo griego ha reaccionado por la solución europea a su problema financiero, que ellos consideran erosiona aún más su soberanía, venida a menos por culpa de la "intervención extranjera". Llamando traidor a su Presidente Karolos Papoulias y títeres de los extranjeros a sus políticos, los griegos cuestionan la intervención directa extranjera en sus asuntos públicos. Dicen algunos que, si no fuera porque Grecia pertenece a la Unión Europea, la forma como se conduce la política económica, con intervención de la llamada troika, conformada por el FMI, el BCE y los tecnócratas de la misma Unión, la actual situación rememoraría la época de ocupación extranjera durante la Segunda Guerra Mundial.

Por otro lado, sin que lo acordado en Bruselas establezca explícitamente qué corte se hará cargo de los contenciosos que eventualmente se presentarán en relación al *default* real que el acuerdo de Bruselas ha aprobado, muchos encuentran ignominiosa la aplicación de la ley internacional que, dicen, mina aún más su soberanía. No es sólo en Grecia donde se cocinan manifestaciones políticas preocupantes, sino en muchos otros países de Europa, donde la crisis y el desempleo hacer surgir los descontentos que los políticos populistas de derecha canalizan hacia manifestaciones xenófobas en algunos lugares o anti germanas en otros. En Austria, como en Finlandia, las actitudes anti inmigrantes, están presentes, pero es en Hungria donde el sentimiento anti gitano y anti judío está empezando a tomar fuerza.

Más importante aún, por las consecuencias que se generarán, es el desempleo que golpea fundamentalmente a la población joven, que recién empieza a entrar en etapa de producir.

Muchos jóvenes en Europa, tal vez millones, ya han pasado más de dos años sin conseguir trabajo. En su gran mayoría son obviamente jóvenes que no han ido a la universidad y que esperan encontrar trabajos no especializados, muchos de los cuales ya han perdido las esperanzas de encontrar empleo. Mientras que en España el desempleo de los jóvenes alcanza el más alto ratio (50 %), en Grecia es 48 %, en Italia alcanza 30 %, y aun en Inglaterra llega a 22 %, el doble de la tasa de desempleo de los adultos.

No es sólo el efecto macroeconómico del problema, sino, más importante aún, los efectos sicológico y sociológico los que golpean a toda una generación que no acierta a comprender las causas del fenómeno. Parte importante del problema es la falta de atención de los gobiernos para atender a esos millones de desempleados que día a día ven incrementar su frustración y evaporarse sus sueños de independencia económica, respecto a sus padres.

Mientras que en Alemania y Holanda los gobiernos crean programas especializados de entrenamiento para prepararlos para oportunidades futuras y ocupar su tiempo en educación, el resto de países carecen de tales programas y están contribuyendo a inocular en toda una generación los sentimientos de frustración que pueden marcar a toda una generación.

10.6. Petróleo, política y geopolítica

La importancia del petróleo y de los países petroleros del Medio Oriente en la geopolítica mundial ha tomado un claro declive desde hace algunos años, como consecuencia no sólo de la aparición y desarrollo de nuevas fuentes alternativas de energía (solar, eólica y biodisel), sino además por la insurgencia de nuevos países productores importantes, como Rusia y Brasil. Más aún, en la siguiente década, el desarrollo de las nuevas reservas petroleras recientemente descubiertas en zonas profundas debajo del mar, especialmente en Brasil, y la pronta puesta en producción de los yacimientos de petróleo pesado en Canadá, configurarán un cambio drástico en la dependencia de Estados Unidos respecto del petróleo del Medio Oriente.

Conjuntamente con ello, la dramática declinación de la producción petrolera de Venezuela, debe configurar un cambio notable en la dependencia de Estados Unidos de fuentes poco confiables geopolíticamente hacia un menor peligro de desabastecimiento dado que las nuevas fuentes aparecen hoy como más confiables. Especialmente destacable es la producción proveniente de Canadá y la que se originará de la extracción de petróleo desde los yacimientos denominados de "roca densa" gracias a la nueva tecnología de "fracking" que se estima permitirán extraer un volumen de 3 millones de barriles por día hacia el año 2020.

En 2011, después de 62 años, Estados Unidos se convirtió en "exportador neto" de productos petroleros, en parte debido a la presión de los lobbies que han logrado, entre otros triunfos notables, pero discutibles, la no firma hasta ahora del denominado Protocolo de Kioto, aprobado por otros 194 países, que fue concebido para disminuir la contaminación ambiental gravando a los países que queman combustibles fósiles y que contribuyen a disminuir la capa de ozono, y que se encuentran en camino de lograr la aprobación del proyecto de oleoducto Keystone XL para conducir, a través del medio oeste, la producción del petróleo canadiense hasta Texas.

Más aún, a inicios del 2012 la industria petrolera y el Instituto Americano de Petróleo se encuentran desarrollando una intensa campaña propagandística por todos los medios, denominada "Vote 4 Energy", orientada a sensibilizar a los electores norteamericanos sobre la necesidad de abrir a la exploración petrolera nuevas zonas, ahora consideradas intocables por ser reservas naturales o porque podrían constituir un peligro para la contaminación, bajo los argumentos de que Estados Unidos dispone de los más grandes yacimientos en el mundo y que su explotación podría evitar importar productos petroleros, a la par que podría crear más de un millón de trabajos en este sector, así como proporcionar ingresos al Tesoro por $ 800 billones en los próximos 20 años. Es obvio que los argumentos esgrimidos y los millones de dólares gastados en esa y otras campañas han logrado neutralizar los esfuerzos de instituciones como Greenpeace para lograr el desarrollo de fuentes alternativas de energía más limpias y eficientes. Es indudable que los argumentos esgrimidos calarán hondo en los electores norteamericanos cuando en la contienda electoral de noviembre de 2012 deban apoyar al candidato conservador que mejor atienda a esas demandas.

Detrás de este probable "triunfo" de los conservadores norteamericanos está la "convicción" de que todos los estudios sobre la contaminación ambiental y el calentamiento global no son sino creaciones infundadas de científicos en descrédito o de políticos extremistas de izquierda, que manejan las agencias de las Naciones Unidas, que quieren impedir que Estados Unidos logre su independencia energética.

Como para añadir más leña al fuego, los incidentes y desafíos provocados por la realización de maniobras navales norteamericanas cerca de Irán, cuyo gobierno amenazó con cerrar el estrecho de Ormuz, por donde se exporta el 20 % de la producción mundial de petróleo, constituyen el elemento adicional suficiente para exacerbar los temores de los electores ante un probable incremento del precio de los combustibles que contribuiría a afectar aún más a los consumidores y a la economía norteamericana. Todo ello constituiría un adecuado tinglado para dejar servida la mesa para un probable triunfo de los republicanos y la siguiente implementación de políticas económicas aun más recesivas. Las especulaciones de que Israel trataría de detener por la fuerza el desarrollo del programa nuclear iraní han incorporado, al notable incremento del precio del petróleo que ya ha llegado a $ 125 el barril a mediados de marzo de 2012, un "*premium*" de temor que ha contribuido a dicha tendencia, ya que por el desarrollo de los problemas recesivos mundiales es obvio que la demanda ha caído significativamente en los últimos meses, no sólo en Europa y Estados Unidos, sino incluso en China. No está de más recordar que las últimas tres recesiones antes de la iniciada en 2008, fueron iniciadas por guerras en el Medio Oriente que iniciaron periodos de importantes incrementos de precios en el petróleo. La Guerra del Yon Kippur, iniciada en 1973, desencadenó la Recesión 1974-75, la Revolución Iraní de 1979 desencadeno la recesión 1980-1982, y la invasión de Irak a Kuwait precedió a la recesión 1990-1991

XI. La lucha por el liderazgo mundial

11.1. En cuestionamiento la hegemonía mundial

El periódico alemán *Die Welt* lanzó la frase que realmente constituye la opinión del mundo entero respecto al problema de la crisis norteamericana: "A la crisis americana del siglo XXI podría seguir la caída de la potencia dominante del siglo XX".

Dado que Estados Unidos se encuentra a las puertas de una recaída en la Gran Recesión, la recuperación de esa economía, y de la economía europea, es posible que demore más de una década, lo que, dependiendo de cómo se comporte el resto del mundo, y especialmente China, en ese periodo dará lugar a un reacomodo estratégico de la correlación de fuerzas económicas en el mundo.

A pesar de que el crecimiento económico de China depende en gran medida de sus exportaciones, principalmente a Estados Unidos y Europa, la inmensidad del mercado interno chino, y sus casi $ 3 trillones de reservas internacionales, dan a esa economía el margen de maniobra necesario para cambiar su estrategia de desarrollo económico.

Parece claro que la siguiente década verá el surgir de China como el gran árbitro de la política internacional, papel que en los últimos casi 70 años le correspondió a Estados Unidos, y que dio pie a que Henry Luce, fundador del *Time*, denominara "El siglo Americano"; y que posteriormente los republicanos acuñaran el concepto del "Excepcionalismo Americano", referido a la idea de que Estados Unidos estaba destinado a jugar un rol único y sobresaliente en la civilización como consecuencia de su genial constitución, situación geográfica y poder económico hegemónico.

No debe confundirse, sin embargo, la pérdida de la privilegiada posición hegemónica de Estados Unidos, con el fin del poder político y económico, a favor de otra potencia como China. El periodo que sigue será el de un mundo multipolar en el que la expansión de las economías de los países emergentes, especialmente China, India, Rusia y Brasil jugarán un papel preponderante, al lado de Estados Unidos y Europa. Mientras que los países de la BRIC, y otros emergentes, continuarán creciendo jalados por las locomotoras China e India, cuyos mercados internos garantizan el continuo crecimiento, Estados Unidos se verá obligado a replegarse cada vez más en sí mismo, dejando de lado su preponderancia política en los foros internacionales y la extendida presencia militar en todo el mundo, que constituyen un peso económico difícil de seguir manteniéndose dentro de una economía en recesión y reestructuración.

China acompañará a Estados Unidos en los foros económicos y políticos, posiblemente en igualdad de condiciones de votos, dado su mayor aporte económico, especialmente en las Naciones Unidas, el Banco Mundial y el Fondo Monetario Internacional. China deberá asumir su nuevo rol, quiéralo o no, debido a la necesidad de llenar el vacío económico que significa el aporte de fondos de Estados Unidos.

No se piense, sin embargo, que la pérdida de liderazgo de Estados Unidos será permanente. La economía Norteamericana se recuperará y nuevamente retomará su papel de líder económico y político en el lapso de los siguientes 10 años, pero ya no en condiciones de líder indiscutible, sino de mayor entre pares, pero su presencia militar hegemónica e indiscutible ya no será la misma, después de 10 años de retirada, debido a que su ausencia será llenada por las otras potencias emergentes, por lo menos dentro de sus esferas de influencia regionales.

Estados Unidos tiene condiciones extraordinarias para recuperarse económicamente y volver por la senda del crecimiento económico y liderazgo por 50 años más, que es el lapso que requiere China para alcanzar su grado de desarrollo, urbanización e industrialización. Tiene, sin embargo, que corregir su estilo de desarrollo, basado en servicios financieros improductivos, retomando el liderazgo en el desarrollo de la alta tecnología que es su baza fundamental para mantenerse competitivo en un mundo globalizado. Y la base de esa estrategia debe ser la revolución de su sistema educativo, hoy día muy detrás de otros países y concentrado en el desarrollo de una elite, parasita y excesivamente concentrada en la actividad financiera.

11.2. Los anuncios tempranos

Los anuncios agoreros sobre la declinación del "imperio" norteamericano se repiten desde el establecimiento mismo la administración imperial, cuando por primera vez asumieron ese rol, por la Doctrina de Monroe en 1923, en el liderazgo del hemisferio occidental, para inhibir a los gobiernos europeos de intervenir nuevamente por la fuerza en sus anteriores posesiones en América. Sin más declaraciones explícitas, posteriormente, establecieron su presencia imperial, política y económica en el resto del mundo durante los siguientes casi 200 años.

Si en algunos momentos de la denominada Guerra Fría pudo parecer a algunos que la hegemonía norteamericana estaba en peligro, el desarrollo de los acontecimientos que derivaron en el desmoronamiento de la Unión Soviética y la posterior caída del Muro de Berlín, fortalecieron la vigencia económica del capitalismo y la hegemonía política mundial indiscutible de Estados Unidos por los siguientes 20 años.

Ahora, sin embargo, la magnitud de la crisis económica norteamericana y el paralelo surgimiento económico de China reavivan la discusión sobre el tema, no sólo por parte de los eternos adversarios o enemigos de Estados Unidos, sino incluso dentro de los pensadores y economistas occidentales que nos recuerdan que se están repitiendo los mismos fenómenos que en los antecedentes históricos enmarcaron la caída de otros imperios que le antecedieron.

Lo que es inusual es oír a los mismos economistas norteamericanos sobre los peligros de la declinación de la economía. No pocas opiniones sobre el tema estuvieron en el podio de las exposiciones sobre el futuro de la economía en un congreso de economistas sobre el tema a inicios del 2011 y las posibilidades de que China sobrepase a Estados Unidos como la economía más fuerte del mundo estimaron podría producirse en la década del 2020. “La época de la predominancia americana ha pasado” dijo Dale Jorgenson del MIT.[29]

11.3. La debilidad política en Estados Unidos

La política y los políticos en Estados Unidos, a partir de la ascensión al poder de la administración demócrata de Obama, están totalmente polarizados entre posiciones extremas y, parecería, irreconciliables. Sin pretender exonerar de culpa al presidente Obama, que ha tenido innumerables gestos de conciliación, la aprobación por parte del Congreso de las nuevas normas de Seguridad Social, fue la chispa que encendió la

29 Reuters; Economist foretell of US decline and China’s ascension; Jan 9,2011

hoguera de la oposición fanatizada de la mayoría de republicanos, quienes observan la medida como una afrenta mayor.

Tal es así que, en una medida largamente más efectista que efectiva, aprobaron en la Cámara de Representantes, el primer día de contar con nueva mayoría, como resultado de las elecciones de noviembre de 2010, una moción para derogar la norma aprobada por el Congreso, a pesar de que obviamente tal moción no podría prosperar pues los demócratas aún mantenían mayoría en el Senado. No sólo son los extremistas de derecha del denominado "*tea party*" los que mantienen posiciones extremas, sino que el resto de dirigentes del partido, a fin de no perder el apoyo de dicha facción, se han solidarizado con sus posiciones extremas.

Las discrepancias en el manejo económico que van desde el cuestionamiento de la magnitud del aparato estatal, incluyendo la creación de las nuevas agencias para regular el sistema financiero causante de la crisis económica que desembocó en la Gran Recesión, hasta las formas de cortar el déficit fiscal, hacen inviable cualquier acuerdo que satisfaga las exigencias de los congresistas del "*tea party*" y del resto de dirigentes republicanos que no quieren enajenarse su apoyo.

Lo más destacable de la irracional posición de los republicanos es su cuestionamiento al comportamiento de la FED en relación a no haber dejado que quebrara el sistema bancario durante la crisis financiera, manteniendo una posición de cuestionamiento a la necesaria existencia de ese organismo e incluso proponiendo que la FED desaparezca por haberse constituido en una herramienta de las poderosas instituciones financieras, y, por otro lado, su defensa de dichas instituciones cuando se trata de establecer regulaciones que impidan que la "autorregulación" causante de dicha crisis se vuelva a presentar, cual es la posición asumida por los republicanos dentro de la comisión que investigó las causas de la crisis.

En la esencia de la discrepancia se encuentra el rol que le toca al Estado como compensador de las diferencias económicas. Por un lado, los republicanos que sostienen el derecho a mantener la riqueza que cada uno genera, sin reconocerle autoridad al Estado para tratar de disminuir las diferencias vía la acción distributiva de los impuestos federales; y, por otro lado, los demócratas cuyo afán redistributivo genera un crecimiento del aparato burocrático federal.

A mediados de febrero de 2011, en la primera medida concreta que define la calidad y magnitud de la lucha política por delante, la Cámara de Representantes, ahora con mayoría republicana, y con John Boehner como *speaker*, aprobó por 235 votos (íntegramente republicanos) a favor, y 189 en contra (todos los demócratas más tres republicanos) un primer recorte presupuestal de $ 61 billones, que claramente define el debate presupuestario que se viene en los meses y años por delante sobre el tamaño y rol del gobierno.

La propuesta republicana aprobada incluye el recorte presupuestario de todos aquellos programas del gobierno federal que de una u otra manera son considerados no esenciales, o en los cuales el gobierno no debería participar con uso de fondos públicos. La propuesta, que debe ser considerada realmente como el triunfo de los 87 nuevos congresistas republicanos que accedieron a la *House* en las elecciones de noviembre de 2010, que incluyó un incrementó, a su pedido, en los recortes presupuestales que anteriormente habían sido propuestos en $ 35 billones por los mismos republicanos con Boehner a la cabeza. El incremento debe ser entendido como un corrimiento más hacia la derecha de las posiciones políticas republicanas y, a decir de Tim Scott, republicano de South Carolina, y nuevo en las lides políticas en la capital de la Unión, "nosotros estamos orgullosos de cambiar el *statu quo* en Washington y restaurar nuestra estabilidad fiscal".

En una conferencia de prensa, realizada inmediatamente después de la aprobación, Boehner manifestó jubiloso: "Esta es democracia en acción"; agregando después: "Estoy orgulloso de este voto". Además de que la propuesta sería rechazada en el Senado, que cuenta con mayoría demócrata, la actitud de Boehmer y la radicalización de los republicanos muestra cómo será la convivencia y trabajo bipartidario en los próximos meses.

Bajo un escenario político confrontacional, la necesaria unidad de los norteamericanos para enfrentar la solución de sus problemas de déficit fiscal y excesivo endeudamiento conducen inevitablemente a la toma de posiciones diplomáticas, y de estado, que no son las adecuadas para enfrentar el problema de la pérdida de hegemonía en el ámbito mundial.

11.4. El poderío económico de China

Durante los últimos veinte años las empresas chinas, tanto del Estado como las privadas, han incursionado en diferentes países del mundo plantando la semilla de su imperialismo económico, vía la inversión en empresas en marcha o en nuevos proyectos, principalmente mineros o petroleros, inicialmente en África o América Latina, para posteriormente expandirse incluso a Europa, Norteamérica y Australia.

Aun cuando, por diversas razones, dichas inversiones generan recelo en los países que las acogen, esas inversiones han seguido incrementándose debido a la necesidad de asegurarse los recursos naturales que sirvan como materias primas para la elaboración de los productos que su inmenso mercado interno demanda.

Si la demanda creciente por materias primas fue la motivación de las inversiones en los años precedentes, en el futuro, la necesidad de diversificar la inversión de sus extraordinarios excedentes económicos, empujará a las empresas chinas a incursionar con mayor energía en el exterior. Un estudio encargado por la Sociedad Asiática en New York estima que en la próxima década China dispondrá de excedentes adicionales del orden de $ 2 trillones, que deberán ser invertidos en el exterior o, de lo contrario, si son monetizados en su mercado interno generarían presiones inflacionarias extraordinarias. Recuérdese que a fines del 2010 China mantiene colocados $ 1,6 trillones en Bonos del Tesoro de Estados Unidos, dentro de su original estrategia primaria de colocar sus excedentes financieros en el exterior.

Como todos los inversionistas extranjeros, las inversiones chinas despiertan suspicacias en todos los países que las acogen. Pero el caso de las inversiones chinas despierta temores adicionales derivados de la propia idiosincrasia china, caracterizada por un secretismo y manejo de información poco transparente, además de su poco tino para tratar al personal nativo, especialmente en los países en desarrollo, donde invierte en proyectos de agricultura, minería y petróleo.

Pero sus problemas de inversión en los países desarrollados son aún mayores pues a esos problemas debe añadirse los derivados de su acceso a fuentes de financiamiento altamente subsidiadas por el gobierno chino, y por ello de muy bajo costo, que les dan una enorme ventaja frente a las empresas nativas que acuden a fuentes de financiamiento tradicionales y más costosas.

Aun cuando las empresas chinas todavía no constituyen una gran competencia para Estados Unidos como inversionistas en el exterior, pues mientras en 2010 Estados Unidos invirtió más de $ 300 billones, la inversión china sólo llegó a $ 60 billones, la comparación de los divergentes desarrollos económicos de ambas potencias en los próximos años determina que, probablemente no más allá del 2020, China sustituya a Estados Unidos como el principal país con inversiones en el exterior.

Hay, sin embargo un límite práctico a esas inversiones, si se excluye a los países desarrollados de Europa o a Estados Unidos como sus destinos más importantes, y él tiene que ver con la real capacidad del resto de países de absorber esa enorme masa de recursos financieros. La resistencia de los políticos occidentales a permitir el acceso masivo de capitales chinos no sólo tropieza con el choque cultural, sino además con los temores adicionales que despierta que la misma competencia provenga del rival económico y político más importante de Occidente, que para muchos políticos, especialmente conservadores, podría significar la destrucción de la empresa occidental y la captura de información tecnológica y militar que acortaría significativamente en muy poco tiempo la hegemonía americana.

Dado que el sentimiento anti chino, como inversionista en el mercado americano, es aún mayoritario dentro de las esferas políticas de Washington, e incluso en la mayor parte de los estados de la Unión, es probable que las inversiones chinas deriven a las bolsas de valores para tomar posiciones minoritarias en empresas importantes de diversos sectores, como ya lo ha hecho en algunas mineras como Rio Tinto, Morgan Stanley o el Grupo Blakstone. Eso como una alternativa a la anterior estrategia de tomar directamente el control de empresas grandes como Unocal (petróleo), que fue rechazada por las autoridades de Washington; o la propuesta para invertir en siderurgia en el estado de Mississippi, que tuvo una enorme oposición del estado.

Siendo obvio que el sentimiento anti chino es prevaleciente ahora en Norteamérica, al igual que en los países más importantes de Europa, la colocación de los excedentes financieros chinos tropezará con la falta de oportunidades de gran magnitud en el resto de países en desarrollo. En esas condiciones, sobreinvertir en algunos países puede crear presiones políticas internas que a su vez pueden desencadenar problemas geopolíticos mayores en el largo plazo.

Debemos recordar que Roma ni se construyó ni se autodestruyó en un día. Le tomó más de cinco siglos llegar a dominar el mundo conocido, y también le tomó otros cinco siglos su proceso de declinación y caída. Según Voltaire, el Imperio Romano cayó "porque todas las cosas fallaron". Entre ellas, explicitaríamos que su élite nunca reconoció ni fue consciente de que sus acciones u omisiones precisamente contribuían a la caída.

El otro imperio de alcance mundial cuya caída produce reminiscencias es precisamente el británico, que dominó indiscutiblemente el mundo durante el siglo XIX y que le cedió la posta a Estados Unidos al fin de la Segunda Guerra Mundial. Su caída no fue tan dramática, no sólo por la forma, sino porque en el fondo lo reemplazó como líder en la escena mundial su heredero natural, aliado militar y cuna de una sociedad con la que compartía y sigue compartiendo los mismos valores.

A diferencia de la caída del Imperio Romano, pero a semejanza de la caída del Imperio Británico, la cesión de la posta de Estados Unidos a China no será un proceso muy largo; pero a semejanza de la caída del Imperio Romano y a diferencia de la caída del Imperio Británico, en este caso si habrá un cambio de tipo de sociedad y con ello un cambio en la forma como se ejercerá la hegemonía.

Debemos recordar, además, que la principal causa económica del eclipse del Imperio Británico fue la existencia de un déficit continuo en su cuenta corriente, producto del exceso de gastos para mantener su dominio colonial, que se agudizó durante la Segunda Guerra Mundial. Estados Unidos mantiene desde hace más de una década un déficit continuo de su cuenta corriente, precisamente por las mismas razones, y él se ha agudizado por las continuas guerras en que se ha involucrado para mantener su dominio militar.

Estados Unidos podrá posponer lo inevitable por medio siglo más, pero el desenlace lógico ya está escrito. El tiempo que se logre posponer lo inevitable depende de cómo la elite política y económica norteamericana evite cometer los mismos errores de las elites romana y británica, es decir, eviten la concentración de la riqueza y el poder político, así como la autocomplacencia producto del despilfarro y del exceso.

11.5. Gigante con pies de barro

Es indudable que Estados Unidos es, y seguirá siendo por algunas décadas más, la primera potencia económica mundial en cuanto al total de las cifras macroeconómicas comúnmente manejadas. Nos referimos al PBI, Ingreso Nacional o niveles de ahorro o inversión. Estas cifras combinan la riqueza general con la magnitud de la población y destacan a Estados Unidos como la primera economía del mundo.

Distinta es, sin embargo, la percepción que se tiene si el análisis nos remite a comparación de cifras *per cápita*, que mejor representan la realidad a nivel de riqueza personal o familiar, más que riqueza agregada. A partir de un análisis de este tipo, sobre las mismas variables macroeconómicas, no es ninguna sorpresa ubicar a Estados Unidos en lugares secundarios detrás de los países nórdicos como Suecia y Noruega, o de Suiza, e incluso de Nueva Zelandia, lo que es conocido desde hace muchos años de acuerdo a la estadística disponible. Sí sorprende, sin embargo, que bajo otros parámetros de análisis, como son los índices de calidad de educación o menor disparidad de ingresos, que mejor reflejan la calidad de vida, los americanos hayan descendido notablemente en la escala de los primeros lugares durante los últimos veinte o quizás treinta años.

Tyler Cowen en su libro *El Gran Estancamiento* sostiene que alrededor de 1974 Estados Unidos empezó a experimentar una disminución en el ritmo de crecimiento de variables claves como los ingresos medios, creación de empleo, ganancia de productividad e incluso avance tecnológico. Aún cuando las cifras presentadas por él puedan ser objeto de discusión, y que muchos economistas puedan discrepar de sus análisis, es indudable que en algún momento de los últimos cincuenta años Estados Unidos perdió el ritmo de avance que experimentó durante los primeros setenta años del siglo XX.

Sin embargo, los increíbles avances tecnológicos y científicos experimentados por la inmensa economía americana han enmascarado esa realidad en los últimos años. Cowen, con mucha razón, sostiene que el incremento del estándar de vida, sin producir más y mejor, generó el actual desenlace. Sobre este tema es interesante añadir algunas ideas que pueden ayudar a dar luces del porqué de este desenlace y de la necesidad de cambiar de rumbo si se desea mantener la hegemonía mundial.

La primera tiene que ver con la competencia por la hegemonía mundial que mantuvo a la sociedad y economía americana vigorosa y pujante mientras que la Unión Soviética constituía una amenaza a su hegemonía política y paradigma económico. Recuérdese la lucha por el dominio del espacio exterior que se desató cuando en 1957 los soviéticos lanzaron el *Sputnik, el* primer vehículo espacial tripulado que orbitó alrededor de la Tierra, y que finalmente fue ganada por Norteamérica cuando Neil Amstrong puso sus pies en la Luna en 1969. La caída del Muro de Berlín en 1989, y la posterior desintegración de la Unión Soviética en 1991, reflejan los momentos triunfantes de la hegemonía política americana y del paradigma económico del libre mercado. A partir de allí la conquista del espacio se paralizó y con esto todos los avances tecnológicos vinculados a ella.

Dormidos sobre sus laureles, los americanos descubrieron, probablemente a partir de los 80's, que era posible seguir incrementando su estándar de vida sin incrementar la producción ni la riqueza. Desde la producción de bienes de consumo que generó la primera oleada de la industrialización, la economía americana pasó a priorizar la actividad de servicios que, si bien contribuye a generar riqueza, no adiciona demanda por bienes intermedios ni por materias primas que empujan al desarrollo de los sectores primarios. A partir de ello, y probablemente desde inicios de los 90's, los sectores de telecomunicaciones, primero, y de internet, después, empezaron a tomar una cada vez mayor parte en la generación de trabajos y de aporte al incremento de la productividad en el resto de sectores. A partir de mediados de los 90's hizo su aparición como sector preponderante por su influencia política el sector financiero, que sin incrementar la producción ni productividad económica, tomó para sí una cada vez mayor parte de la riqueza generada por otros sectores para repartirla entre sus trabajadores, todos los cuales, de una u otra manera, pertenecen a la clase económica más afortunada.

El incremento de la actividad financiera, que no genera incremento de riqueza productiva, no sólo generó una cada vez mayor concentración de la riqueza, sino que además ayudó a generar una indiscriminada sensación de riqueza al resto de la población, vía la inundación de créditos de consumo, muchas veces a consumidores que realmente no eran sujetos de crédito. El resultado hoy día es un país entero endeudado y viviendo realmente más allá de sus posibilidades reales.

La exposición de esta situación, si bien ha sido consecuencia de la crisis financiera que atraviesa el coloso americano, fue engendrada por la acción de los políticos de uno y otro partido que, al más claro estilo de los políticos de los países subdesarrollados, han legislado durante los últimos cincuenta años para "repartirse la torta", en lugar de para "hacer crecer la torta".

No de otra manera puede comprenderse cómo la variable clave del desarrollo de los pueblos, es decir, la educación, ha sido durante las últimas décadas el menos importante destino de la inversión pública y privada. Hoy día las estadísticas de la OECD ubican a los estudiantes americanos en el puesto 17 en el mundo en la rama de ciencias, y en el puesto 25 en la rama de matemáticas. Por otro lado, la Organización Mundial de la Salud ubica a los americanos como la nación número 1 en obesidad, con el 32 % de su población en este grupo, lo que obviamente es el resultado de los excesos. Nadie por tanto puede ubicar a Estados Unidos como el primer país en términos de calidad de vida, a pesar de que aún sigue siendo la potencia económica y militar que rige el mundo.

El sistema político bipartidista y el de chequeo de poderes, que funcionó tan bien en las etapas de formación de la nación, en el entendido de que la alternancia de poderes y la transacción política hacen florecer la democracia, han llegado a una situación en que Washington se ha convertido en la capital de la negociaciones políticas, aderezadas con el *lobbismo*, que han conducido simplemente a la generación de una legislación favorable hacia los grupos de poder detrás de cada partido, en lugar de conjuntamente dirigir la nación en su conjunto.

Si la situación de hoy día es consecuencia de decisiones tomadas hace más de tres décadas, el futuro de Estados Unidos dentro de treinta años será producto de decisiones que se tomen hoy día.

11.6. El peligro hacia adelante

Y las decisiones que toman hoy día los políticos en Estados Unidos, en lugar de cambiar la errónea dirección descrita anteriormente, no hacen sino ahondar los problemas de su estructura económica, y, además, mermar su peso específico en el contexto del resto de las naciones del mundo y, en esencia, apuntalar su pérdida de liderazgo.

Las discusiones entre los republicanos y demócratas sobre el manejo del déficit presupuestal y el techo de la deuda, nos muestran el mejor ejemplo de cómo los grandes ideales nacionales que convirtieran a Estados Unidos en la gran potencia económica y política mundial del siglo XX, han sido sustituidas por la defensa de los poderosos, como resultado de la eficiencia y eficacia generada por el sistema de *lobbies* que hoy día defienden los intereses de los grupos de poder, sin importarles que esa defensa debilite el futuro de Estados Unidos, no sólo en términos de pérdida de competitividad económica, sino además en términos de pérdida de liderazgo.

La posición sostenida a ultranza por los republicanos, en relación a no incrementar los impuestos, que es vendida como la estrategia para disminuir el tamaño del Estado, todos sabemos que es producto de las presiones de los más ricos y de los compromisos o miopía de los políticos de ese partido, en la medida en que esos impuestos son necesarios ahora para superar el déficit fiscal y que el impacto de ese incremento será positivo para la economía. La posición intransigente de los demócratas en cuanto a cortar los gastos de Medicare y Medicaid, responde más a sus compromisos con las uniones y sindicatos que con la real situación y posibilidades económicas del país.

Ambos partidos, por su parte, siguen apoyando el mantenimiento de un aparato industrial-militar sobredimensionado, no sólo en relación a los problemas de defensa externa y seguridad interna, sino además en relación a los reales recursos económicos de que se dispone para su mantenimiento.

Los *lobbies*, cuya importancia ha crecido extraordinariamente en los últimos años, han convertido a Washington en la capital del tráfico de influencias de los poderosos, en donde las gigantescas empresas de petróleo siguen apoyando a los políticos republicanos, mientras las grandes empresas de Wall Street dividen su apoyo en forma casi equitativa entre los políticos de ambos partidos. Todo ello, en ausencia de *lobbies* que defiendan los reales intereses del pueblo norteamericano.

Esos mismos poderosos, mientras tanto, aprovechándose de las ventajas de la globalización, trasladan fábricas enteras desde Estados Unidos a China, para fabricar en ese país los mismos productos, pero utilizando una mano de obra barata, para luego venderlos en Estados Unidos a los mismos precios que si fueran fabricados en casa. Mientras los chinos aprovechan la estrategia occidental de "tercerizar" su producción, los empresarios norteamericanos, con sólo agregarle la "marca original" al producto, incrementan enormemente sus utilidades, pero además sin pagar impuestos a la renta concomitante con ello, ya que se aprovechan de las ventajas que gozan las corporaciones internacionales. Hoy día los anaqueles de las grandes tiendas en Estados Unidos nos muestran centenares de productos fabricados en China pero con marcas occidentales, mayormente norteamericanas. Estos empresarios, además de quitarles empleo a sus conciudadanos, lucran con las ganancias adicionales que obtienen por utilizar mano de obra china, cerrando sus plantas originales en Estados Unidos e incrementando la desocupación.

En la medida en que esas plantas fueran reemplazadas por otras inversiones de más alta tecnología que permitieran reemplazar la mano de obra desocupada, en la misma magnitud, previa reeducación o capacitación de los trabajadores norteamericanos, la "estrategia comercial" de las grandes corporaciones tendría sentido económico para Estados Unidos, pero el peligro que se incuba con esta estrategia es que las empresas chinas y los trabajadores chinos serán los reales beneficiarios de ella, dejando desprotegidos a los consumidores norteamericanos con el peligro de que dentro de algunos años, toda la producción de bienes de bajo nivel de desarrollo tecnológico, provendrá de China, sin posibilidades ya de revertir la estrategia original.

De acuerdo a un estudio incluido en la *Harvard Business Review* de marzo de 2012, Michael Porter y Jan Rivkin, de la Escuela de Negocios de Harvard, sostienen que "el gobierno de Estados Unidos está fallando en enfrentar las debilidades del entorno de negocios, que está haciendo que el país sea cada vez menos atractivo para invertir y está anulando algunas de sus más importantes fortalezas competitivas". Como producto de ello, entre 1999 y 2009, su participación en relación al total de las exportaciones mundiales ha estado en continuo decrecimiento, mientras que la proporción de trabajadores norteamericanos en las empresas transnacionales con subsidiarias está igualmente en continua declinación, así como las inversiones que éstas realizan en investigación y desarrollo en Estados Unidos. Asimismo, una encuesta entre el alumnado de Harvard revela que el 71 % considera que la competitividad norteamericana continuará declinando en los próximos años y que la mayor responsabilidad recae en los políticos, ya que por lo impredecible de las políticas económicas que vayan a implementarse, es muy difícil para los empresarios planificar adecuadamente.

11.7. El peligro de ver peligros en todos lados

Winston Churchil decía que "la guerra es demasiado importante para dejársela a los militares", refiriéndose a los militares ingleses, y nosotros podríamos agregar que la "estrategia de defensa" también es demasiado importante para dejársela a los militares norteamericanos, en el entendido de que ellos han sido quienes la han diseñado y dirigido en Estados Unidos durante los últimos 50 años.

La percepción de los militares y de la diplomacia norteamericana, de que el surgimiento de un nuevo poder, ajeno a los intereses capitalistas, de alcance regional incluso, puede constituir una amenaza al imperio norteamericano, y que por ello hay que combatirlo militarmente desde sus inicios, ha demostrado ser errónea, no sólo en su concepción original, sino, peor aún, en el desenlace producido a consecuencia de esa mala evaluación original. Los ejemplos más patéticos de ello están demostrados en los resultados de la Guerra de Vietnam, iniciada por Kennedy en los 60's, y la Guerra de Irak, iniciada por Bush en los 2000. Tan o más peligroso que esos fracasos es el que podría derivarse de la actual percepción sobre la "amenaza nuclear de Irán", que podría desencadenar una nueva guerra, de tanta importancia y duración como la primera de las nombradas.

Recuérdese asimismo que, normalmente, las guerras son iniciadas para distraer los problemas internos, principalmente económicos, y que, normalmente también, terminan agudizando esos problemas como consecuencia de los enormes gastos militares que ellas demandan. A inicios de 2012 la amenaza de Irán se constituye en el *casus belli* de los militares norteamericanos incentivados por los *lobbies* de la empresas de fabricación de armamentos, que ven limitado su negocio por los recortes experimentados en el presupuesto del sector Defensa, como consecuencia de la crisis financiera del gobierno federal. Estos *lobbies* están, probablemente, detrás también del gobierno de Israel, a fin de que éste tome las acciones militares iniciales contra Irán, que lógicamente determinarán que Estados Unidos ingrese al conflicto después, de manera directa, para apoyar a los israelíes.

El temor de perder presencia militar directa en algunas regiones del mundo es agudizado por la acción de los *lobbies* del aparato militar-industrial norteamericano de que con ello se estaría también perdiendo mercados, en el entendido de que el control político es garantía de dominio económico. La diplomacia norteamericana asume que la pérdida de importancia económica de Estados Unidos en el contexto mundial, desde el 50 % a fines de la Segunda Guerra Mundial al 25 % en el presente, es consecuencia de la declinación económica de Estados Unidos, sin tener en cuenta que ello es más bien resultado del crecimiento económico natural del resto del mundo, impulsado además por la tercerización que se produce en esas nuevas economías emergentes por el desplazamiento de inversiones desde Estados Unidos, por decisiones de los mismos inversionistas norteamericanos, es decir, por efecto de las mismas reglas del sistema económico capitalista que busca maximizar las ganancias.

Si los temores de la expansión de los regímenes políticos y militares comunistas, antes de la caída de la Unión Soviética, galvanizaron la acción de la política exterior norteamericana (recuérdese Indonesia y Chile), el triunfo del sistema capitalista ha dejado al aparato industrial-militar norteamericano sin argumentos sobre un peligro global, de modo que hoy día deben crearse peligros regionales sobre regímenes sin mayor peso especifico en un mundo económico globalizado claramente capitalista.

Muy probablemente, en un futuro no muy lejano, el peligro sobre el cual deberá desarrollar sus argumentos el aparato industrial-militar norteamericano serán las hoy economías emergentes como China, India y Brasil, que competirán en el mundo por la hegemonía económica, dentro del mismo sistema económico capitalista.

XII. Problemas estructurales sin solución

12.1. Sobredimensionamiento de la economía

El problema económico fundamental de Estados Unidos es que los hogares están endeudados y la única forma de solucionar el problema de raíz es transferir riqueza de los acreedores a los deudores, condonando parcialmente las deudas, y refinanciando el resto a más largo plazo y menor tasa de interés, de modo que la inflación, en el futuro, ayude a aliviar la carga que significa para los hogares el pago de la deuda.

Carmen Reinhart y Kenneth S. Rogogg en su libro "Este tiempo es diferente", denominan a la actual crisis la Segunda Gran Contracción, en referencia a que no se trata de una crisis económica típica, ya que ésta tiene su origen en un problema financiero masivo cuyas consecuencias no sólo impactan en el consumo y el empleo, como en una recesión normal, sino que también en el crédito y la deuda, cuyo proceso de ajuste toma muchos más años en ser completado. Bajo un diagnostico como el indicado, probablemente el mejor remedio es mantener un ritmo de inflación controlada de 4 a 6 % que ayude a licuar las deudas de los hogares.

Mientras tanto, los demócratas y economistas consejeros de la Administración Obama, herederos de la corriente de diagnóstico y medidas aconsejadas por John Maynard Keynes, continúan sosteniendo que hay que ayudar a incrementar la demanda en el corto plazo para lograr que la iniciativa privada pueda resurgir en el mediano plazo; y los republicanos, seguidores incuestionables de Adam Smith, siguen sosteniendo que la situación actual es el resultado de la excesiva presión tributaria a los ricos, es decir, a los inversionistas, quienes se sienten perjudicados y sin incentivos para seguir invirtiendo para reactivar la economía.

El sentido común, que lamentablemente no es el más común de los sentidos, y menos cuando existen intereses oscuros o egoístas, nos dice que el diagnóstico correcto va por la interpretación de Richard C. Koo, y que, por lo tanto, hay que actuar inmediatamente para aliviar la presión de los hogares endeudados, como una medida inmediata para ayudar a reactivar la demanda.

En el mediano a largo plazo, sin embargo, es claro que el problema económico norteamericano transita además por otros tres problemas estructurales que afectan su buen desempeño y que contribuyen a hacer perder competitividad internacional a la economía.

El primero de ellos es que los cambios en la economía globalizada han perjudicado al mercado de trabajo tradicional y a los ingresos de los trabajadores. Nos referimos fundamentalmente al traslado de las inversiones a los mercados emergentes en busca de mano de obra más barata, lo que ha ocasionado una erosión en la demanda por trabajadores tradicionalmente preparados para trabajar en empresas industriales de producción masiva. La corriente de inversiones en China para producir artículos de alta demanda en el mercado norteamericano, por parte de las mismas empresas de Estados Unidos, han dejado sin trabajo a millones de trabajadores que hoy día deberían ya reconsiderar la necesidad de reentrenarse en otro tipo de actividades. Es por ello que parte importante de los desempleados en Norteamérica han sido consecuencia de este problema y que el simple incremento de la demanda agregada no va a ayudar en su solución. El problema ahora en Norteamérica no es sólo crear nuevos empleos, sino reentrenar a los trabajadores en nuevas actividades económicas que reemplacen los trabajos tradicionales. He ahí uno de los más grandes retos de los políticos en Estados Unidos: un gran esfuerzo de largo plazo para invertir en reeducar a la fuerza laboral hoy desocupada.

El segundo gran problema, y muy poco comentado por los economistas, es el excesivo crecimiento de los sectores de servicios en las últimas décadas, que no tiene nada que ver con las reales necesidades de la economía, y que más bien responde a una equivocada política de "dejar hacer" por parte de los *lobbies* que han ayudado a crear un desmesurado sector de servicios de "cuidado de la salud" y "financiero". El sector financiero, claramente creció en la última década ayudado por el auge de los sectores de construcción y *real estate*, que colaboraron en la formación de la burbuja inmobiliaria, hoy en proceso de desinfle, mientras que el sector de "cuidados de la salud" ha crecido, desde representar el 7 % de los gastos de consumo personal en 1970, a 16 % en 2010, gracias al sistema de Medicare y Medicaid, cuyo funcionamiento permite que el sistema privado lucre de los mínimos controles ejercidos por los entes estatales responsables de la administración de esos recursos. Gastar en promedio $ 601 mensuales (18 %) en cuidados de salud cuando el promedio de gasto en pago de casa y servicios alcanza a $ 665 y en alimentos $ 281, dentro de un presupuesto mensual de gastos promedio de $ 3 710 no tiene ningún sentido, incluso en una sociedad con gran peso de *Baby Boomers*, como Estados Unidos[30].

El tercer gran problema estructural de la economía norteamericana es la pérdida de poder adquisitivo de su población, como consecuencia de la transferencia masiva de ingresos de

30 Stephen Gandel; What we spend in a month?; Time; October 10, 2011;

la clase media hacia el 1 % más rico, lo que determina que la demanda agregada se vea perjudicada a la par que los recursos financieros generados permanezcan en el exterior en lugar de retornar para ser reinvertidos en la economía norteamericana. Un extraordinario artículo de Jeffrey D. Sachs, autor de "El precio de la Civilización", titulado "Porqué América debe revivir su clase media", incluido en el *Time* de octubre de 2011, analiza el tema con gran detalle y sapiencia[31].

Un estudio de Gordon W. Green Jr. y John F. Coder, anteriores funcionarios de la Oficina del Censo, dado a conocer en fecha cercana, establece que entre junio de 2009, cuando la recesión oficialmente terminó, y junio de 2011, los ingresos familiares promedio disminuyeron en 6,7 %, mientras que entre diciembre de 2007, cuando empezó la recesión oficialmente, y junio de 2009, dichos ingresos cayeron en sólo un 3,2 %. En otras palabras, los ingresos durante los 24 meses después de terminada oficialmente la recesión cayeron en más del doble que la caída experimentada durante los 16 meses que duró la recesión oficialmente.

La caída combinada de ambos periodos (9,8 %) determina que dicho periodo haya sido el más largo en muchas décadas, sin que hasta inicios de octubre de 2011 haya posibilidades de establecer que ese comportamiento ha terminado, por lo que los autores sostienen que esa caída constituye "una significativa reducción en el estándar de vida de los americanos".

Para clarificar aún más la data disponible sobre el agravamiento de la situación económica en los hogares, debemos destacar además que durante la recesión el periodo promedio de permanencia sin trabajo de los desempleados se incrementó de 16,6 semanas en diciembre de 2007 a 24,1 semanas en junio de 2009, mientras que a septiembre de 2011 se incre-

31 Jeffrey D. Sachs; Why America must revive its middle class; Time; October 10, 2011.

mentó aún más, a 40,5 semanas, el periodo más largo en más de 60 años.

La tendencia mostrada por los dos indicadores mencionados, caída del ingreso y periodo de desempleo, nos muestra claramente que las condiciones de la economía norteamericana se han deteriorado aún más, desde que oficialmente la recesión se declaró por concluida, lo que demostraría que el diagnóstico original y las medidas de estímulo dadas por la Administración Obama no fueron las adecuadas para combatirla. Es obvio que la caída del ingreso también demuestra que el diagnóstico y soluciones propuestas por los republicanos también están equivocados.

Joseph E. Stiglitz, Premio Nobel de Economía y colaborador del Proyecto Syndicato, en un artículo publicado el 3 de octubre de 2011[32] adiciona, con su análisis, otros elementos de juicio que deberían servir para que las autoridades afinen su diagnóstico y den con la cura correcta.

Sostiene él, con mucha razón, que la economía norteamericana se encuentra sobredimensionada en la medida en que en los años anteriores al comienzo de la Gran Recesión, el consumo estuvo acicateado por los ingresos "ficticios" creados por la burbuja inmobiliaria y, agregamos nosotros, los excedentes financieros globales, que impulsaron un proceso de endeudamiento masivo que incrementó, fuera de toda realidad, el consumo y la demanda agregada. Por ello es imposible esperar que el nivel de demanda global, ahora o en el corto o incluso mediano plazo, retorne a los niveles existentes antes de la crisis, e incluso un proceso de recuperación sostenido debe permitir recuperar los niveles económicos precrisis probablemente sólo en el largo plazo, como es el caso de Japón. Es decir, tenemos crisis por muchos años por delante.

---

32 Joseph E. Stiglitz; To cure the economy; WWW. Proyect-Syndicate; Oct 3, 2011.

No sólo el Estado Norteamericano está sobredimensionado, sino lo que es más importante, la economía también lo está. Cuando los economistas mencionan que casi las tres cuartas partes de la economía están constituidas por el consumo, esa realidad enmascara el grave del problema desmesurado crecimiento de ese consumo en los últimos 20 años, muy por encima del crecimiento de la economía como un todo. Las estadísticas de crecimiento de ambas variables mostradas a continuación nos grafican el problema de fondo de la economía norteamericana.

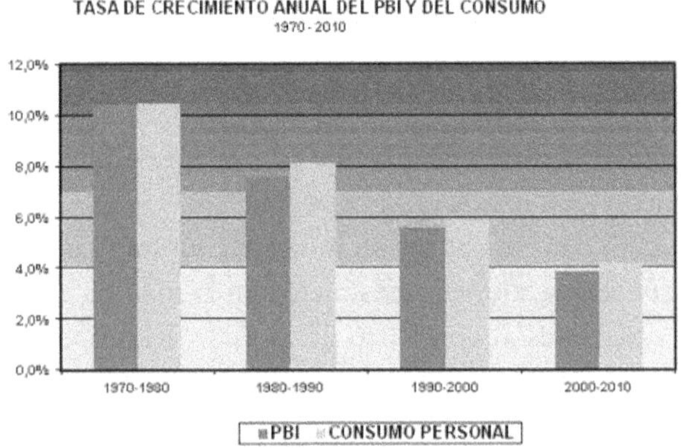

FUENTE: BUREAU OF ECONOMICS ANALYSIS

Seguir ese esquema de desarrollo basado en el consumismo no sólo es absurdo sino también impracticable, en la medida en que ese esquema se basó en un proceso de endeudamiento que no da para más. Durante los últimos 10 años la economía creció empujada por el consumo financiado con los *"equities"* de las inversiones de *Real Estate*. Cada familia norteamericana financió su consumo, muchas veces de carácter suntuario y la mayor de las veces innecesario o fuera de su alcance real, con los financiamientos otorgados por el sistema bancario. La contracción en el consumo privado, por tanto, es prácticamente imposible de ser revertida antes de los siguientes 5 a 10 años, de modo que se recuperen los niveles de consumo absolutos del 2006. Algunos economistas mencionan una cifra anual equivalente a $ 1,2 trillones, como la mágica cifra que debe ser incorporada al consumo anualmente para recuperar los niveles previos al 2006. El gran problema es que el sistema financiero ya no dispone de los recursos para proseguir con la fiesta. Otro gran problema es que el aparato productivo, en ese periodo, creció al ritmo de satisfacer esos requerimientos de consumo y hoy, obviamente, se encuentra sobredimensionado y con una importante capacidad instalada ociosa.

Por ende la economía no está en condiciones de crecer ni vía el consumo privado, ni vía la inversión privada, lo que implica que cualquier esfuerzo para mantener la economía en marcha descansa en el gasto del gobierno, ya alto de por sí, como resultado de la inercia de políticas también dispendiosas por más de 40 años, que han ocasionado el actual desenlace con una deuda de más de $ 13 trillones. Ello explica porqué las medidas de reactivación del Presidente Obama no han tenido efecto persistente, al haberse agotado los recursos destinados a ello en un muy corto periodo de tiempo.

Pero no es sólo el tamaño de la economía el problema, por estar sobredimensionada, sino que también la participación e importancia de los diversos sectores que la componen añaden preocupación, en la medida en que en los últimos años el sector financiero, prácticamente parasitario del sistema, ha cobrado una importancia fundamental que no se condice con su real capacidad de crear riqueza. Este sector no sólo extrae riqueza de otros sectores económicos productivos, sino que, además, por su concentración en pocas instituciones, de enorme significación económica, ha logrado copar y maniatar al gobierno haciéndolo prácticamente rehén de él, en la medida en que todas las autoridades económicas proceden de sus canteras y defienden sus intereses, sea consciente o inconscientemente.

La caída del consumo debería haber cerrado la brecha comercial, disminuyendo las importaciones, sin embargo, la pérdida de competitividad industrial de Estados Unidos, debido a la globalización, ha disminuido las exportaciones con lo que la brecha comercial no ha disminuido.

12.2. Demasiado grandes

Con mucha razón Richard Fisher, Presidente del Banco de la Reserva Federal de Dallas, haciéndose eco de los temores que generan el comportamiento pernicioso de los bancos, sin castigo adecuado a la magnitud del daño que ocasionan, manifestó que "los bancos son demasiado grandes para caer, pero también son demasiado grandes para permitirlo", en el entendido de que dichas instituciones han adquirido demasiado poder y los reguladores actúan con temor ante la inminencia de que sus medidas regulatorias y castigos los hagan tambalear, poniendo por ello en peligro a todo el sistema financiero.

Nosotros agregaríamos que ahora la sociedad en su conjunto es rehén de dichas instituciones, en la medida en que no pueden ser sancionadas como deberían, pues esas sanciones podrían hacerlos tambalear y con ello desestabilizar a toda la economía.

Es indudable que estos gigantes financieros deben ser divididos de modo que den origen a instituciones financieras de tamaño razonable, que retomen su histórico rol de intermediarios eficientes entre los ahorristas y los prestamistas. Existe un antecedente histórico que puede hacer entender a los ultraconservadores que, aun en Estados Unidos, se han dado medidas anti monopólicas como la ya olvidada Sherman Act, emitida en 1890, que fue concebida para limitar el poder de la Standard Oil, y que dio pie, en 1911, a que el Tribunal Supremo ordenara su desmembramiento en 33 sociedades jurídicamente independientes, por considerar que su accionar restringía la competencia.

Además de limitar su tamaño, las instituciones bancarias deben tener suficiente capital y reservas para garantizar que puedan absorber las pérdidas en las que incurren, aun en situaciones extremas. La Dodd-Frank Act aprobada ya ha proporcionado los elementos legales básicos para que se produzca el desmembramiento de los 4 bancos más grandes de Estados Unidos, y si ello no se ha producido aún es porque su poder político es de tal magnitud que alcanza a todos los estamentos del gobierno, incluida la Presidencia y la FED.

Baste leer la opinión de Jamie Dimon, Chairman del JP Morgan Chase, para entender la inacción de los políticos. Dijo él, "estoy cerca de pensar que Estados Unidos no debe estar en Basilea, nunca más. Yo no puedo estar de acuerdo con reglas que son descaradamente antiamericanas". Para ese caballero, son reglas antiamericanas aquellas que pretenden fortalecer a los bancos para evitar la repetición del excesivo endeudamiento bancario previo a la crisis financiera; pero pareciera que no es antiamericano generar problemas mega financieros para enriquecerse a costa del dolor de millones de americanos. Discrepamos con su visión de alto financista, a quien poco parece importarle las consecuencias de su accionar sobre los poco enterados inversionistas, depositantes y ahorristas, víctimas de ese accionar, y de los contribuyentes quienes con su dinero salvaron al banco que él tan "sabiamente" dirige.

Paradójicamente, el único político norteamericano que tiene meridianamente claro que las grandes empresas financieras tienen prisionero al gobierno norteamericano es el senador republicano por Texas, Ron Paul. En el "El fin de la FED" dice él que el sistema de moneda y banca vigente no es un sistema de libre mercado, y que no debería ser sostenido de esa manera en la medida en que la FED es prisionera de los grandes bancos, que incluso dirigen la política monetaria, ya que los directores de la FED son en su mayoría nombrados por ellos.

No debe extrañar que en las crisis todos los grandes bancos hayan sido salvados por el gobierno y fortalecidos por la FED quien les proporcionó la liquidez que necesitaban vía las operaciones de *quantitate easing*. Lamentablemente, además de la retórica, el senador Paul no ha sugerido ninguna acción concreta para disminuir el tamaño de los bancos más poderosos, a diferencia del ex gobernador de Utah, Jon Hunstman, quien ha sostenido que debería forzarse a los grandes bancos a que ellos mismos se dividan. A pesar de esas opiniones, Mitt Romney ha manifestado claramente su oposición al respecto, cuando ha declarado sobre las reformas contenidas en la denominada Dood-Frank Act, o legislación de reformas financieras a la que nos hemos referido anteriormente.

La mejor prueba de que los grandes bancos reciben un tratamiento especialmente favorable de las autoridades que se supone los regulan, son los acuerdos extrajudiciales a que los llegan continua y reiteradamente los bancos con la SEC, en los que sin aceptar que han cometido acciones ilegales y fraudulentas, acuerdan el pago de penalidades y mínimas devoluciones en favor de los perjudicados por sus acciones u omisiones. Sólo en los últimos 10 años se han firmado más de 350 acuerdos de este tipo entre la SEC y los bancos.

Otra prueba de este tratamiento más favorable hacia los bancos, son las renuncias voluntarias (*waiver*) de la SEC a analizar los documentos que se preparan para sustentar la emisión de acciones (*underwriting*), dado que, según la SEC, estas instituciones tienen "un fuerte récord de cumplimiento de las leyes que rigen la emisión de acciones"; ésta ha sido la razón por la que la SEC otorgó a JP Morgan este privilegio 22 veces y al Bank of America 39 veces, cuando en el mismo periodo de 13 años el primero ha estado involucrado en 6 casos de fraude y el segundo en 15. Únicamente el Citi, dentro de los grandes bancos, perdió este privilegio en 2010, después de haberlo ejercido 25 veces en los últimos 11 años[33].

Mientras que los críticos de esta anómala situación manifiestan que, si el derecho de la SEC se ejerciera como debería ser, ello podría tener repercusiones afectando las posibilidades de que puedan seguir en actividad dichas instituciones, la SEC sostiene que ello se hace para proteger a los inversionistas y asegurar que los bancos pueda colocar sus acciones y levantar el capital que necesitan para cumplir con los ratios que les exigen las autoridades que supervisan al sector bancario. El mejor ejemplo de este tratamiento favorable de la SEC hacia los bancos es la renuncia de esta institución a enjuiciar al Bank of America por fraude, en el caso de la información proporcionada a los accionistas de esta institución y de Merril Lynch, cuando se produjo su fusión en 2009, cuando se emitieron documentos dirigidos a captar inversionistas, en los que se mintió sobre la real situación de dichas instituciones. Después de acordar un pago de sólo $ 150 millones como penalidades, la SEC renunció a enjuiciar al Bank of America "debido a la importancia del B of A".

En el caso de los *mortgages*, debemos recordar y resaltar, igualmente, que no se trata de incumplimiento de trámites, u ofensas menores, sino acciones altamente delictivas como falsificación de documentos en serie, así como falsificación de firmas, al igual que perjurio y fraude en gran escala y de manera orgánica y fácilmente demostrable, que fue ordenada y dirigida desde los más altos niveles de cada banco. El denominado "robo de firmas" realizado sistemáticamente, por cinco de los más grandes bancos, para establecer fraudulentamente sus derechos en los *mortgages* de las propiedades que entraban en *foreclosure* ha sido totalmente sobreseído por las

33 Edward Wyatt; SEC Is Avoiding Tough Sanctions for Large Banks; The New York Times; February 3, 2012

autoridades, sin que ninguna de las personas involucradas en dichos crímenes haya sido acusada, enjuiciada y mucho menos encarcelada. Es más, fácilmente podría ser demostrado que los responsables han sido premiados pecuniariamente por sus actividades criminales, por sus empleadores, los cinco más importantes bancos del país.

Es claro que la razón principal detrás de este favorable tratamiento es el temor de las autoridades de las consecuencia que podría acarrear para el sistema financiero tomar medidas adecuadas que podrían incluso afectar de nuevo al sistema económico en su conjunto. El "riesgo moral" en este caso es claro, y no hace sino afirmar más a los ejecutivos de dichas instituciones de que cuanto más grandes sean ellas, menor es el peligro de que sus acciones fraudulentas sean adecuadamente castigadas, estableciéndose una "patente de corso" para que todos esos ejecutivos se sientan que están realmente por encima de la ley.

Pero, la mejor forma de medir el peso específico de los grandes bancos dentro de la economía norteamericana es la férrea defensa incluso de los "terceros", para impedir que la denominada Regla de Volker les sea aplicada a ellos. Recordemos que dicha norma pretende evitar que los bancos jueguen en la bolsa su propio capital, es decir, con dinero proveniente de sus inversionistas. La Cámara de Comercio de Estados Unidos, que representa a la crema y nata de las mayores corporaciones norteamericanas, envió al Congreso una carta en la que plasma sus mayores objeciones a la propuesta, que se supone debe entrar en vigencia en julio de 2012. La norma aprobada, dentro del cuerpo de la denominada Dood-Frank Act o legislación de reformas financieras, establece restricciones a la práctica conocida como *propietary trading*, pero que para muchos se confunde con la conocida práctica legítima llamada *market-making* que realizan los bancos para comprar valores que, después de ser mantenidos por un corto tiempo, son vendidos a terceros. Según la Cámara de Comercio esta práctica es "crucial para la emisión de acciones y bonos" por parte de las corporaciones en general. Aunque parezca fuera de cualquier sentido, el mismo Bank of Canadá también ha abogado para que la citada norma no entre en vigencia pues afectaría la negociación de sus bonos en el mercado norteamericano.

Recordemos, sin embargo, que esa práctica en esencia fue utilizada por los bancos para inundar con liquidez las bolsas de valores y contribuir a la crisis financiera que dio origen a la actual crisis económica. Algunos economistas sostienen que la aplicación de esta norma generaría perdidas del orden de $ 350 billones a las empresas norteamericanas, a la par que haría menos competitivos a los bancos norteamericanos en el mercado financiero mundial. Aun cuando la cifra es exagerada, no es menos cierto que sí habrá un costo para las empresas, pero ese costo estará ampliamente compensado con la estabilidad que se logre para el sistema financiero.

Por otro lado, si a los bancos les interesa sobremanera el negocio del *market-making*, tienen la posibilidad de crear empresas financieras especializadas en el tema con dinero de inversionistas que deseen arriesgarlo, pero no con dinero de los pequeños inversionistas que tienen colocados allí sus fondos de retiro, y, menos, con dinero de los contribuyentes, que son los que solventan el pago de los seguros de depósitos cuando un banco debe ser salvado, o cuando se implementan los *bailout* generales como el que permitió salvar a todo el sistema financiero en el 2009. Otra alternativa es establecer que aquellos bancos que deseen seguir haciendo *market-making* no se beneficien de los seguros de depósito, de modo que los depositantes sepan en qué bancos sus depósitos están seguros y en cuáles no.

Lo más increíble de la discusión es que ni los inversionistas en el capital de los bancos, ni los depositantes que contribuyen con proporcionar liquidez a los bancos, ni los contribuyentes, se benefician con tales prácticas. Los únicos beneficiados son los altos ejecutivos de los bancos a través de sus sueldos y bonificaciones, y los grandes inversionistas que disponen fuentes inagotables de recursos para financiarse a muy bajo costo, para sus aventuras mayormente especulativas.

Las autoridades regulatorias deberían aprovechar la existencia de la Regla de Volker para retornar al esquema de coexistencia de la denominada banca de inversiones, separada de la tradicional banca comercial, que tuvo vigencia desde los años posteriores a la Gran Depresión con la denominada Glass-Steagall Act, que lamentablemente fue derogada en 1999.

Debemos recordar que mientras estuvo vigente la Glass-Steagall Act la práctica del *market-making* no era permitida dentro de los en ese entonces denominados bancos comerciales, y que ella empezó a efectuarse recién a partir de 1999 con la aprobación de la Gramm-Leah-Bliley Act, patrocinada por congresistas republicanos, creándose las condiciones para que la banca comercial asumiera los roles también de banca de inversiones, lo que finalmente dio origen al actual sistema financiero, cuya crisis generó la Gran Recesión.

Fue precisamente la denominada *crisis subprime*, que desencadenó el colapso del sistema financiero primero y la Gran Recesión después, el motivo del acuerdo suscrito por los Fiscales de 49 estados y el Fiscal General de Estados Unidos con las cinco más importantes instituciones financieras, principales responsables de haber cometido miles de fraudes individuales de manera corporativa y organizada, contra millones de personas que adquirieron casas financiadas por ellos o que invirtieron en paquetes de bonos que incluían dichos valores *subprime*.

Después de 18 meses de negociaciones y obviamente en cumplimiento de la promesa del Presidente Barak Obama en su discurso a la nación en enero de 2012, JP Morgan, Bank of America, Citigroup, Wells Fargo y Ally Financial aceptaron pagar multas irrisorias a cambio de la promesa del gobierno federal de no iniciar acciones legales contra ellos, por los fraudes cometidos.

Un estudio extendido sobre el tema ocupa el Capítulo III de una de mis obras anteriores[34], y su comprensión debe permitir entender por qué llamamos irrisorio el castigo pecuniario impuesto y por qué este desenlace es una prueba más de que las instituciones comprometidas no pueden ser castigadas ejemplarmente visto el peligro que representa para la sociedad en su conjunto que sólo una de ellas caiga. Ni la posición valientemente asumida por Kamala Harris, Fiscal General de California, permitió que el castigo fuera más significativo, pero ella puede preciarse de que California fue el único estado en el cual sus autoridades no han negociado el fin de la persecución de los criminales de cuello blanco que lucraron con el dinero de los pobres.

A cambio de conseguir absoluta inmunidad del gobierno, sobre un relación de abusos y malos manejos cometidos en perjuicio de los propietarios de viviendas que fueron maltratados y perjudicados, los bancos se comprometieron a proporcionar $ 26 billones que serían utilizados para ayudar en los esfuerzos que realizan los estados para aliviar los efectos de *foreclosure* sobre las víctimas. No sólo el monto del castigo pecuniario es mínimo, sino además los bancos obtuvieron del gobierno el compromiso de otorgarles créditos especiales contra las pérdidas que deberán declarar por dichos *foreclosure* y que repercutirán en sus balances.

Por coincidencia, como para resaltarse la magnitud de la concesión entregada a dichas instituciones, esa misma semana, a mediados de marzo de 2012, la FED hizo públicos los resultados del segundo *strees test* realizado al sistema financie-

34 Armando S. Klauer; Globalizacion y crisis economica mundial; Libros en Red, 2009

ro, el cual muestra que los bancos en general se encuentran ya en buena situación financiera, y con el camino despejado para volver a pagar sus dividendos y/o recomprar sus acciones, con lo cual todos ellos retornan a su situación financiera vigente en la época anterior a la crisis, es decir, 2007, sin ningún daño material ni moral, mientras que sus víctimas, las 4 millones de familias que perdieron sus casas, más las 3 millones de familias que se encuentran en proceso de *foreclosure* y las más de 11 millones de familias cuyas casas se encuentran valorizadas a menor del valor que sus deudas, enfrentan el futuro sin ninguna posibilidad de que el gobierno acuda en su ayuda en la proporción y magnitud en que ha ayudado al sistema bancario.

12.3. Excedentes financieros: innovación y riesgo

Los excedentes financieros que inundan el mundo, provocando burbujas financieras e inmobiliarias por doquier, en parte importante son consecuencia de la legislación tributaria vigente que privilegia en Estados Unidos a las inversiones bursátiles y de valores en general, en detrimento de las inversiones reales.

Parte importante de los excedentes financieros existentes en Estados Unidos provienen de la reducción a 15 % de la tasa marginal de impuesto a la renta aplicable a las ganancias de capital y a los dividendos, promovida y sancionada por la Administración Bush en 2003. Esta medida ha determinado que los más ricos en Estados Unidos obtengan una tasa promedio de impuesto a la renta de precisamente 15 %, mientras que la clase media está afecta a tasas marginales mayores, de hasta 35 %, en la medida en que sus ingresos provienen mayormente de su trabajo y no de inversiones. He ahí la paradoja del sistema tributario norteamericano, que empobrece cada vez más a la clase media y enriquece cada vez más a los más ricos.

Producto de ello es que esos mayores excedentes se invierten en actividades financieras especulativas que generan las burbujas financieras alrededor del mundo, y que explican porqué en medio de una recesión generalizada, las bolsas en Estados Unidos permanecen sobrevaloradas. Paradójicamente, la anterior tasa aplicable a la ganancia de capital, que fue establecida por Ronald Reagan en 1986, era de 28 %, similar a la tasa promedio aplicable a los ingresos por el trabajo en ese momento.

Por otro lado, debido a que los intereses son considerados como gastos a efectos del cálculo del impuesto a la renta, y que los dividendos no lo son, las empresas se ven incentivadas a endeudarse al máximo, lo que constituye una de las causas básicas que conducen a las continuas bancarrotas. Adicionalmente esta tendencia determina que las empresas no incrementen su capital vía infusión de dinero fresco y que las capitalizaciones bursátiles sean sólo ejercicios financieros derivados de las ganancias de capital generadas en las bolsas de valores.

La política tributaria vigente antes de que la Administración Bush accediera al poder, era que las tasas de impuesto a la renta de las corporaciones fueran menores que las aplicables a los accionistas por los dividendos y ganancias de capital. A partir de 2003, como ya hemos visto, la tasa promedio de las corporaciones es de 35 %, en tanto que la tasa aplicable a los dividendos y ganancias de capital es sólo de 15 %. Ello tiene dos efectos importantes en la economía, el primero es que las corporaciones tienen incentivos para invertir mayormente en el extranjero, creando puestos de trabajo fuera de Estados Unidos; y la segunda, que los inversionistas prefieren invertir en papeles que dejar que las corporaciones realicen inversiones reales.

En resumen el sistema tributario norteamericano fomenta las inversiones en el exterior (y la consecuente destrucción de fuentes de trabajo en Estados Unidos), así como la colocación de los excedentes financieros en inversiones especulativas.

A inicios de 2012 se va configurando nuevamente un ejemplo de lo que es la inversión especulativa en las bolsas de valores como resultado del exceso de liquidez existente. A mediados de febrero, Facebook anunció su próxima IPO (*Inicial Public Offering*) con el *underwritting* de Morgan Stanley. El valor de la venta de acciones que se estima obtener, valoriza a la empresa en $ 100 billones de acuerdo a dichas fuentes, pero objetivamente dicho valor es absurdo si nos atenemos a su volumen de negocios, ingresos y utilidades anuales reales y proyectadas para los siguientes años. Sólo una bien montada campaña mediática y un exceso de liquidez mundial pueden configurar un escenario para que los desinformados inversionistas individuales o los muy interesados ejecutivos de fondos de inversiones y fondos mutuos ingresen a esa aventura a esos precios.

Hasta Enrique Blondet, quien se hizo famoso a fines de los 90's por patrocinar aventuras similares durante la época de la burbuja dot.com, en un artículo reciente ya cuestiona dicha valoración, indicando que a lo sumo Facebook podría valer $ 20 billones, si la acción tuviera una relación Precio/Ganancia (P/E) de 20 veces, que es lo normal. Cierto es que se trata de una empresa por encima de lo normal, pero ello no justificaría pagar 5 veces el precio "normal". Dado que la oferta inicial trata de colocar sólo $ 5 billones en acciones, es obvio que se trata de un ensayo para auscultar el mercado y que el mecanismo de venta es el que empuja a tales alturas el precio de la acción. Pero ello sólo es posible porque existe un enorme exceso de liquidez en el mundo.

Retornando a las bolsas de valores de New York, el mejor ejemplo de este exceso de liquidez, acrecentado con el retorno de capitales de sus aventuras especulativas alrededor del mundo, es la cotización que están alcanzando las acciones de Apple, que si en 2011 subieron 83 %, de enero a marzo de 2012 ya van incrementándose en un 50 % adicional, lo que le otorga una capitalización bursátil de $ 565 billones, es decir, más de $ 0,5 trillones que, a pesar de todos los éxitos económicos de la empresa y sus probables proyecciones extraordinarias, ya constituye una reminiscencia de la formación de la otrora burbuja dat.com que jaló la formación de la Burbuja Bursátil. Aún cuando la relación Precio/Ganancia es de sólo 22 en esas cotizaciones, y dista mucho de llegar la astronómica y ridícula cifra de 154 que alcanzó America On Line en 1999, no es difícil imaginar que la tendencia no parará fácilmente, sobre todo si existe un exceso de liquidez mundial que no sabe dónde invertir.

Dice Paul Volker que la mayor innovación financiera de los últimos 25 años han sido los ATM (cajeros automáticos), en una crítica ácida al sistema financiero, que sin haber aportado ninguna mejora sustantiva a la economía, ha logrado multiplicar la liquidez mundial hasta cifras astronómicas mediante el expediente de generar oportunidades de inversión en valores esotéricos, denominados derivados, que según los entendidos hoy incluyen inversiones por casi $ 600 trillones, magnitud que escapa a la imaginación de la mayor parte de las personas.

La securitización, por su parte, es una herramienta financiera tradicional que recientemente, desde no más de 15 años, ha incrementado exponencialmente su volumen de transacciones, supuestamente trasladando el riesgo de unos inversionistas a otros, la mayoría de las veces sin conocerse realmente la calidad del activo comprado, vendido y/o asegurado, como quedó demostrado en el escandaloso mercado de empaquetamiento de *morgages*.

La actual crisis financiera europea debe poner a prueba nuevamente estos instrumentos financieros, especialmente a aquellos que se supone aseguraban a los inversionistas de probables *default* de los emisores de deudas soberanas. Los *swaps*, precisamente, serán puestos a prueba en el mes de marzo de 2012 cuando, finiquitada la reestructuración de la deuda soberana griega, la Asociación Internacional de Swaps y Derivados termine con las especulaciones sobre el posible incumplimiento de los contratos que atan estos instrumentos al incumplimiento de pago de la deuda griega.

A pesar de que ya dichos contratos tuvieron sus primeras pruebas durante las crisis soberanas de Argentina (2001) y Ecuador (2008), es en la crisis soberana griega que tendrán su prueba de fuego, en la medida en que se trata de una suma muy por encima de las involucradas en aquellas mencionadas, pues se estima alcanza al incumplimiento de más de $ 70 billones. Además, en este caso, debido a las presiones de Alemania para que la decisión de reestructuración fuera "voluntaria", y que dicho incumplimiento iba en contra de los acuerdos suscritos por las partes, se temía que la Asociación Internacional de Swaps y Derivados no diera su aprobación al ejercicio de los acuerdos originalmente pactados por las partes. Felizmente dicha asociación ya habría dado su aprobación para que las partes ejercitaran sus derechos y obligaciones con lo que como dijo Robert Pickel, máximo ejecutivo de dicha asociación: "los participantes en el mercado esperan que funcione".

De acuerdo a Simon Lack[35], quien durante muchos años trabajo en JP Morgan analizando los *hedge funds* (fondos de cobertura), la tasa de rentabilidad anual promedio de dichos fondos, entre 1998 y 2010, ha sido de sólo 2,1 %, es decir, la mitad de lo que los inversionistas podrían haber obtenido si durante ese mismo periodo hubieran invertido en Bonos del Tesoro. Dice él que conforme se incrementaba el volumen de fondos manejados, la tasa de rentabilidad promedio descendía; así, si en 2000 el volumen manejado no excedía de $ 200 billones y se obtuvo una rentabilidad de 27 %, en el 2002 la rentabilidad lograda fue de sólo 5 %, en tanto que

35 Simon Lack; The Hedge Fund mirage: the illusion of big money and why it's too good to be true; January 2012

para el 2008, cuando ya manejaban $ 2 trillones, las pérdidas obtenidas ese año fueron del 23 %, que prácticamente cancelaron las utilidades obtenidas en toda la década anterior. A la interesante y lógica tendencia indicada agrega él que, mientras tanto, los gerentes de esos fondos han obtenido ingresos de $ 379 billones en ese periodo, de los cuales $ 100 billones los ganaron entre el 2008 y el 2010. Las cifras y conclusiones del análisis revelan cómo los únicos reales beneficiados de esta "herramienta financiera" han sido los gerentes de los fondos que manejan las inversiones de pequeños, medianos e incluso grandes inversionistas, como los fondos de retiro de trabajadores o fondos de donaciones de universidades.

A mediados de marzo de 2012, Greg Smith, alto funcionario de Goldman Sachs, Director Ejecutivo de la firma encargado de las operaciones de derivados para Europa, Medio Oriente y Asia, renunció a dicha empresa, mediante una carta hecha pública en un editorial del *The New York Times*[36]. Dice él: "Después de 12 años en la firma... Yo puedo honestamente decir que el ambiente hoy es tóxico y destructivo como nunca lo he visto antes". Agregando más adelante: "He asistido a reuniones de ventas de derivados donde en ningún momento se usa el tiempo en preguntar acerca de cómo ayudar a los clientes. Todo es únicamente acerca de cómo hacer el máximo de dinero de ellos". Los clientes son ridiculizados y los funcionarios de Goldman Sachs se refieren a ellos como muppets, o marionetas. Obviamente, al día siguiente el tema de la carta fue del dominio público, no sólo en Wall Street sino en todo el mundo, polarizando las opiniones entre los que defienden una valiente y honesta toma de distancia con el sistema, y aquellos que consideran que la carta no refleja la realidad y que es un ataque injusto a la honorable Goldman Sachs. En lo que todos

---

36 Greg Smith; Why I Am Leaving Goldman Sachs; The New York Times; March 14, 2012

están de acuerdo es que difícilmente Greg Smith podrá volver a trabajar en Wall Street, y muy probablemente perderá todos los beneficios financieros, fundamentalmente las opciones, que legalmente le corresponderían, si es que como es común práctica en este tipo de instituciones, él firmó un compromiso previo de no divulgación, antes de unirse a la empresa.

Todos aquellos que de una u otra manera son críticos del accionar de las empresas financieras que tienen su asiento en Wall Street no pueden dejar de reconocer que lo manifestado por Greg Smith es absolutamente cierto y un secreto a voces, a pesar de que Lloyd C. Blankfein diga en su carta a sus empleados, como respuesta al escándalo: "Nos decepcionó leer las afirmaciones hechas por este individuo que no refleja nuestros valores, nuestra cultura y lo que la gran mayoría de las personas piensa de Goldman Sachs y del trabajo que hacemos en nombre de nuestros clientes". Habría que preguntarle eso a los miles de clientes de Goldman Sachs, y muy especialmente a aquellos que fueron directamente perjudicados por la firma cuando Goldman Sachs les vendió paquetes de *mortgages* contra los cuales la misma firma posteriormente apostó, y que dieran origen a una demanda entablada en abril de 2010.

La situación planteada por el contenido de la carta de renuncia de Greg Smith nos trae a la memoria una muy parecida ocurrida entre 1993 y 1994, en los albores de la creación de los derivados, cuando Procter & Gamble entabló y ganó un juicio a Bankers Trust, el experto original en esa herramienta financiera, por haber sido engañada al invertir apostando al comportamiento de las tasas de interés, cuando los funcionarios de dicha institución bancaria fueron grabados discutiendo cómo engañar a su cliente, ya que la sofisticada herramienta financiera no era entendida por este. Conversando, supuestamente en privado, entre ellos usaban el término ROF o "*rip-off-factor*" para referirse a la cantidad de dinero que el banco podría tomar para sí, sin que el cliente sospechase. Es indudable que junto con los "*muppets*", ambos términos forman parte de un extendido léxico especializado de los funcionarios de los bancos de inversión para referirse a estas operaciones, incluido el trato a sus clientes.

Todos estos instrumentos financieros innovadores tienen gran demanda debido a que el rendimiento de las inversiones tradicionales, incluidas las tasas de interés pasivas que pagan los bancos a los ahorristas, son muy bajas o incluso negativas en términos reales. En teoría estos instrumentos ofrecen muy altos rendimientos y supuestamente están estructurados de modo que los inversionistas puedan limitar sus pérdidas potenciales. Es bajo este escenario de expectativas que los bancos están tratando por todos los medios de que la denominada "regla de Volker" no sea implementada y puedan ellos incorporarse libremente a la masa de inversionistas que juegan en ese gran casino universal que son los derivados y las otras innovaciones financieras. Las autoridades regulatorias, por su parte, están tratando de que dicha norma sea aplicada a los bancos, en su concepto más puro, para salvaguardar el dinero de los ahorristas primero y el de los contribuyentes, después, cuando sea necesario salvar nuevamente al sistema financiero de otra catástrofe.

12.4. Desigualdad y política tributaria

El tramo más bajo de la escala del Impuesto a la Renta en Estados Unidos, y que se acota a millones de contribuyentes de bajos ingresos, es 15 %. Grande fue la sorpresa para muchos al enterarse que Mitt Romney, el candidato con más probabilidades de representar a los republicanos en la contienda electoral contra Obama, tuvo una tasa resultante de 13,8 % en su declaración de impuestos de 2008, computada sobre ingresos brutos del orden de $ 21,7 millones. Más revelador aún resulta que dentro de los 400 más ricos de Norteamérica, 30 de ellos tuvieron una tasa resultante menor del 10 %, y otros 101 pagaron menos del 15 % de sus ingresos en impuestos. Mientras tanto, la mayor parte de los contribuyentes de clase media, con ingresos mayores a $ 100 000 al año tuvieron que pagar una tasa de 37 %. La explicación a esta terrible aberración tributaria es que tanto a los contribuyentes de bajos ingresos, como a los de clase media, fundamentalmente se les aplica las tasas genéricas aplicables a los ingresos del trabajo, mientras que a los contribuyentes de clase alta, las tasas aplicables son a los ingresos generados por sus inversiones, es decir, los impuestos a las utilidades y a las ganancias de capital, que, como ya hemos reiterado varias veces, fueron disminuidas a 15 % por obra y gracia del Presidente George W. Bush.

Jude Wanniski, un periodista, mas desconocido hoy que cuando escribió "Impuestos y la Teoría de los dos Santa" (Claus), lanzó en 1976 una idea que desde entonces se constituyó, explicita e implícitamente, en la base de la posición política de los republicanos en el tema de los impuestos. Conocida ya desde ese entonces la posición de los demócratas de promover y redistribuir la riqueza, Wanninski lanzó la idea de que la bandera de los republicanos debería ser la de "cortar impuestos", en lugar de la de cortar gastos, que entonces era y ahora nuevamente es su posición política en materia económica. Si los demócratas consideraban a la tributación como un medio de redistribuir los ingresos nacionales, los republicanos deberían ser reconocidos como los defensores de los bajos impuestos, ya que además dicha política ayudaba, en teoría por lo menos, a mantener el dinero en el sector privado a fin de que sea invertido generando trabajo. El primero de los presidentes republicanos que abrazó con fuerza la idea fue precisamente Reagan, quien a partir de 1980 empezó el proceso de recorte de impuestos, respecto a las tasas tradicionalmente vigentes anteriormente[37].

La gran diferencia que empieza a surgir a partir del 2000 es que el Santa Claus de los republicanos empieza a beneficiar únicamente a los contribuyentes de altos ingresos, lo que unido a los efectos de la Gran Recesión en la mayoría de los norteamericanos de bajos y medios ingresos, comienza a consolidar una tendencia que nunca anteriormente se dio en la sociedad y economía de Estados Unidos.

El concepto sobre la excepcionalidad de la sociedad norteamericana de los anteriores 250 años, en materia económica, y que atrajo a millones de inmigrantes de todo el mundo, es decir, la movilidad social, que conjuntamente con la innovación y el incremento de la productividad permitieron incrementar el nivel de vida de la gran mayoría de los norteamericanos, ha sufrido un traspié, y si no se corrigen las causas que lo generan, ello podría devenir en consolidar una tendencia que elimine esa excepcionalidad, por lo menos en el aspecto socio-económico.

A diferencia de las políticas sociales de los países del norte de Europa, muy solidarias transfiriendo recursos desde los más ricos hacia los menos favorecidos por la fortuna, los norteamericanos nunca se han preocupado por la diferencia (*gap*) entre los ingresos de los miembros de su sociedad, porque precisamente en esa diferencia radicaba el mayor de los incentivos para generar la movilidad social que fue una de las causas de su éxito, y porque la excesiva tributación a los de arriba para transferir los ingresos a los más pobres destruye los incentivos para la inversión, que es precisamente la que genera el crecimiento económico que beneficia a todos. Y para muchos economistas y políticos norteamericanos ello explica el notable desempeño de su economía.

---

37 Bruce Bartlett; El origen de la moderna política fiscal de los Republicanos; The New York Times; 20 de Marzo del 2012.

Sin embargo, ahora es evidente que la absurda desigualdad tributaria es la causa del empobrecimiento de las clases bajas y del notable enriquecimiento de las clases altas. El *gap* entre los ingresos de ambos grupos se ha incrementado notablemente en los últimos 30 años, y con ello la percepción de su importancia. Mientras que en 1998 el 17 % de los norteamericanos consideraban que no había muchas posbilidades para los de abajo, ahora el 41 % son de los que piensan así. Hoy día ya algunos economistas aceptan que existen evidencias de que la desigualdad tiene un efecto negativo en los de abajo, y que incluso la tan mentada movilidad social está declinando notablemente, y una de las razones que explica esa declinación es que el costo de las universidades se ha incrementado tanto, que hoy día es muy difícil para una familia de bajos a medios ingresos financiar con sus ahorros los estudios de sus hijos. Como algunos dicen, la sociedad está convergiendo hacia una plutocracia hereditaria bajo un barniz de democracia liberal.

12.5. Concentración del poder

No sólo los Secretarios del Tesoro en su mayoría provienen de las canteras de Wall Street, sino ya también los propios candidatos republicanos a la presidencia. Mitt Romney, por ejemplo, ha desarrollado su vida profesional vinculado a Bain Capitol, una firma especializada en comprar empresas para luego ofrecerlas al mercado financiero a través de Wall Street.

Sin pretender asumir que todos ellos siguen trabajando para sus antiguos empleadores, es cierto, sin embargo, que llegan a sus nuevas ocupaciones premunidos de una visión claramente contaminada por las ventajas que, según ellos, esas instituciones brindan a la economía, pero con la ceguera del daño que ellas ocasionan realmente a la sociedad.

¿Cómo puede haber pensado seriamente Timothy F. Geither, actual Secretario del Tesoro de Obama, en diciembre de 2006, cuando era miembro de la FED, que "los fundamentos de la expansión hacia adelante siguen luciendo bien", sólo seis meses antes de que hiciera eclosión la crisis financiera, cuando a todas luces ya se había construido en los seis años anteriores una inmensa burbuja inmobiliaria? ¿Cómo podría haber agregado un mes después: "Nosotros no vemos signos de problemas, ni de daño colateral...", refiriéndose a un probable futuro problema con los *mortgages*?

Sinceramente no creo que la ceguera reflejada en esos comentarios haya sido producto de la falta de información ni de entendimiento de los profundos problemas derivados del desinfle en proceso, en esos momentos, de la burbuja inmobiliaria, sino de la particular forma de enfocar los problemas desde la perspectiva de los beneficios que tales circunstancias traerían a Wall Street, más que de los costos que ese proceso podría ocasionar en la economía en general.

Por otro lado, conocidas son las ventajas que toman determinados políticos en Washington, para beneficio personal, aprovechando el poder de que disponen para "ayudar" a determinados inversionistas o negocios que necesitan de su apoyo. Conocidos son los casos de los llamados "Amigos de Mozilo", quienes recibieron *mortgages* preferenciales de Countrywide Financial, a cambio de los cuales dieron su voto, o aprobación, a operaciones claramente en contra de los intereses del país y de la economía.

¿Cómo entender las posturas de los candidatos republicanos en las primarias de ese partido, que debiendo saber que la crisis económica ha sido causada por los excesos de Wall Street, han persistido en sus posiciones de desmantelar todas las regulaciones que la Administración Obama precariamente ha construido para evitar la repetición de los desmanes cometidos? Según esos políticos, la causa de la crisis es el exceso de regulaciones que ahogan la libre iniciativa.

Adicionalmente, el sistema de *lobbies* otorga a los grupos de poder económico claras ventajas de llegada a los congresistas, pues son los únicos que tienen la capacidad financiera para crear las presiones "técnicas" que en teoría son las que "convencen" a los congresistas que defienden los intereses de los grupos de poder. Oficialmente se encuentran registrados en Washington más de 13 700 *lobbies*, aun cuando existe probablemente otra cantidad mayor de grupos que realizan *lobby* de manera informal. Los *lobbies* oficialmente registrados declararon en 2011 más de $ 30 billones en gastos, de los cuales el 14,3 % ($ 4,3 billones) fueron realizados por grupos de apoyo al sector financiero, quienes son los que lideran el gasto de los *lobbies*. Los gastos efectuados por estos grupos han tenido un crecimiento exponencial desde 1998, en que sólo alcanzaron a $ 1,4 billones. Un profundo estudio de este tema fue realizado por Robert G. Kayser, columnista del *Washington Post*.[38]

El mejor ejemplo de la mentalidad republicana es la elección de Mitt Romney como candidato presidencial. Sus vinculaciones con Wall Street, conjuntamente con su formación familiar y educativa, profundamente lo identifican con el 0,1 % de la población norteamericana. Nadie puede pretender que, aún dándole el beneficio de la duda de su real interés con el pueblo, Romney pueda tener un esquema mental solidario, y, más bien, es obvio que en su esquema mental está muy arraigada la idea de que su posición presente es el resultado de su triunfo en la vida. Qué distinta la posición de Warren Buffet, que atribuye su éxito profesional y financiero a haber nacido en Estados Unidos, en una familia anglosajona de clase alta, y a la suerte que esas "pequeñas" ventajas, genéticas y sociales le permitieron.

No es una crítica que se aplica por excepción a Romney. Esa concepción ideológica es la de la inmensa mayoría de los ricos,

---

38 Robert G. Kayser: So Damn Much Money: The triumph of Lobbying and the corrosion of the American Government; 2009

que no entiende que su éxito está fundamentalmente ligado a las "ventajas" iniciales que les brindan sus orígenes sociales y genéticos. Cierto es que el sistema económica norteamericano brinda la movilidad necesaria para que cualquiera llegue a la cúspide, como hay miles de ejemplos, entre ellos el del mismo Obama, pero esas son las excepciones y no la regla. Bajo este concepto, un político que pretenda gobernar para la "mayoría" debe ser la excepción y no la regla de la clase política alta, y es claro que Mitt Romney no es la excepción.

La influencia directa e indirecta de los grandes intereses económicos en la política en general, pero especialmente en las elecciones presidenciales en Estados Unidos, a partir de 2010 está enormemente influenciada por los denominados Súper PAC. Los Comités de Acción Política (*Political Action Committe - PAC*) son grupos privados que se organizan para canalizar las donaciones hacia determinadas causas o candidatos, y que antes de 2010 no podían ser sujetos de donaciones por parte de los sindicatos o de las corporaciones, sino sólo de personas naturales.

Como consecuencia de decisiones de la Suprema Corte, en relación a que el gobierno no puede impedir que las organizaciones y corporaciones efectúen donaciones directas a sus causas o candidatos, a partir de las elecciones presidenciales de 2012 han hecho su aparición en la escena política los denominados Súper PAC, que son grupos privados con acceso a inmensos recursos financieros que sí pueden recibir donaciones de las corporaciones o sindicatos, para efectuar acciones de apoyo a sus candidatos, o causas que apoyan, siempre que ese apoyo no haya sido coordinado directamente con el beneficiario, dado que se trata de instituciones en teoría "independientes".

Esta nueva modalidad de apoyo financiero de los grandes grupos de intereses económicos ha empezado a moverse rápidamente de modo que las primarias republicanas de inicios de

2012 ya muestran a los grandes intereses económicos detrás de los candidatos, como es el caso del Súper PAC "Restaurando Nuestro Futuro", detrás de Mitt Romney, o del pro Newt Gingrich, denominado "Ganando nuestro futuro".

Si como consecuencia de las elecciones primarias del partido republicano, el candidato elegido para enfrentar a Obama fuera Newt Gingrich, teóricamente segundo en la línea de posibilidades en un determinado momento, sus vinculaciones con los grandes intereses económicos se clarifican en la medida en que su carrera a la presidencia depende de las donaciones que recibe de Sheldon Adelson, un *mogul* de las inversiones hoteleras y de casinos en Las Vegas, de origen judío y descendiente de inmigrantes lituanos, cuyos aportes de $ 7 millones a la campaña obviamente redituarán la rentabilidad esperada en apoyo a sus valores y demandas, sobre todo en relación al manejo de la relaciones internacionales. Pero las demandas, valores e intereses de Adelson y Gingrich no necesariamente coinciden con los intereses de Estados Unidos, ni de su población mayoritaria.

Aún cuando los Súper PAC no deben tener vinculaciones directas con el candidato beneficiado por sus campañas, supuestamente autónomas e independientes, sabido es que detrás de ambos se encuentran los mismos asesores, cual es el caso de TargetPoint, una empresa que asesora tanto a Romney como al Súper PAC "Restaurando Nuestro Futuro", que lo respalda, sin siquiera pretender ocultar su directa vinculación, ya que ambos asesores "independientes" trabajan juntos en el mismo edificio, sólo que en suites "contiguas". Es obvio que, con el aval legal de la Suprema Corte, los Súper PAC se han convertido en el instrumento adecuado para canalizar los aportes de los multimillonarios hacia las campañas políticas de sus políticos preferidos.

Cualquiera, con dos dedos de frente, se pregunta, ¿en qué medida tiene posibilidades de triunfar un candidato sin el respaldo de un Súper PAC, cuando su oponente tiene el apoyo de varios Súper PACs, que levantan fondos por decenas de millones de dólares? La obvia respuesta es que ninguna, ya que el esfuerzo que hay que desplegar para lograr igualar dichas donaciones, con aportes independientes a razón de $ 50 por persona, es inmenso y a la vez costoso. En síntesis, la aprobación de actuar, otorgada a los Súper PAC, ha logrado hacer colapsar el juego democrático esencial, ya que si bien las elecciones democráticas aún existen, el flujo de información y propaganda de los poderosos se ha incrementado exponencialmente, con lo que la manipulación de la información determinará en el futuro, aún mas, la elección de los congresistas y fundamentalmente del presidente.

El origen de la influencia creciente de Wall Street en la política norteamericana deviene fundamentalmente del sistema que determina que los candidatos deben disponer de inmensas cantidades de dinero para acceder a cualquier curul del Congreso, y, mucho más, si se quiere que acceder a la Presidencia de Estados Unidos. Dicho dinero es recolectado de las donaciones efectuadas por la elite económica, que obviamente impone sus condiciones a los candidatos, en el entendido que un favor paga otro favor.

No debe olvidarse que Obama llegó a la presidencia con el apoyo financiero de los principales bancos. De acuerdo al *Center of Responsive Politics*, tres de las siete mayores donaciones a su campaña fueron Goldman Sachs, Citigroup y JP Morgan Chase. Inicialmente, incluso la relación personal entre Barak Obama y Jamie Dimon, CEO del JP Morgan Chase, fue muy amical, ya que tanto él como Blankfein, CEO de Goldman Sachs, pertenecen al Partido Demócrata. Bajo un escenario inicial como el propuesto. no se necesitaba ser un adivino para anticipar cuál podría ser el comportamiento de las autoridades regulatorias para enfrentar el desenlace de la crisis financiera que obligó a la Administración Obama a salvar a los principales bancos, con dinero de los contribuyentes, cuando la alternativa de estatizarlos se discutía en el tablero de posibilidades.

A partir de esa decisión, que en teoría debería haber profundizado las buenas relaciones entre las partes, estas empezaron a deteriorarse debido inicialmente a las decisiones tomadas por los bancos, en marzo de 2009, de conceder los bonos anuales, que contractualmente correspondían a sus ejecutivos, a pesar de que los bancos habían sido rescatados con dinero de los contribuyentes, precisamente porque esos ejecutivos condujeron a la bancarrota a sus instituciones. La reacción de Obama fue la de conseguir la aprobación de la Cámara de Representantes para que dichos ingresos fueran acotados con una tasa impositiva del 90 %. Contra esta decisión y contra la propuesta de Obama de establecer la nueva agencia de protección al consumidor, se unieron en *lobby* todas las empresas del sistema financiero, invirtiendo en este propósito $ 344 millones.

John Heilemann, en un artículo publicado en mayo de 2010[39]. hace un análisis extraordinariamente detallado de la relación entre ambas partes, esbozando teorías que tratan de explicar su evolución. Detrás de todo ello, sin embargo, subyace la defensa de sus intereses, por parte de los banqueros, y la ingenuidad del Presidente Obama. de que su correcto actuar sería respondido con racionalidad, cuando a todos nos debe constar que nada ni nadie reemplaza la ambición y la codicia, como elementos fundamentales en el accionar de los banqueros de muy alto nivel que se saben dueños de la verdad y del mundo.

Los banqueros ven ahora la propuesta de la "regla de Volker" como la respuesta de Obama a su accionar, y, a pesar de su aprobación en el Senado el 20 de mayo de 2011, el contenido fundamental es aún precario en la medida en que, en la re-

39 John Heilemann; Obama Is From Mars, Wall Street Is From Venus; The New York Times; Mayo 22, 2010

dacción de las normas especificas, la presión de los banqueros se deja sentir, ahora brutal y sin tapujos. La respuesta de los banqueros, vistas las elecciones de noviembre, será la de constituir todos los Súper PAC que sean necesarios para evitar la reelección de Obama y el triunfo del Partido Demócrata.

Son muy pocos los políticos norteamericanos que han alzado su voz para señalar el peligro que representa para la democracia la aprobación de la Suprema Corte para el libre accionar de los Súper PAC's, y dentro de ellos merece destacarse la opinión del senador independiente por Vermont, Bernie Sanders, quien ha manifestado al respecto que "lo que estamos viendo como resultado de las elecciones primarias republicanas, con nuestros propios ojos, por primera vez, es el increíble poder que las grandes corporaciones y los billonarios están teniendo en el proceso político". En ese estado, precisamente, 50 ciudades han votado para solicitar una enmienda constitucional que permita anular la decisión de la Corte Suprema que favoreció la petición de los denominados "Ciudadanos Unidos", quienes realmente representan los intereses de los poderosos. Similares iniciativas se están analizando en las legislaturas de algunos estados como Nuevo Méjico, Hawái, California, Massachusetts, Washington y Maryland.

En el fondo de la controversia política sobre el tema está la concepción de los denominados "libertarios" , que constituyen el grupo ideológico por excelencia de la extrema derecha norteamericana, supuestamente de alto nivel intelectual, y cuyo más importante exponente está constituido por el Instituto Cato, que sostiene en esencia que el poder excesivo en manos del gobierno es malo para el crecimiento económico, y que la clave del extraordinario éxito de la economía norteamericana de los anteriores 200 años deviene fundamentalmente de la seguridad de que gozan los "derechos a la propiedad".

Dichos defensores de la irrestricta libertad no cuestionan el excesivo poder político que están concentrando las élites económicas y, más bien, cuestionan la 16th Enmienda que permitió introducir el Impuesto a la Renta (*Income Tax*) que ayuda a redistribuir el ingreso, a la par que se oponen a toda la legislación que sustenta los programas de apoyo a los más necesitados, especialmente del Medicare y seguro social. En el extremo, los libertarios propugnan la minimización del gobierno, en el entendido de que la fuerzas sociales, actuando privadamente y sin regulaciones de ninguna índole, son las que han permitido a Estados Unidos alcanzar su actual nivel de desarrollo económico.

En el otro extremo ideológico de la controversia política está recién desarrollándose la preocupación de algunos intelectuales que observan el excesivo poder político que están alcanzando poderosos grupos económicos privados que directa o indirectamente ya controlan estamentos importantes del gobierno, para ejercer desde allí mayor influencia sobre el resto de la sociedad.

Daron Acemoglu, profesor del MIT, junto con James Robinson, en su libro "Cuando las Naciones Fracasan", ha tratado, como muchos preclaros economistas antes, incluido Adam Smith, tratar de explicar el porqué unas naciones devienen exitosas, mientras que otras permanecen en la pobreza, y arriban a la conclusión de que en las naciones exitosas existe la más cercana correlación entre el grado en que la persona promedio participa en los beneficios y el crecimiento global de la economía nacional. Esta idea, que parecería obvia, ha sido largamente ignorada por los economistas en el pasado, a pesar de que la mejor evidencia moderna de ella es, precisamente, el asombroso crecimiento de Estados Unidos durante los últimos doscientos años, cuyo sistema económico y de gobierno garantizaba que todos participaban de los beneficios generados por el crecimiento de su economía global.

Dichas condiciones para la prosperidad están constituidas por sólidas instituciones, independientes de los poderes económicos, que garantizan que aún los más pobres y menos educados ciudadanos puedan participar de los beneficios generados. Ello impide que una élite económica y política tome para si todos los beneficios generados, condenando a la gran mayoría de la población a vivir cada vez en peores condiciones y sin esperanzas de revertir la situación impuesta por los poderosos. Lo contrario, esto es, el dominio absoluto de una minoría, retrata las condiciones por centurias vigentes en la mayoría de los países latinoamericanos, colonizados por los europeos meridionales amparados por el poder hegemónico de la Iglesia Católica, recreando las condiciones políticas y económicas vigentes en los albores de la edad Moderna, que modelaron las mentes y comportamientos de las sociedades a las que dieron origen.

XIII. Conclusión

En un mundo inundado de liquidez, con decenas de trillones de dólares dando vueltas y creando burbujas financieras e inmobiliarias, Estados Unidos y Europa se encuentran atrapados en una Gran Recesión que no aciertan a superar y con muchas probabilidades de arrastrar en su camino al resto del mundo.

Los economistas en general, primero culparon a la crisis financiera como la causante de la recesión, asesorando a los políticos de la Administración Bush, que siguiendo sus consejos, muchas veces interesados, implementaron el *bailout* del sistema financiero, arrastrado a la insolvencia por el detonante de la caída de Lehman Brothers. Cientos de billones de dólares invertidos en operaciones de salvataje bancario que sólo sirvieron para maquillar el problema real, llenar los bolsillos de los banqueros, e impedir que la ley caiga con todo su rigor sobre aquellos que se enriquecieron a costa de los inversionistas.

Posteriormente, para combatir la recesión resultante de la crisis financiera, la Administración Obama implementó medidas de estímulo a la economía orientadas a reactivar el consumo y fomentar la creación de empleos, así como inversiones en proyectos del gobierno con miras a disminuir el desempleo, especialmente en el sector construcción, que fue el sector económico más golpeado por la Gran Recesión. Más cientos de billones de dólares invertidos tratando de reanimar la economía, creando empleo e incentivando la demanda, que al final no crearon los empleos suficientes, ni generaron las condiciones necesarias para mantener la economía en crecimiento. Más aún, las medidas aplicadas incrementaron sensiblemente el déficit fiscal y la controversia política como resultado del alto endeudamiento nacional.

Cuando inicialmente ya se notaba la aparición de los síntomas de una recaída en una *double-dip* de la Gran Recesión, en Estados Unidos, por no haberse solucionado el problema del desempleo y la caída del consumo, algunos pocos economistas advertían que la causa germinal del problema económico no había sido ni la crisis del sistema financiero, ni el desinfle de la burbuja inmobiliaria, sino que nos enfrentábamos a un problema de caída de la demanda agregada, debido al alto endeudamiento de los consumidores, y que, por lo tanto, la salida a la crisis debe transitar por disminuir la presión financiera en los hogares, a fin de liberar recursos para incentivar la demanda, que es la que finalmente jala al PBI.

Sin ánimo de discutir esa teoría, que creo es un diagnostico parcial, como los anteriores, me permito sugerir que los economistas retrocedan un poco más en el tiempo y que evalúen las causas primigenias del problema. El derrumbe de la Burbuja Inmobiliaria, al igual que el desinfle de la Burbuja Bursátil que le antecedió, es cierto que crearon las condiciones para la aparición de la crisis financiera que se transformó posteriormente en la Gran Recesión. Sin embargo, las causas del problema deben buscarse en los orígenes de esas dos burbujas, más que en las consecuencias de sus derrumbes.

El último decenio del siglo XX presentó al mundo el máximo esplendor del capitalismo, como consecuencia de 30 años de increíble crecimiento de la economía de Estados Unidos. Sin competencia entre las naciones de la Tierra, la economía norteamericana cosechaba los triunfos de una robusta economía, uno de cuyos signos más evidentes era un superávit fiscal proyectado de $ 2,3 trillones en 1999 para los siguientes 10 años.

También producto de esa bonanza, los ahorros privados, principalmente los provenientes de los fondos de retiro de la denominada generación del "Baby Boom", inundaban la economía Norteamericana. Junto a esos recursos, los capitales mundiales acudían en masa a Estados Unidos, atraídos por las condiciones de una economía boyante. Dentro de ellos deben destacarse los fondos provenientes de los países de la OPEP, así como los excedentes financieros de China que empezaban a destacarse como una fuente importante de compradores de Bonos del Tesoro. Como resultado de esa avalancha de capitales, propios y foráneos, se formó la Burbuja Bursátil, que finalmente hizo eclosión el año 2000. Parte importante de esos capitales, conforme se derrumbaba la Burbuja Bursátil, fueron incorporándose a la nueva aventura especulativa, la Burbuja Inmobiliaria.

Es indudable que la globalización y la libre circulación de capitales en el mundo favorecieron la avalancha de dinero de los inversionistas mundiales hacia Estados Unidos. Esa misma globalización permitió que parte de los capitales especulativos salieran de Estados Unidos, a partir del 2007, y engrosaran las filas de los capitales que inundaron Europa y generaron la Burbuja de Deudas Soberanas de los países periféricos europeos, que ayudaron a financiar el pretendido *short cut* de los países mediterráneos que buscaban igualar en pocos años las comodidades y nivel de vida de los países más septentrionales.

Por su lado, las empresas, carentes de incentivos para invertir en proyectos productivos, acumulan otros trillones de dólares, sobre los que se encuentran aún sentados, para terminar participando también en la gran ruleta especulativa alrededor del mundo. Para incentivar aún más las aventuras especulativas de los inversionistas, la Administración Bush aprobó la disminución de las tasas de impuesto a la renta aplicables a los dividendos y ganancias de capital y, posteriormente, la Reserva Federal generó las denominadas "*Quantitative Easing*" que incrementaron con trillones de dólares adicionales la masa de dinero dirigida a las aventuras especulativas, no sólo en Estados Unidos, sino también alrededor del mundo.

Es esa ingente masa de dinero, de varias decenas de trillones de dólares, dedicada a las aventuras especulativas, la causa germinal de la Gran Depresión. Pero, ¿qué hizo que los inversionistas, antes seres racionales y prudentes, que depositaban sus ahorros en los bancos, derivaran a convertirse en inversionistas especulativos, ya casi sin aversión al riesgo?

Varias son las razones. Pero las más importantes son la tasa de interés cero a los ahorros, defendida por la FED de Greenspan, así como la concentración de las decisiones de inversión en unos pocos miles de gerentes de fondos de inversión, quienes son los que realmente deciden dónde se invierten los ahorros de los pensionistas o de los pequeños y medianos inversionistas. Fueron esos gerentes de los fondos de inversiones y de bancos de inversiones primero, así como de los bancos comerciales después, los que generaron las condiciones para la aparición de la Burbuja Bursátil y la Burbuja Inmobiliaria.

Gracias a los incentivos generados por sus empresas para realizar cada vez más riesgosas operaciones, y a la aparición de nuevos instrumentos de inversión como los derivados, los futuros y la masificación de inversiones en *commodities*, así como a la proliferación de operaciones poco éticas e incluso inmorales, esos personajes incrementaron notablemente el tamaño e importancia del sector financiero, que pasó a convertirse en el sector clave de la economía norteamericana, desplazando en importancia económica a otros sectores más productivos, innovadores y claves para el desarrollo de la economía real. La excesiva importancia de las finanzas y la falta de controles y regulaciones sobre este sector, generaron una mayor concentración de riqueza en el 1 % tope de la población norteamericana en detrimento de los ingresos del restante 99 %, que es el que realmente genera la demanda que mueve a esa economía.

El desinfle de la Burbuja Inmobiliaria no sólo creó desempleo, fundamentalmente en los sectores construcción y *real estate*, sino, sobre todo, dejó profundamente endeudados a todos los hogares norteamericanos, que vieron pulverizarse los ahorros que, en teoría, habían construido, pero muy precariamente, para su retiro. Recuérdese que, a la deuda proveniente de las inversiones en *real estate*, si bien es la más importante, hay que agregar la deuda de tarjetas de crédito y otras deudas obtenidas, sin garantías colaterales. La imposibilidad práctica de repagar esas deudas generó la crisis financiera, y los *foreclosure* implementados por el sistema financiero agudizaron los problemas recesivos, con su secuela de desempleo, baja de la demanda y disminución del PBI.

Los programas de estímulo implementados por la Administración Obama incrementaron el déficit fiscal y el endeudamiento concomitante, generando las condiciones para la aparición de una crisis política que ha puesto al Presidente Obama a la defensiva y con obvias ventajas políticas para el "Tea Party" y el Partido Republicano.

Como consecuencia de esa inmensa masa monetaria dedicada a inversiones especulativas, los bancos en Europa durante años incrementaron las deudas públicas de los países mediterráneos, en una orgia inacabable de gastos e inversiones públicas, empujados por sus políticos corruptos e ineptos que trataron de vender a sus pueblos la idea de que era posible conseguir el nivel de vida de sus socios del norte, sin necesidad de transitar por la ruta de cientos de años de ahorro y trabajo productivo.

Las consecuentes medidas de ajuste económico, exigidas por el FMI y por los políticos a cargo de la Unión Europea, para refinanciar los "fondos soberanos", han precipitado la crisis económica en los países endeudados y contribuido por tanto a disminuir la demanda en esos países, afectando, de paso, al resto de socios comerciales de la Unión Europea que han visto disminuir sus exportaciones.

Tanto el proyecto del euro como el de la Unión Europea tropiezan ahora con la inevitable confirmación de que cualquier sociedad económica y comercial sólo es viable en la medida en que, además, se implementen mecanismos de sometimiento de la soberanía nacional a un ente supranacional que controle y supervise la economía en su conjunto.

Si el dólar no ha caído en una espiral devaluatoria como consecuencia del déficit fiscal y alto endeudamiento norteamericano, ello sólo se debe a que la crisis económica europea es aún más dramática y a la intrínseca debilidad del euro, resultante de esa realidad.

La misma crisis política de la Administración Obama ha dejado sin real rumbo a la política económica, y sin capacidad política para hacer uso de herramientas ortodoxas para estimular a la economía. Con pocos meses de horizonte pendientes, la Administración Obama dispone de escaso margen para actuar, y la presión política previa a las elecciones la vuelve prisionera de los políticos republicanos, quienes claman y reclaman por terminar con las políticas de estímulo y concentrar los esfuerzos de política económica en cortar gastos e inversiones, lo que a la postre generará más recesión y desempleo.

La Gran Recesión que ha ocasionado el desempleo ya ha repercutido directamente en China, el principal socio comercial de Norteamérica, e indirectamente en el resto de países del mundo que abastecen con materias primas al gigante asiático. Con el temor que desatará este anunciado desenlace, los capitales internacionales nuevamente retornarán a Estados Unidos, bajo la premisa de que es la embarcación mayor que enfrentará en mejores condiciones la tormenta, desinflándose las burbujas bursátiles e inmobiliarias que aún se mantienen en gran parte de las economías emergentes, hasta ahora sin problemas.

La economía de China, a pesar de las ingentes cantidades de recursos de que dispone, no tiene la capacidad logística de invertir sus excedentes actuales dentro de sus fronteras, al ritmo que sería deseable, por los peligros que conlleva un recalentamiento de su economía por el ingreso de capitales, en exceso de lo que podría absorber razonablemente, lo que podría conducir a una inflación incontrolable, que le haría perder todo lo ganado hasta ahora. Dentro de ese escenario, y a pesar del enorme mercado interno aún sin satisfacer, la economía de China perdería la tracción que tiene actualmente sobre la economía mundial, agravando aún más la situación de las economías exportadoras de materias primas.

En un desenlace como el descrito los precios de las materias primas y *commodities*, se desplomarían y volverían a aparecer los problemas de balanza de pagos en países ahora boyantes económicamente. Obviamente el precio del oro se dispararía aún más por encima de la cotización presente y las ventajas de la globalización actual se convertirían en desventajas para esos países. La Gran Recesión Mundial pasaría a formar parte de la vida diaria de miles de millones de personas, amenazando con la reaparición de hambrunas en poblaciones que habían incrementado notablemente su nivel de ingresos en el último decenio.

Es más probable que un diagnóstico como el descrito sea asimilado por los políticos y economistas demócratas que por los republicanos. Estos últimos, sin embargo, tienen mayores probabilidades de ganar las elecciones de noviembre de 2012 si no se perciben claras señales de mejoría, especialmente en el bolsillo de los consumidores, con lo que el escenario y desenlace descritos tienen mayores posibilidades de convertirse en trágica realidad estructural.

Si la raíz del problema económico mundial es el exceso de liquidez, es obvio que la solución del mismo pasa por eliminar ese exceso de liquidez usado en inversiones especulativas. La primera medida es obviamente reponer, e incluso elevar las tasas de impuesto a la renta aplicable a las ganancias de capital y dividendos, con lo que se conseguiría parcialmente dos objetivos: disminuir el dinero disponible para inversiones especulativas y disminuir el déficit fiscal.

Una segunda medida es la de imponer un impuesto especial a las inversiones especulativas en operaciones de derivados, y otras similares, que hoy día carecen de él. Deseable sería que dicha medida se diera en coordinación con el resto de países desarrollados, especialmente de Europa, al igual que la homogenización de las tasas de impuesto a la renta aplicables a las ganancias de las corporaciones por sus operaciones internacionales.

Por otro lado es imprescindible fortalecer el sistema financiero oficial aplicando la "regla de Volker", a fin de garantizar los ahorros de los inversionistas, los depósitos de los ahorristas y sobre todo el dinero de los contribuyentes. El sistema financiero oficial debe ser igualmente fortalecido, elevando la tasa de interés a efectos de canalizar los excedentes de ahorros hacia esas instituciones, a la vez que se disminuye la importancia de las instituciones financieras en la sombra, por la transferencia de recursos, además de fortalecer el control y las regulaciones sobre ellas, a efectos de disminuir la atracción que ejercen sobre los pequeños ahorristas e inversionistas.

Se deberá asimismo estimular la economía en el corto y mediano plazo, vía incremento de las inversiones en educación, investigación y transporte. Estos son tres segmentos claves de la economía y la base de la futura competitividad de la economía norteamericana. La educación se encuentra postrada a un nivel comparable al de muchos países en vías de desarrollo, y la importancia de la investigación científica y tecnológica ha sido desplazada por la excesiva importancia de las finanzas. El reforzamiento de la infraestructura de transporte permitiría conseguir dos objetivos importantes: primero, dar trabajo a la mayor masa de mano de obra, especializada en construcción, hoy desocupada, y, segundo, rediseñar las prioridades de transporte en Norteamérica hacia una menor dependencia del petróleo.

Asimismo, incentivar la inversión productiva a efectos de crear mayor empleo y generar demanda, vía un rediseño del actual sistema de Impuesto a la Renta que privilegia las exoneraciones dirigidas a las personas individuales de altos ingresos, en lugar de incentivar a las empresas.

Igualmente, en el corto plazo, disminuir las presiones de las deudas por *mortgage*, refinanciando un 30 % de las mismas por parte de Freddie Mac y Fannie Mae, para empezar a ser repagadas después que finalice el término pactado en los contratos originales. Esta opción permitiría disminuir la presión financiera presente, en los hogares, liberando recursos para incrementar el consumo y reactivar la demanda agregada.

Asimismo, es indudable que el aparato institucional del gobierno federal se encuentra sobredimensionado, y que los gastos e inversiones que generan son altamente improductivos y ponen en real peligro la economía nacional. La cultura del gasto está profundamente enraizada en la mente de los burócratas y políticos norteamericanos. El Medicare y la Seguridad Social necesitan ser rediseñados a efectos de hacerlos más eficientes y menos dispendiosos. Hay ejemplos de sistemas mucho más eficientes en el mundo, sobre todo en Europa, y aún incluso en América Latina, que deberían ser emulados.

La presencia militar de Estados Unidos en todo el mundo debe ser reevaluada a la luz de la actual balanza de poderes en un mundo multipolar, y el desarrollo tecnológico debe ser priorizado por sobre la simple masificación de la fuerza militar. La brecha fiscal debe ser cerrada en el mediano a largo plazo y el endeudamiento nacional debe ser reducido sustancialmente en el largo plazo.

Todo ello, sin embargo, requiere que el poder político se consolide dentro de una cultura política que privilegie los valores democráticos esenciales que generaron una sociedad igualitaria, y de una cultura económica que reconozca que es necesario devolverle el poder adquisitivo a la gran mayoría de la población, es decir, a ese 99 % que es el principal perjudicado en la Gran Recesión, y sobre el que en realidad recae el poder de la recuperación, en la medida en que la recuperación económica depende del incremento del consumo.

El principal obstáculo para ello es que en los últimos años se ha consolidado un proceso de concentración económica y política en una élite que detenta todo el poder para seguir con ese proceso que atenta contra el crecimiento económico en la medida en que los recursos de que dispone sólo se dirigen a las inversiones especulativas y no a las inversiones productivas.

En contra a las enseñanzas de la historia, la dirección que está tomando ahora la economía norteamericana no es percibida claramente por la mayoría de estudiosos, y menos por los políticos, quienes aún no se alarman por la excesiva concentración de la riqueza en el 1 % de la población y cuya evolución lógica, si no se toma las medidas adecuadas para enrumbarla, desembocará en la pérdida del espíritu de empresa que caracteriza a sus habitantes, quienes en su mayoría se ven empobrecidos y condenados a participar cada vez menos en los beneficios generados por su economía.

Nada viene mejor para concluir con este tema que insertar dos párrafos de la Introducción que escribió Alexis de Tocqueville en su obra *Democracia en América*, escrita hace más de 175 años. Dijo él: entre las cosas nuevas que atrajeron mi atención durante mi estancia en Estados Unidos, *ninguno golpeó mi ojo más vívidamente que la condición de igualdad*; para agregar párrafos más adelante, en referencia a la distinta evolución de las condiciones sociales de Francia, durante los 700 años anteriores, que finalmente devinieron en el absolutismo de los Luises: *la influencia del dinero comienza a hacerse sentir en los asuntos del estado. El comercio se convierte en una fuente nueva de apertura al poder y las finanzas se convierten en un poder político que es despreciado y halagado.* Cualquiera podría pensar que esa misma evolución que dio como consecuencia la Revolución Francesa, comienza a diseñarse en Estados Unidos del siglo XXI.

Gráficos

Índice

Editorial LibrosEnRed

LibrosEnRed es la Editorial Digital más completa en idioma español. Desde junio de 2000 trabajamos en la edición y venta de libros digitales e impresos bajo demanda.

Nuestra misión es facilitar a todos los autores la **edición** de sus obras y ofrecer a los lectores acceso rápido y económico a libros de todo tipo.

Editamos novelas, cuentos, poesías, tesis, investigaciones, manuales, monografías y toda variedad de contenidos. Brindamos la posibilidad de **comercializar** las obras desde Internet para millones de potenciales lectores. De este modo, intentamos fortalecer la difusión de los autores que escriben en español.

Nuestro sistema de atribución de regalías permite que los autores **obtengan una ganancia 300% o 400% mayor** a la que reciben en el circuito tradicional.

Ingrese a www.librosenred.com y conozca nuestro catálogo, compuesto por cientos de títulos clásicos y de autores contemporáneos.